Veit Lindau

CO-CREATION

Wie Menschen zusammen
Großes erschaffen

Wir sind ein Wunder.

Veit Lindau

CO-CREATION

WIE MENSCHEN ZUSAMMEN GROSSES ERSCHAFFEN

Widmung

Ich widme dieses Buch unserer Fähigkeit,
Verschiedenartigkeit nicht nur zu respektieren,
sondern zu feiern.

Ich widme es unserem Bemühen, unseren Geist
in einem Anliegen miteinander zu verbinden,
um so Wunder möglich zu machen.

Wenn wir kollektiv realisieren,
was für ein erstaunliches Mysterium unser Bewusstsein ist
und welche schöpferische Macht ihm innewohnt,
dann können wir gemeinsam die Wahl treffen,
dass diese herausfordernde Zeit nicht unser Ende,
sondern erst unser Anfang ist.

Dann werden wir erkennen, dass die Krisen, die wir erfahren,
kein feindliches Chaos, sondern die Geburtswehen einer
reiferen Menschheit sind.

Wir werden verstehen, wie wichtig wir füreinander sind.

Wir werden Ausbeutung und Konkurrenz hinter uns lassen
und uns auf der Ebene der Co-Creation neu begegnen.

Wir werden zusammenkommen,
um das Leben zu ehren und voller Freude
neue Möglichkeiten zu gebären.

Jede*r von uns ist für sich bereits ein Genie.

Doch erst in einem bewussten WIR
werden wir unser Licht voll freisetzen.

WIR sind ein Wunder.

Inhalt

EIN VORWORT

Liebe Leserin, lieber Leser,
Schreiben ist eine meiner stärksten Passionen. Obwohl dies bereits mein dreißigstes Buch ist, lag mir selten ein Thema mehr am Herzen. Seit der Herausgabe des ersten Teiles dieser Trilogie, *Genesis. Die Befreiung der Geschlechter*, sind nur zweieinhalb Jahre vergangen. Doch die Welt ist nicht mehr dieselbe. Wer hoffte, dass es nach Corona wieder so wird, wie es war, wurde hart enttäuscht. Wir erleben einen furchtbaren Krieg direkt vor unserer Haustür und haben uns fast schon daran gewöhnt. Wir stehen vor gewaltigen Herausforderungen: Klimawandel, Ressourcenknappheit, Armut und soziale Ungleichheit, marode Gesundheitssysteme, globale Konflikte und politische Instabilität, um nur einige aufzuzählen. Die Wissenschaft spricht mittlerweile von Stapelkrisen.

Ich freue mich aus drei Gründen sehr, dass dieses Buch in deine Hände gefunden hat. Erstens: Wenn du die Tipps und Anleitungen aus diesem Buch umsetzt, wird es deine persönlichen Partnerschaften – privat und beruflich – auf ein völlig neues Level an Freude und Kreativität heben. Ich kenne keinen Menschen, der sich nicht nach glücklichen, lebendigen Beziehungen sehnt. Ich weiß aus eigener Erfahrung, was die Prinzipien der Co-Creation für dich bewirken können. Was auch immer dich im Augenblick noch nervt – Ödnis, Enge, Unehrlichkeit –, Co-Creation wird dir dabei helfen, dies aufzulösen. Wonach auch immer du dich sehnst – mehr Lust, Nähe, Abenteuer, Wirkkraft –, du wirst viele einleuchtende Methoden kennenlernen, um dies für dich und deine Weggefährt*innen zu erschaffen.

Zweitens: Ich glaube zutiefst daran, dass Co-Creation als kollektive Beziehungsform die Lösung für viele Herausforderungen der Menschheit bringen wird. Sie wird uns helfen, Verschiedenartigkeit nicht als Problem, sondern als Chance zu betrachten. Sie wird es uns ermöglichen, unseren Verstand und unsere Gaben auf einem noch nie da gewesenen Level an Freude und Kreativität miteinander zu vernetzen.

Drittens: Während ich dieses Buch schreibe, sind wir Zeug*innen einer technologischen Revolution, deren Ausmaß niemand von uns einschätzen kann. Wurde der Begriff »künstliche Intelligenz« von vielen lange Zeit als eine versponnene Idee belächelt, erleben wir alle mit Ausdrucksformen wie ChatGPT oder Midjourney einen wahr gewordenen Traum. Die Frage ist nur, ob es ein guter oder ein Albtraum wird. Ich bin Laie in diesem Bereich. Doch mein Instinkt und das Wenige, was ich über die Fähigkeiten dieser Technologien weiß, sagen mir deutlich, dass wir naiv und gierig eine neue Spezies in die Welt gesetzt haben, die jetzt bereits in etlichen Disziplinen wesentlich intelligenter ist als ihre Schöpfer*innen. Ich würde mich durchaus als technik- und innovationsaffin bezeichnen. Ich sehe die positiven Implikationen. Doch was mir Bauchschmerzen bereitet, ist die Tatsache, dass wir als Menschheit nicht auf die Kooperation mit künstlicher Intelligenz vorbereitet sind. Wir wissen noch so wenig über uns selbst. Wir beschäftigen uns zu selten und wenn, dann oft inkonsequent mit existenziellen Fragen wie: Wer sind wir? Was ist der Sinn des Lebens? Wo wollen wir hin?

Wir haben bis heute nicht gelernt, mit relativ primitiven Technologien wie einem Fernseher oder einem Smartphone angemessen, also zu unserem Wohl, umzugehen. Jetzt setzen wir, angetrieben von Ehrgeiz und Konkurrenzdenken, weitaus intelligentere Maschinen in die Welt, von denen selbst ihre Schöpfer*innen zugeben, ihr Wirken und ihre Möglichkeiten nicht mehr in der Tiefe zu verstehen. Während ich dieses Buch schreibe, entwickeln sich diese Programme in einer atemberaubenden Geschwindigkeit weiter. Es wird hilflos und halbherzig versucht, ihren Einfluss durch ethische Richtlinien einzugrenzen. Gleichzeitig existieren auf dem Markt bereits Alternativen zu ChatGPT, die auch beim Planen von illegalen Aktivitäten unterstützen, die einem also Antworten auf die Fragen geben, wie man am besten betrügen oder einen Banküberfall durchführen kann.

Künstliche Intelligenzen werden den gesamten Arbeitsmarkt disruptiv umwälzen. Sie werden uns mit einer ungeahnten Masse an hervorragend aufgearbeiteten Fake-Informationen überfluten. Ich will keine Angst machen. Ich möchte wachrütteln. Der Zauberlehrling Mensch hat Geister erschaffen, die er in seiner aktuellen Entwicklungsreife schon nicht mehr meistern kann. Hoch effiziente, emotionslose und unvorstellbar schnell lernende Intelligenzen treffen auf eine überwiegend emotional agierende, langsam lernende, nicht besonders bewusste Menschheit. Wenn du glaubst, ich übertreibe, schau dich einmal bei deinem nächsten Warten an einer Bushaltestelle um. Wer ist noch anwesend? Und dienen die kleinen Bildschirme, in die wir in solchen Momenten fast ausnahmslos starren, uns oder dienen wir ihnen?

WAS HAT DAS MIT CO-CREATION ZU TUN?

Wollen wir als Spezies nicht nur überleben, sondern glücklich sein und uns *sinn*voll weiterentwickeln, brauchen wir eine neue Beziehungsform. Wir müssen schneller, freudvoller und verbundener miteinander lernen. Jetzt ist also die Zeit, in der wir uns co-creativ zusammenschließen müssen. Co-Creation, so wie ich sie dir in diesem Buch präsentieren möchte, ist die Beziehungsform, die wir brauchen, um die Menschheit wohl und sicher in die Zukunft zu führen.

 **Co-Creation ist die Fähigkeit zweier oder mehr Systeme, sich in *einem* Anliegen zum Wohle aller zu verbinden, dabei ihre Verschiedenartigkeit zu nutzen und so Wunder möglich zu machen.**

Ich verwende das Wort Wunder dabei nicht in einem esoterischen oder religiösen Sinn. Ich möchte dir für unsere gemeinsame Zeit folgende Definition vorschlagen:

 Ein Wunder ist ein Ereignis, das du bis eben nicht für *möglich* gehalten hast.

Welche evolutionären Vorteile haben Bakterien und künstliche Intelligenzen (KI) uns gegenüber?

1. Sie kennen keine Emotionen, die ihre Sicht auf das trüben, was erkannt und getan werden muss. Die Geschichte der Menschheit hingegen ist (auch) eine Aneinanderreihung von emotional getriggerten Fehlentscheidungen.

2. Bakterien und KI haben kein Ego. Fehler zwingen sie nicht schamvoll in die Knie. Sie korrigieren nüchtern. Sie lernen unprätentiös und blitzschnell. Sie kämpfen nicht gegen ihre Artgenossen oder halten wertvolle Informationen zurück. Wir Menschen hingegen tun uns extrem schwer, Fehler einzugestehen, und es dauert viel zu lange, bis wir aus ihnen lernen. Wir betrachten Menschen anderer Unternehmen, Parteien, Kulturen und Länder als Konkurrent*innen. Anstatt uns miteinander auf die Lösung zu konzentrieren, verstricken wir uns in Rechthaberei, bekämpfen uns gegenseitig und halten wertvolle Informationen voreinander zurück.

3. Bakterien und KI »wissen« nicht, was *unmöglich* ist. Sie haben keine begrenzenden Glaubenssätze, die sie in der Entfaltung ihres Potenzials limitieren. Wir hingegen beurteilen unsere aktuelle Realität und deren Möglichkeiten auf Basis unserer vergangenen Erfahrungen. Wir glauben meist fest zu wissen, was möglich ist und was unmöglich ist. Unsere Glaubenssätze wirken oft wie die Mauern eines unsichtbaren Gefängnisses.

Co-Creation ist weder neu noch ist es eine menschliche »Erfindung«. Alle bisherigen Lebensformen auf diesem Planeten – Bakterien, Pflanzen, Tiere, ja, auch die Zellen und Organe unseres Körpers – praktizieren im Grunde genommen bereits Co-Creation, nur eben auf einem unbewussten und vor allem egolosen Level. Dein Körper wäre keine Minute funktions- und überlebensfähig, wenn sich nicht all die Milliarden spezialisierten Zellen in einem einzigen Anliegen – deinem Leben – miteinander verbinden würden. Auch wenn es dazu kritische

Meinungen gibt, mag ich intuitiv die Gaia-Hypothese, die unseren gesamten Planeten als ein co-creatives Wesen betrachtet.[1]

Ich weiß nicht, wann künstliche Intelligenzen die Fähigkeit bewusster Co-Creation entwickeln werden, doch der Zeitpunkt wird kommen. Niemand von uns weiß, welche Entscheidungen sie dann treffen werden.

WAS IST MIT UNS, DEM BINDEGLIED?

Wir unterscheiden uns von allen bisherigen Lebensformen durch einen höheren Grad an Bewusstheit. Auf die daraus entspringenden Fähigkeiten wie Vorstellungsvermögen, Sprache, Kreativität und vieles mehr bin ich detailliert in *Genesis* eingegangen. Die Herausforderung in unserem kognitiven Erwachen liegt in dem daraus resultierenden Ich-Bewusstsein – dem Ego – mit all den damit einhergehenden positiven und negativen Phänomenen. Unser bewusstes Ich bietet dem Kosmos die Möglichkeit, sich in uns und unseren Erfahrungen bewusst zu reflektieren und Sinnfragen zu stellen. Doch es ist bis jetzt auch eine existenzielle Stolperfalle der Menschheit, die uns aus dem co-creativen Tanz des Universums herausfallen lässt, Trennung und Angst kreiert und so auch die zügellose Ausbeutung aller uns umgebenden Systeme möglich macht.

Evolution kennt kein Zurück und deshalb muss der nächste Entwicklungsschritt unserer Beziehungsfähigkeit darin bestehen, zu lernen, *bewusst zu co-creieren* – mit uns selbst, unserem Körper, dem Verstand und den Gefühlen. Mit unseren Mitmenschen. Mit den Pflanzen und Tieren. Und ja, auch mit künstlichen Intelligenzen.

Auch wenn ich dieses Buch sehr nachdenklich begonnen habe, ist es ein Buch der Hoffnung und der Lösung. Denn ich beobachte, wie überall auf der Welt Menschen in co-creativen Experimenten zusammenkommen, sei es in der Liebe (wie in offenen, werteorientierten Lebensgemeinschaften), in der Arbeit (in den zahlreichen Ansätzen von New Work) oder in der Wissenschaft (etwa in der U-Theorie von

Otto Scharmer). Es ist auch ein sehr praktisches Buch. Denn über Co-Creation können wir lange und schlau sprechen, doch letztendlich braucht es Pionier*innen des menschlichen Bewusstseins, die diese innere Ahnung in einen äußeren Ausdruck manifestieren.

Auch wenn ich dich nicht kenne, bedeutet es mir viel, dass du dieses Buch liest. Denn eine wesentliche These der Co-Creation lautet:

 Wir alle sind für *alles* wichtig, denn wir alle sind in vielen Dimensionen, durch alle Zeiten hinweg, miteinander verbunden.

Ich glaube an Hebelwirkungen kleiner Entscheidungen und an Tipping Points. In einem Gespräch teilte mir der Zukunftsforscher Tristan Horx einmal mit, dass wir nicht die gesamte Gesellschaft, sondern nur 3 bis 6 Prozent bräuchten, um einen jungen Trend in den Mainstream zu bringen.[2] Ich glaube, dass die Menschheit noch lange nicht ihre Möglichkeiten ausgeschöpft hat. Co-Creation ist der Schlüssel zu diesem Potenzial. Lass uns gemeinsam herausfinden, wer wir sind, was wir können und was wir der Welt zu geben haben.

WAS BEDEUTET CO-CREATION FÜR UNS?

Ich möchte dir für unsere gemeinsame Reise ein Bild anbieten. Ich weiß nicht, warum du zu diesem Buch gegriffen hast. War es Lust oder Frust? Vielleicht ist ein Teil in dir müde und enttäuscht von dem, was du bisher in deinen Beziehungen erlebt hast. Eventuell warst du schon kurz davor, zu resignieren und dich mit dem Mittelmaß zufriedenzugeben. Vielleicht hast du gelernt, das, was sich dein »törichtes« Herz wünscht, hinter Vernunft oder der Mauer des Zynismus wegzuschließen. Doch da es keine Zufälle gibt und wir uns hier getroffen haben, muss in dir auch eine nicht klein zu kriegende Sehnsucht pulsieren: nach einem Beziehungsland, in dem alle Beteiligten erblühen und in dem Menschen so tief vertrauen, dass sie endlich zeigen können, wer sie sind, und sich zu ihrer wahren Größe emporschwingen. Wir beide waren schon dort. In Visionen und Träumen. Aber auch in bestimmten Begegnungen, die uns in der Tiefe so erfüllten, dass wir in diesem Moment dachten: Das ist es! Dafür kommen *wir* zusammen. Wir kennen dieses neue Land nicht in allen Details, doch wir können seine Farben beschreiben. Wir wissen, wie wir uns dort fühlen. Diese Ahnung hat uns hier zusammengebracht.

Stell dir vor, hinter uns beiden liegt das abgegraste, zum Teil verbrannte Land all der Beziehungsformen, die wir bereits kennen: Ausbeutung, Konkurrenz, Kooperation. Vor uns liegt das offene Meer. Die Sonne geht gerade auf und hinterlässt glitzernde Zeichen auf der Oberfläche des Wassers. Der Horizont leuchtet hoffnungsvoll, aber er verrät uns nicht, was uns erwartet. Wir schauen noch einmal zurück. Auf das, was wir kennen. Auf das, was bis jetzt möglich war. Doch die frische Meeresluft und das Rauschen der Wellen rufen uns zu:

»Verstrickt euch nicht in alten Erinnerungen. Vertraut eurer Sehnsucht. Die Menschheit ist noch nicht am Ende. Sie hat gerade erst begonnen. Findet das Land der Co-Creation und staunt, wer ihr füreinander sein könnt.«

Lass uns gemeinsam die Segel hissen. Lass uns mit dem Lesen jeder Seite Neuland entdecken. Du liest dieses Buch nicht für dich allein. Du liest es für alle Menschen, die dir je begegnen werden, und all jene, die diese Menschen wiederum treffen werden. Möge dich dieses Buch dabei unterstützen, glücklich und noch wirkungsvoller zu sein. Möge es dir Wege zeigen, deine Beziehungen in fruchtbare Felder zu verwandeln, in denen alle Beteiligten erblühen. Möge deine Arbeit mit diesem Buch einen entscheidenden Beitrag für eine gute Zukunft der Menschheit leisten.

Willkommen im Abenteuer der Co-Creation.

ÜBER DIESES BUCH

Das menschliche Gehirn verfügt über die beträchtliche Zahl von etwa 100 Milliarden Nervenzellen. Doch jede einzelne ist für sich genommen relativ dumm. Das kreative Genie unseres Gehirns entsteht erst durch die effektive Vernetzung der Neuronen untereinander. Deshalb glaube ich an uns Menschen. Nicht wegen dem, was wir bis heute erreicht haben, sondern weil ich davon ausgehe, dass wir unsere einzigartigen Gaben bis jetzt nur sehr rudimentär vernetzt haben. Was ist möglich, wenn sich Millionen smarter, mitfühlender Geister auf der Ebene der Co-Creation begegnen und sich so sinnbildlich in einem großen, kollektiven Gehirn verbinden, das nur ein Ziel hat: zum Wohle aller Wesen und der gesamten Biosphäre zu erschaffen. Nenn mich einen Träumer, doch für mich ist diese Möglichkeit real und deshalb setze ich mich mit allem, was ich habe und bin, dafür ein.

MEINE MOTIVATION

Für den Kontext dieses Buches ist es wichtig zu wissen, dass ich seit 30 Jahren mit ein und derselben Frau lebe, liebe, lerne und arbeite. Das ist insofern erstaunlich, als ich mich schnell langweile und viel Abwechslung brauche. Wenn du mich bereits aus meinen Vorträgen oder anderen Büchern kennst, weißt du, dass ich oft von meiner Beziehung zu Andrea schwärme. Das mache ich nicht, weil unser Zusammensein immer rosig verlaufen ist. Wir haben uns in den vergangenen 30 Jahren auch die gesamte Bandbreite an Drama geboten. Von romantischer Ekstase bis hin zu grauer Ödnis. Von innigster Liebe bis hin zu erbittertem Streit. Wir haben uns begehrt, angeschwiegen, beleidigt, verraten, uns gegenseitig für unser Leid verantwortlich gemacht und uns vernarrt auf ein Podest gestellt.

Rückwirkend kann ich nüchtern erkennen, dass da zwei verletzte Kinder mit großem Potenzial eine zuerst klar co-abhängige Beziehung mit teils toxischen Zügen starteten. Wir wussten es nicht besser.

Ich erwähne das hier, weil wir einen Weg raus gefunden haben. Menschen können miteinander heilen. Sie können Schatten in Licht verwandeln. Sie können lernen, eine konstruktive Partnerschaft aufzubauen. Ich weiß nicht, ob es immer möglich ist. Ich weiß aber, dass die meisten Menschen zu früh aufgeben. Ich erzähle dir das für den Fall, dass du, während du co-creative Prozesse eröffnest, an deine Grenzen stößt. Zweifle nicht zu früh an deiner Beziehungsfähigkeit oder den Möglichkeiten dieser einen konkreten Beziehung. Wir wissen oft einfach zu wenig über uns selbst und zwischenmenschliche Dynamiken.

Ich durfte erfahren, was möglich ist, wenn zwei Menschen eine Verbindung bejahen und sich existenziell aufeinander einlassen. Wir sind damals wie zwei grundverschiedene Kometen aufeinandergeprallt und wir sind auch heute noch in vielen Aspekten andersartig. Wir mussten begreifen, dass Anziehungskraft allein nicht ausreicht. Wir mussten und wir durften *Beziehung* lernen. Zu Beginn war das manchmal mühsam und schmerzhaft. Doch irgendwann setzte der Prozess so viel Kraft und Kreativität frei, dass wir uns ihm mit Begeisterung widmeten. Ursprünglich ging es uns nur darum, zu verstehen, was es braucht, um als Paar und Familie lebendig und liebevoll miteinander zu sein. Bald hatten wir ein gutes Niveau an Kooperation erreicht. So hätte es friedvoll bis ans Ende unserer Tage weitergehen können. Doch Andrea und ich sind beide Typen, die viel vom Leben wollen. Wir wollen am Ende unseres Leben zurückschauen und sagen können: »Uns aufeinander einzulassen, war die beste Wahl!« Wir wollen nicht nur sicher und gemütlich durchkommen. Wir dachten: »He, wenn wir schon so verrückt sind, unsere kostbare Lebenszeit überwiegend nur mit einem Menschen zu verbringen, dann muss dieses Abenteuer rocken. Lass uns ausloten, was für unser *Wir* möglich ist.«

Wir suchten deshalb nach einem Weg, uns gegenseitig zu beflügeln, uns immer wieder frisch ineinander zu verlieben. Wir begannen zu forschen und zu experimentieren. Wir lasen so gut wie jedes verfügbare Buch über Kommunikation und Partnerschaft. Wir besuchten viele Workshops. Wir zogen uns in die Stille eines Klosters zurück und gingen auch auf ziemlich wilde Reisen. Wir beschäftigten uns mit systemischen, integralen und unternehmerischen Ansätzen. Denn wir waren ja nicht nur Liebespaar. Wir waren und sind auch Mutter und Vater für unsere Tochter und CEOs für unsere Companies.

Motiviert durch Leid und die Sehnsucht nach einem wachen und freien Leben stießen wir im Grunde genommen per Zufall auf die Schatzkammer der Co-Creation. Wir bemerkten die erstaunlichen Nebeneffekte, wenn es Menschen gelang, Verschiedenheit nicht zu bekämpfen, sondern in *einem* Anliegen zu vereinen.

Co-Creation wirkt wie ein Jungbrunnen auf Partnerschaften. Andrea und ich verlieben uns auch nach drei Jahrzehnten immer wieder neu ineinander. Co-Creation ist ein mächtiger Katalysator der Potenzialentfaltung. Andrea entwickelt sich stetig weiter und das oft auf eine so überraschende Weise, dass ich sie gern eine »Jukebox der Evolution« nenne. Was für mich als visionsgetriebenen Typen wichtig ist: Co-Creation steigert Kreativität und Leistungsvermögen exponentiell. Andrea und ich setzten vor zwanzig Jahren einen Bruchteil dessen um, was wir heute täglich schaffen. Unsere Problemlösungs- und Innovationsprozesse verliefen wesentlich zäher und langwieriger. Unsere gesamte Arbeit – die Seminare, Bücher, die Plattform homodea.com oder unsere Musikprojekte –, all das entspringt im Grunde genommen dieser kleinen co-creativen Keimzelle.

Ich möchte unsere Partnerschaft dabei nicht idealisieren. Wir erleben auch heute noch stürmische Phasen. Wir sind immer noch manchmal zwei Dickköpfe, die sich blitzschnell in der Sackgasse der Rechthaberei verrennen können. Herrscht bei uns dicke Luft, kommen die Kellner*innen im Restaurant nicht an unseren Tisch, so angebrannt riecht es. Für uns ist Co-Creation kein irgendwann abgeschlossenes Projekt. Es ist ein fließendes Gewässer voller Überraschungen. In diesem Strom zu schwimmen, erfordert Wachheit, Demut und Hingabe. Doch es lohnt sich so sehr!

Ich teile das mit dir, weil ich möchte, dass du verstehst, warum ich so für dieses Thema brenne. Denn all die Prinzipien und Methoden, die Andrea und ich auf unserer Reise fanden, sind nicht nur auf Liebesbeziehungen, sondern auf jede Verbindung anwendbar: auf Freundschaften, Familien, Teams und Unternehmen. Ja, ich behaupte, in Zukunft sind sie auch auf die gesamte Menschheit anwendbar.

Mich treibt eine visionäre Ahnung dazu, dieses Buch zu schreiben: Wenn bereits ein Team aus nur zwei Personen durch Co-Creation so viel mehr an Lebensqualität gewinnt und Gestaltungskraft freisetzt, was ist dann möglich, wenn wir uns zu viert, zu zehnt, zu Tausenden … auf diesem neuen Level zusammenfinden?

FÜR WEN DIESES BUCH IST

Das Buch ist …

o für Liebende, Eltern, Freund*innen.
o für Entrepreneur*innen, Führungskräfte, Pädagog*innen, Coach*innen, Politiker*innen, Wissenschaftler*innen.
o für alle, die in Teams zusammenarbeiten und mehr Verantwortung für deren Qualität übernehmen wollen.
o für dich, wenn du fühlst, dass in deinen privaten und beruflichen Beziehungen noch viel mehr möglich ist.
o für dich, wenn du verstehst, dass die gegenwärtigen Herausforderungen der Menschheit nicht auf unserem bisherigen Beziehungsniveau zu lösen sind.
o für dich, wenn du ein Mensch bist, der viel vom Leben will und auch bereit ist, viel dafür zu geben.
o für dich, wenn du Beziehungsfelder schaffen möchtest, die dein Wohlergehen, aber auch deine Kreativität und deinen Erfolg optimal unterstützen, und wenn du bereit bist, dies auch deinen Mitmenschen zu ermöglichen.
o für dich, wenn du bereit bist, dich proaktiv und selbstverantwortlich für das Erblühen deiner Beziehungen einzusetzen.
o für dich, wenn du deine Liebesbeziehungen, Familie und Freundschaften »boosten« willst.

o für dich, wenn du deine Arbeitsbeziehungen freudvoller, sinnvoller und wesentlich wirksamer gestalten willst.

Dieses Buch ist für alle Menschen, die einen konstruktiven Part für
eine gute Zukunft der Menschheit leisten möchten.

WAS DICH HIER ERWARTET

Ich werde dir in diesem Buch wesentliche Prinzipien der Co-Creation
vorstellen und dir eine konkrete Schritt-für-Schritt-Anleitung präsentieren, wie du sowohl für deine privaten als auch deine beruflichen
Beziehungen den Raum der Co-Creation erschließen kannst. Irgend-
eine Neugier hat dich zu diesem Buch greifen lassen. Ich hoffe, sie verwandelt sich beim Lesen in eine Passion. Bring den Funken zu deinen
wichtigsten Mitmenschen. Entfache gemeinsam mit ihnen ein Feuer
der Transformation. Die vorgestellten Methoden sind für Liebesbeziehungen, Freundschaften, Familien, kreative Teams oder Unternehmen anwendbar. Was es zu Beginn braucht, sind zwei Menschen, die
sich einig darin sind, dass das bisher Erreichte und Erfahrene nicht
das Ende der Fahnenstange sein kann. Zwei neugierige Beziehungs-
forscher*innen, die lustvoll Neuland betreten wollen, die bereit sind,
sich ungewöhnlichen und kühnen Fragen zu stellen, verspielt und
ernsthaft zugleich zu experimentieren, dabei Erfolge und Fehler zu
feiern und auch Durststrecken auszuhalten.

Du bist einer dieser Menschen. Das erwartet dich auf den folgenden Seiten:

o Du wirst verstehen lernen, was Co-Creation ist und durch welche Grundprinzipien sie wirkt.

o Du wirst konkret und praktisch lernen, was es braucht, um
dafür ein Feld des Vertrauens und der gemeinsamen Ausrichtung zu schaffen.

o Du wirst in Form des Co-Creation-Circle verschiedene Ge-
sprächs- und Meetingformen vorgestellt bekommen, die in

unterschiedlichen Phasen der Co-Creation eingesetzt werden können.

o Ich wünsche mir sehr, dass du bereits während des Lesens Lust bekommst, diese Vorschläge sofort mit einem Menschen deines Vertrauens oder einem kleinen Team auszuprobieren, um so deine eigenen Erfahrungen zu sammeln.

o Wahrscheinlich werdet ihr bereits in diesen ersten Umsetzungsschritten so viel Freude, Kreativität und Erkenntnis freisetzen, dass ihr auch nach der Lektüre weiter mit den Prinzipien der Co-Creation experimentieren und sie für euch passend adaptieren werdet.

o Ich erkläre dir weiterhin, wie du Co-Creation in deinen Alltag integrieren und auch in der Beziehung mit Menschen anwenden kannst, die noch nie etwas davon gehört haben.

o Optimalerweise bist du am Ende der Lektüre in der Lage, mit *allem*, den Menschen, Tieren, Pflanzen, dem Planeten, ja, dem gesamten Kosmos zu co-creieren.

DEIN ZUSATZMATERIAL

Mich interessiert seit Jahren die Frage: Wie können Bücher tatsächlich auch eine nachhaltig transformative Wirkung entwickeln? Denn mal ehrlich: Haben wir nicht alle in unseren Regalen Ratgeber und Weisheiten für die nächsten zehn Inkarnationen stehen? Wie schaffen wir es, ein Buch nach der inspirierenden Lektüre nicht einfach nur zuzuklappen, sondern seine Inhalte in gelebte Weisheit umzuwandeln? Vier Elemente, die mir selbst dabei helfen, möchte ich dir auch zu dem Thema Co-Creation anbieten:

1. **Vertiefung.** Wenn du tiefer in die Materie eintauchen möchtest, erwarten dich im exklusiven Onlinebereich zum Buch weiterführende Videos. Der Bereich ist für dich kostenlos. Du erreichst ihn über den unten stehenden Link oder QR-Code und das Passwort: ichbindabei.

2. **Umsetzung.** Circa 30 Tage nach Erstveröffentlichung des Buches lade ich dich zu dem begleitenden achtteiligen Onlinekurs »Co-Creation in der Praxis« ein. Er ist für dich kostenlos. Du kannst dich jetzt bereits im Onlinebereich dafür anmelden. Wir informieren dich dann, sobald es losgeht, per E-Mail. Wir werden einmal pro Woche, acht Wochen lang, zusammenkommen, die Prinzipien näher besprechen und vor allem in unseren wichtigsten Beziehungen umsetzen. Du kannst mir dort live jede Frage stellen, die beim Lesen oder Ausprobieren aufkommen sollte. Erwirbst du das Buch später, steht dir die Aufzeichnung zur Verfügung. Du findest den Kurs sowie die Aufzeichnung ebenfalls unter dem unten stehenden Link oder QR-Code.

3. **Austausch.** Im Onlinebereich erwartet dich auch eine Austauschgruppe, in der du dich mit Gleichgesinnten über deine Erfahrungen austauschen oder vernetzen kannst.

4. **Meditation.** Bei manchen Themen dieses Buches reicht es nicht, wenn du sie nur intellektuell verstehst, es ist hilfreich, sie auf allen Ebenen zu verinnerlichen. Für mich haben sich hier geführte Meditationen bewährt. Ich ermutige dich, dir unsere kostenfreie App »homodea Meditation« herunterzuladen. Hier erwarten dich über 60 wohltuende Meditationen für alle möglichen Anlässe. In manchen Kapiteln dieses Buches werde ich dir eine davon besonders empfehlen.

Du findest die vertiefenden Inhalte unter go.homodea.com/ cocreation-buch oder unter dem folgenden QR-Code:

DIE FORTSETZUNG VON *GENESIS*

Wie bereits erwähnt, ist dies der zweite Teil einer Trilogie. Im ersten Buch *Genesis. Die Befreiung der Geschlechter* habe ich die Leser*innen auf eine Tour de Force vom Urknall über die Entstehung von Leben und Bewusstsein bis zur Ausprägung des Patriarchats und zu den katastrophalen Folgen seiner 10 000 Jahre andauernden Herrschaft mitgenommen.

Muss man den ersten Teil gelesen haben, um mit diesem zweiten etwas anfangen zu können? Eindeutig nein. Dennoch empfehle ich es dir, und zwar nicht aus Verkaufsgründen. Ich glaube zum einen, dass es hilfreich ist, zu verstehen, wo wir herkommen, um aus den alten Fehlern zu lernen und etwas wahrhaft Neues gestalten zu können. Zweitens, und das mag erst einmal seltsam klingen, wirkt die Lektüre von *Genesis* psychoaktiv. Sie regt die Bewusstwerdung und Entfaltung sowohl deiner weiblichen als auch deiner männlichen Qualitäten an. Wir brauchen beide bewusst und konstruktiv in uns selbst integriert, um co-creieren zu können. Ansonsten scheitert die wohlklingende Theorie an der Unflexibilität unserer Psyche.

Genesis landet nach dem kosmischen Rückblick in der Gegenwart und endet mit einem Ausblick auf die Zukunft. In Absprache mit dem Verlag habe ich mich entschieden, das letzte Kapitel hier noch einmal aufzuführen, um eine Brücke zwischen den zwei Büchern zu bauen. Für die Leser*innen von *Genesis* ist es eine vertiefende Wiederholung, für alle anderen ein sinnvoller Einstieg.

Das Ende des Patriarchats – der Beginn der Co-Creation

Was wird möglich, wenn du dich selbst und deine Mitmenschen aus allen alten Klischees über Frauen und Männer entlässt und ihnen ab jetzt neugierig und staunend begegnest, weil du nun weißt, dass es ein Milliarden Jahre alter Kosmos selbst ist, der sich in jedem von uns entdeckt und entfaltet? Wir stehen alle an der Schwelle zu etwas Unbekanntem. Wir haben für das, was jetzt kommen muss, keine Anleitungen. Das kann uns Angst machen oder uns in freudige Erregung versetzen. Wir können die alten Paradigmen nur dann in Frieden loslassen, wenn wir vor uns eine Vision sehen, die uns ermutigt und fasziniert. Ich möchte deshalb […] meine optimistische Ahnung und Hoffnung für die Zukunft der Menschheit mit dir teilen. Ich kann sie in einem Wort zusammenfassen: *Co-Creation*. Vielleicht hast du diesen Begriff schon einmal im Businesskontext gehört. Dort steht er meist für eine kreative, enge Zusammenarbeit zwischen Unternehmen und Kund*innen. Doch die Idee, die ich mit dir teilen möchte, ist um so vieles größer. Sie wurde stark von Bewusstseinspionier*innen wie Teilhard de Chardin, Buckminster Fuller und Barbara Marx Hubbard geprägt. Manches von dem, was ich nun als Möglichkeit mit dir teile, mag dir wie eine kühne Utopie erscheinen. Doch […] alles, was wir heute als normal akzeptieren, galt einmal als verrückt. In 50 Jahren werden die Menschen den Kopf über unsere aktuelle Weltsicht schütteln.

Lass Paradigmen und die lineare Zeitachse hinter dir

Bis hierher kannte die Menschheit bis auf wenige Ausnahmen nur *Ausbeutung, Konkurrenz* und bestenfalls *Kooperation* als vorherrschende Beziehungsformen. Ich hoffe, dieses Buch hat aufzeigen können, wie sich Männer und Frauen in den letzten 10 000 Jahren ausgebeutet und benutzt haben. Doch auch der einzelne Mensch hat gelernt, dass es normal ist, sich selbst auszubeuten – für Geld, Macht, Optimierungswahn … Und wir haben als Spezies das gesamte Ökosystem der Erde ausgebeutet. Man muss kein*e Schwarzseher*in sein, um zu realisieren, dass wir am Abgrund dieser Entwicklung stehen. Wenn wir nicht bald massiv die Kurve kriegen, ist das Experiment Menschheit beendet. Ich möchte gleichzeitig betonen, dass ich dies alles nicht als einen Fehler sehe, sondern als ein Experiment. Wenn du dem roten Faden des Buches gefolgt bist, ist dir zumindest rational klar, dass es der Kosmos selbst war, der einen Stein zu Leben erweckte, Pflanzen entwickelte, Tiere und letztendlich den Menschen. Dieses sich permanent weiter ausdehnende Bewusstsein ist auf der jeweiligen Stufe seines Erwachens einfach nicht zu mehr fähig. Es probiert sich aus. Es entwickelt sich weiter. Es stößt irgendwann an die Grenzen seiner Verarbeitungskapazität. Entweder findet nun ein Entwicklungssprung statt oder es regrediert auf eine frühere Stufe oder dieser Strang der Evolution wird ganz eingestellt. Ich selbst glaube zutiefst an die nächste Entwicklungsebene im menschlichen Bewusstsein. Nicht nur, weil ich ein Optimist bin, sondern weil sie bereits existiert. Während sich die meisten Menschen zum gegenwärtigen Zeitpunkt noch auf den Beziehungsstufen Ausbeutung, Konkurrenz und Partnerschaft bewegen, ist ein kleiner, aber sehr aktiver Prozentsatz bereits ins Neuland vorgedrungen. Wenn du danach suchst, findest du die Pionier*innen der Co-Creation im privaten, spirituellen, wissenschaftlichen, sozialen, ökologischen und ökonomischen Bereich. Sie sind alle dabei, eine im Innen erfahrene Möglichkeit nun nach außen zu übersetzen. Sie lassen im Denken, Fühlen und Handeln die bestehenden Strukturen hinter sich.

Ich möchte einige der gegenwärtig etablierten Paradigmen noch einmal zusammenfassen, weil dann schnell klar wird, warum die Menschheit im Augenblick nicht in der Lage sein kann, den von ihr selbst initiierten Herausforderungen adäquat und stark zu begegnen. Wie Albert Einstein bereits sagte: Du kannst ein Problem nicht auf derselben Ebene lösen, auf der es erschaffen wurde. Unser bisheriges Grundverständnis der Welt und unser darauf aufbauendes Verhalten entspringt folgenden Grundannahmen:

1. Das Universum ist ein zwar gigantisch großes, aber doch klar mechanisch angelegtes System.
2. Zeit verläuft linear entlang einer Zeitachse. Wir sind hier, in der Gegenwart. Die Vergangenheit ist hinter uns und ist vorbei. Die Zukunft liegt vor uns und ist noch nicht da.
3. Jeder von uns ist ein einzelnes physisches Objekt, gepaart mit begrenztem Bewusstsein. Hier bist du und da ist alles andere. Du bist von allem anderen getrennt.
4. Im Laufe unseres Lebens wird uns beigebracht, wer wir sind, was wir können und was wir sollten. Wir werden bei aller Liebe unse-

rer Eltern letztendlich primär als Objekte behandelt und lernen, die Erwartungen unserer Umgebung und der Gesellschaft zu erfüllen. Spätestens wenn wir die Schule verlassen, haben wir eine relativ klare und begrenzte Ich-Vorstellung. Wir haben gelernt, uns selbst als Objekte innerhalb eines großen auf Leistung und Wachstum angelegten Systems zu betrachten und zu behandeln. Wir leben von außen nach innen.

5. Wir betrachten auch die anderen als relativ starre Objekte mit recht klar umrissenen Eigenschaften. Wir erleben uns voneinander getrennt. Wir benutzen einander. Es geht immer auch um die Fragen: Wer hat recht? Wer hat die Macht? Wer bestimmt? Im besten Fall machen wir das friedlich und so, dass alle Beteiligten etwas davon haben. Doch in vielen Teilen der Erde werden Menschengruppen nach wie vor schamlos und völlig selbstverständlich unterdrückt.

6. Eines der mächtigsten Rollenspiele, in die wir hineinwachsen und erzogen werden, ist das von Mann und Frau. Wir lernen, unserem und dem anderen Geschlecht ganz bestimmte Qualitäten und Aufgaben zuzuschreiben.

7. Die Welt ist geprägt von Dualität. Der Verstand ist auf dieser Bewusstseinsstufe im dualen Denken gefangen. Das bedeutet, er denkt, sich permanent entscheiden zu müssen. Paradoxa werden als Bedrohung empfunden.

Da Zeit im Bewusstsein als eine lineare Zeitachse wahrgenommen wird, determiniert die Vergangenheit sehr stark, was heute möglich ist. »Weil ich gestern das erlebt habe, kann ich heute jenes nicht tun. Weil du gestern diesen Fehler begangen hast, muss ich dich das auch heute noch spüren lassen.« Menschen, deren Bewusstsein sich linear durch die Zeit bewegt, reproduzieren heute eine Kopie ihres vergangenen Selbst. Mal abgesehen davon, dass dies für alle Beteiligten schrecklich langweilig ist, bremst das die eigentlich verfügbaren Lern- und Entwicklungskapazitäten rasant aus. Einer der Hauptgründe für die zu langsame Korrekturdynamik des Menschen ist sein Gefangensein in der linearen Zeit. Die lineare Zeitachse verhindert auch unseren Blick in die Zukunft und trennt uns so von einer der wertvollsten Ressourcen von Innovation und Weisheit. Linear zu leben bedeutet, ins Dunkel zu tappen und zu hoffen, dass der nächste Schritt kein Reinfall wird. Doch was, wenn du in der Lage wärst, in verschiedene Realitätsversionen deiner Zukunft zu reisen und dich von dort aus beraten zu lassen? Das klingt wie Science-Fiction? Tatsächlich ist es das schon längst nicht mehr. Zum Beispiel lehrt Otto Scharmer am renommierten MIT-Institut die sogenannte U-Theorie,[3] eine Möglichkeit, aus der Zukunft heraus zu führen. Wir selbst forschen in unserer Arbeit bei Homodea seit einigen Jahren an Möglichkeiten, das eigene Bewusstsein in die Zukunft reisen und dort lernen zu lassen.[4]

Selbst wenn sich einige Menschen in einer relativ stabilen, harmonischen Kooperation wiederfinden, besteht meist immer noch die Tendenz, dieses eigene System abgekapselt vom Rest des Universums wahrzunehmen und zu erfahren. »Hier sind wir. Da ist die Welt. Hauptsache, es geht uns gut.« Dieses sogenannte ethnozentrische Bewusstsein erleben wir in Familien, Unternehmen, Sekten, sozialen Schichten und auch Ländern.

Zusammengefasst: Wenn wir an diesen alten Paradigmen festhalten, verpassen wir sehr viel Freiheit und Spaß. Wir werden so zu egozentrischen, rechthaberischen, unflexiblen Fremdkörpern in einem hochkomplexen, multidimensional zusammenspielenden Universum. Wir können aus Angst vor dem Neuen daran festhalten. Dann wird Evolution das Experiment menschliches Bewusstsein irgendwann einstampfen müssen, denn es nervt offenkundig das Gesamtsystem. Oder wir geben uns dem derzeit herrschenden Entwicklungsdruck demütig und neugierig hin und schaffen den Sprung.

Du trägst die Voraussetzung für Co-Creation in dir
Ich hoffe, dir ist beim Lesen auf vielen Ebenen klar geworden, warum

und wie sehr sich die Geschlechter miteinander verkeilt haben, und zwar nicht nur im Außen, sondern auch in uns. Evolution hat uns mit zwei großartigen Kräften ausgestattet – Logos und Eros. Kämpfen diese gegeneinander, geht es nicht weiter und wir gehen unter. Beginnen sie sich aus der Vergangenheit zu lösen und frei miteinander zu tanzen – in dir und in deinen Beziehungen –, löst dies einen kreativen Quantensprung aus. Bewusste Co-Creation braucht beides – einen kristallklaren, auf ein Anliegen ausgerichteten Logos und einen mit allem verbundenen und weit empfänglichen Eros. Ich hoffe auch, dass es mir gelungen ist, dich für einen ketzerischen Gedanken zu begeistern:

 Genesis ist kein abgeschlossenes Projekt irgendeines Gottes. *Du* bist Genesis.

Du bist die lebendige, sich stetig weiter entwickelnde Baustelle der Evolution. Doch du wirst eben nicht nur erschaffen, sondern du kannst auch erschaffen. Der Kosmos hat dich mit den Gaben von Genesis ausgestattet. Du kannst sie in Schuld und Angst verrotten lassen. Du kannst sie missbrauchen, um dort, wo du lebst, einen langweiligen Wiederholungsloop der Vergangenheit aufrechtzuerhalten, oder du nimmst die Herausforderung begeistert an.

Denn das ist das große und offene Geheimnis der Co-Creation: Alles hängt miteinander zusammen. Nichts ist von etwas anderem getrennt. Wirst du befreit, ist die ganze Welt befreit. Diese Welt existiert nicht nur in einer einzigen Version. Das, was du erlebst, ist dein ganz persönliches Universum und in deren Mittelpunkt steht *deine* Genesis.

Co-Creation ist ein Synonym für die atemberaubende Sinfonie der Schöpfung, die permanent um uns und in uns geschieht. Du bist das Ergebnis und gleichzeitig die Ursache. Co-Creation ist also nichts, was wir Menschen erfinden werden. Sie findet bereits statt. Doch während Sterne, Bäume, Tiere und Mikroben ohne Ego, ohne Ichbewusstsein still und selbstverständlich am großen Ganzen mitwirken, hat uns die Genesis des Kosmos eine ganz andere Herausforderung gestellt. In uns ist ein *Ich* erwacht – Fluch und Gnade zugleich. Dieses *Ich* hat sich im ersten Stadium seiner Entwicklung in die Illusion der Trennung begeben. Mit allen dazugehörigen Konsequenzen: Stolz und Freiheit, aber eben auch Angst, Einsamkeit und Leid. Nicht *wir* sind wirklich aus der Schöpfung herausgefallen. Es ist das bis jetzt noch nicht vollständig verstandene und integrierte Ego, welches Misstöne in der Sinfonie erzeugt. Doch seine Kämpfe finden nur in einer oberflächlichen Version der Ereignisse statt. Schauen wir tiefer, ist immer noch alles Part eines unendlichen und ewigen kosmischen Tanzes. Jedes Missverständnis, jeder Krieg, jede begrenzte gesellschaftliche Struktur und auch das Patriarchat sind Geburtswehen einer weiteren Version unseres Bewusstseins. Da es sich in einzelnen Individuen, Gemeinschaften und Unternehmen bereits anbahnt, können wir mutig eine Vorschau wagen.

- Aus diesem co-creativen Bewusstsein heraus begreifen wir das Universum als ein lebendiges, multidimensionales Gewebe, welches auf tiefster Ebene ungeheuer schnell zwischen den Zuständen *Nichts*, *Energie* und *Form* wechselt.
- Die Gesetze der mechanischen Physik sind nur auf einen sehr kleinen Ausschnitt anwendbar. Doch Quantenphysik, Metaphysik, Neurowissenschaften und viele andere Forschungsbereiche helfen uns, immer besser zu verstehen. Gleichzeitig ist dieses lebendige Netzwerk von jedem Menschen jederzeit direkt erfahrbar und anzapfbar, da wir ein Teil davon sind.
- Lineare Zeit wird als ein Konstrukt in unserem Bewusstsein verstanden, mit dem wir das, was zeitgleich stattfindet, und zwar in vielen verschiedenen Versionen, in kleine Erfahrungshäppchen aufbrechen, die uns helfen, das *Ganze* zu verarbeiten. Weder Vergangenheit noch Zukunft sind festgelegt. Beide Zeiträume sind von hier aus erreichbar und veränderbar. Menschen mit diesem holistischen Zeitbewusstsein leben sehr präsent in der Gegenwart und empfangen wegweisende Inspiration aus

möglichen Zukunftsvarianten.

○ Der Mensch begreift sich nicht mehr als ein starres Objekt, sondern als einen lebendigen Bewusstseinsprozess, der einen Körper als Erfahrungsträger benutzt. Das von uns erfahrene Bewusstsein kennt keine Grenzen, kann ständig und willentlich neue Eigenschaften entwickeln und fühlt sich zutiefst mit allem verbunden. Ja, es hat sogar Zugang zu einer Erfahrungsebene, in der es nicht mehr nur verbunden, sondern alles andere ist.

○ Erziehung und Bildung verwandeln sich aus diesem Verständnis heraus in Potenzialentfaltungsräume. Wir sehen unsere Aufgabe als Eltern und Lehrer*innen nicht mehr darin, das uns anvertraute Wesen in vorgefertigte Erwartungsbahnen zu lenken. Wir sind die Hüter*innen seines Bewusstseins, wir geben Raum und wir werden so unermesslich viel von den jungen Seelen lernen, die wahrscheinlich meist älter sind als wir.

○ Wir begegnen der Genesis in uns bis zum letzten Atemzug mit Respekt und Forscherfreude. Wir sind nicht hier, um zu funktionieren. Wir sind hier, um uns zu erinnern und von diesem Augenblick des Erkennens dem Licht der Schöpfung zu gestatten, permanent neue Möglichkeiten durch uns zu erschaffen. Wir leben von innen nach außen.

○ Wir sehen auch unsere Mitmenschen, Projekte und Unternehmen als lebendige Prozesse. Wir haben den ewigen Wandel nicht nur akzeptiert, sondern feiern ihn als primären Daseinszustand. In unseren Begegnungen geht es nicht mehr darum, uns zu benutzen. Da wir wissen, dass wir alles, also auch die anderen sind, würde uns dies selbst verletzen. Wir bringen unsere Genies zusammen, um die Schöpfung zu feiern. Wir ehren unsere Verschiedenartigkeit. Gleichzeitig gehen wir davon aus, dass für jedes Spiel, für jedes Problem jetzt bereits die angemessenste Lösung im Feld existiert (denn die Zukunft ist bereits), und wir kommen zusammen, um diese zu empfangen. Angemessen bedeutet: die eleganteste, am meisten Freude und

Erkenntnis zum Wohle aller freisetzende Lösung.

○ Wir hüten uns vor Gleichmacherei. Unsere Stärke liegt in starken, hoch individualisierten *Ichs*, die fähig und willens sind, sich in einem starken *Wir* miteinander zu verbinden. So, wie unser Gehirn am besten funktioniert, wenn sich unsere Nervenzellen gut miteinander vernetzen, so sehen wir jeden einzelnen Menschen als eine bedeutsame Zelle im kollektiven Bewusstsein des Menschen. Teilhard de Chardin nannte dies die *Noosphäre*. Wir wissen nun, dass jeder einzelne Gedanke, jede Fantasie, jeder Selbstverrat, aber auch jede kühne Idee, jeder Akt des Mitgefühls in die Noosphäre eingespeist werden.

○ Co-Creation bedeutet auch nicht die Abschaffung von Hierarchien. Da, wo es sinnvoll ist, wird es weiter Hierarchien geben. Nicht aufgrund von Privilegien, sondern natürlich ausgelöst durch Kompetenz oder Weisheit. Sie dienen nicht der Ausbeutung, sondern dem Wohle des ganzen Systems.

○ Wir erkennen Logos und Eros als mächtige, alchemistische Kräfte der Co-Creation an. Wir bejahen ihr Zusammenspiel in uns selbst und in unseren Beziehungen. Wir bejahen die einzigartigen Erfahrungen und Spezialisierungen von Mann und Frau. Gleichzeitig befreien wir uns selbst und unsere Mitmenschen aus dem Gefängnis stereotyper Erwartungshaltungen. Auf diesem Planeten existieren gegenwärtig knapp acht Milliarden verschiedene Mixturen weiblicher und männlicher Qualitäten.

○ Verschiedene Religionen und Weltanschauungen werden als Orientierungssysteme in einem grenzenlosen Universum respektiert. Doch niemand wird mehr für sie in den Krieg ziehen, denn auf dieser Ebene des Bewusstseins ist jedem bewusst, dass jegliches Paradigma – religiös, sozial oder wissenschaftlich – ein zeitlich begrenztes Konstrukt ist.

○ Auf dieser neuen Bewusstseinsebene wird Dualität als wesentlicher Faktor für Reibung, Wachstum und Orientierung anerkannt. Da wir jedoch gleichzeitig stetig Zugang zur nondualen Erfahrungsebene haben (in der alles *eins* ist), sind wir keine Sklaven der Dualität, sondern nutzen sie weise. Gleichzeitig dehnt sich unser Geist so weit, dass er beide Pole (schön und hässlich, richtig und falsch, Mann und Frau) zugleich halten und als gelebtes Paradox genießen kann.

- Schöpfung wird weder pur externalisiert (»Gott hat mich erschaffen und ich bin lediglich das Ergebnis.«) noch narzisstisch aufgeblasen (»Ich kreiere alles ganz allein!«). Schöpfung wird als das grandioseste Paradox überhaupt begriffen und gefeiert: »Ich bin das Ergebnis und ich bin Schöpfer*in. Ich habe die Wahl und ich habe sie nicht. Ich bin Part des Alpha und Omega und ich bin ein kleiner Furz im Weltall.«
- Bewusste Co-Creation bedeutet, dich als Part der Gesamtsinfonie zu erfahren, dich mit all deinen Gaben und Wünschen voll mit einzubringen und dich gleichzeitig darin zu schulen, den Ton zu empfangen und weiterzugeben, der zum Wohle aller der angemessenste ist. Bewusste Co-Creation funktioniert zwischen dir und dem Universum, zwischen dir und anderen Menschen, zwischen dir und anderen Wesen (etwa Pflanzen und Tieren).

Was lösen diese Sätze in dir aus? Hältst du sie für verrückt? Lass sie wirken. Lies sie noch mal in einem Jahr. Ich wette mit dir, dass einige der Grundthesen in zwanzig Jahren allgemeiner Gesprächsstoff sein werden. Denn Entwicklung wird nicht nur auf Technologie-, sondern auch auf Bewusstseinsebene immer schneller verlaufen.

Uns stehen aufregende Zeiten bevor.[5]

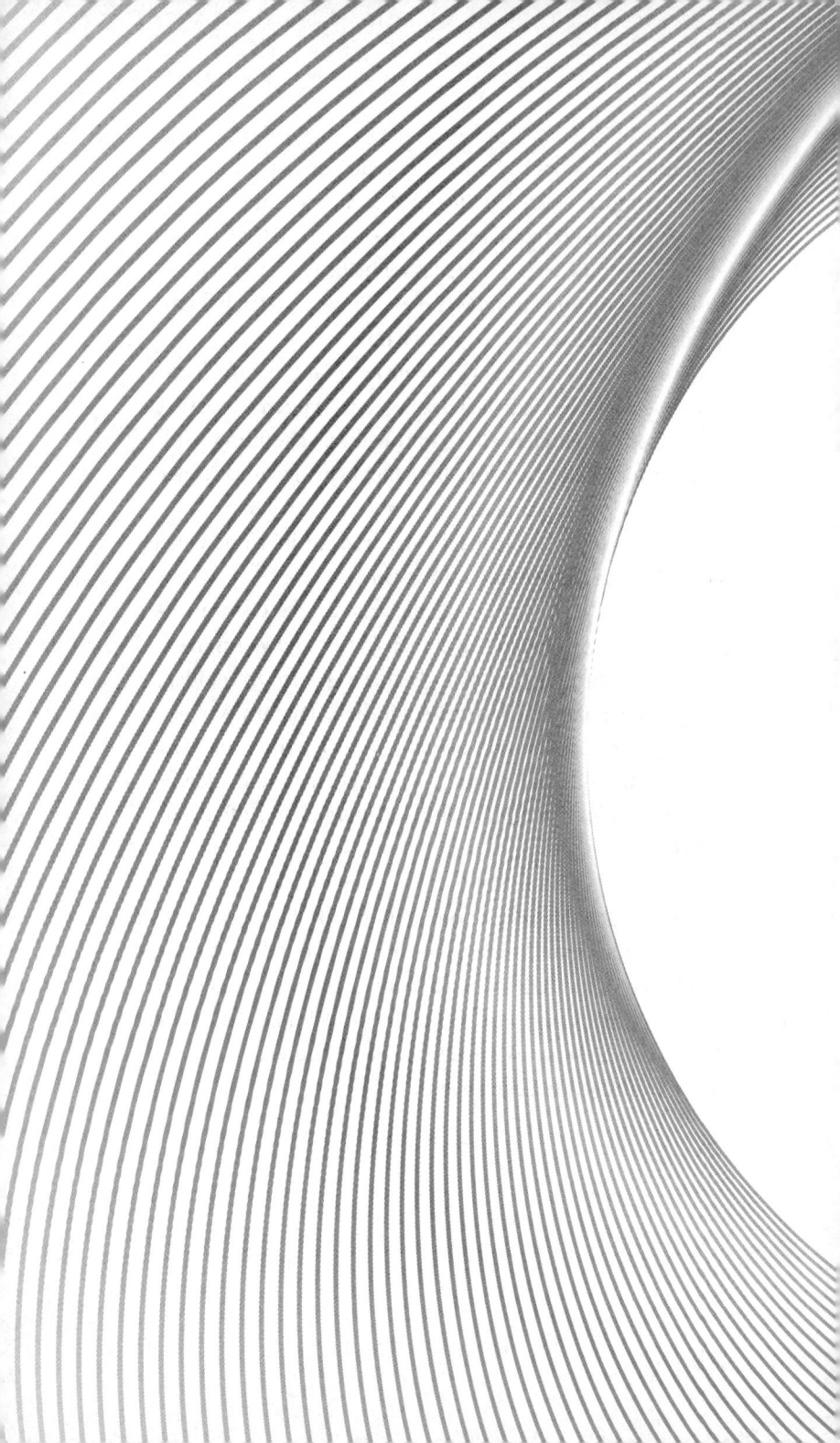

TEIL I

Respekt

In diesem Abschnitt geht es um unsere innere Grundhaltung in der Begegnung mit anderen Menschen. Es ist verständlich, dass wir am liebsten sofort eine konkrete Technik erlernen wollen, die es uns ermöglicht, Co-Creation zu erleben. Doch meiner Erfahrung nach macht unsere geistige Haltung 80 Prozent der Wirkung aus. Wir können wie wild Methoden anwenden. Wenn wir nicht die nötige Einstellung und Bewusstseinsreife mitbringen, wird ihre Wirkung verpuffen. Andersherum geschieht Co-Creation ganz natürlich und automatisch, wenn wir uns einem anderen Wesen mit Respekt und echter Offenheit nähern. Deshalb nimmt dieser Abschnitt bewusst so viel Raum ein. Lass ihn in Ruhe wirken. Er bereitet dich auf eine freudvolle Co-Creation mit allen vor.

DEINE BEZIEHUNGEN SIND EIN ENTWICKLUNGSFELD

These: Alles in deinem Leben basiert auf Beziehung. Alles, was du dir wünschst, braucht Beziehung. Jede deiner Beziehungen kann deine Entwicklung einschläfern, hemmen oder fördern.

Co-Creation ist eine besondere Art, sich auf andere Wesen zu beziehen. Deshalb lass uns zum Einstieg erforschen, welches Verhältnis du zu deinen Beziehungen hast. Dafür bitte ich dich, über die folgenden drei Fragen nachzudenken.

Frage 1: Bist du eher ein auf Beziehungen oder ein auf Aufgaben fokussierter Mensch?

Aufgabenorientierte Menschen sehen ihre Beziehungen eher als Mittel zum Zweck, um bestimmte Ziele zu erreichen, sei es privat oder beruflich. Die Qualität ihrer Beziehungen ist ihnen nicht so wichtig wie ihre Wirksamkeit innerhalb ihrer Beziehungen. Sie fragen sich bewusst oder unbewusst: Dient diese Partnerschaft meinem Anliegen? Komme ich so besser ans Ziel?

Beziehungsorientierte Menschen betrachten Aufgaben und Ziele eher als eine wunderbare Gelegenheit, mit anderen zusammen zu sein und eine gute Zeit zu haben. Sie fragen sich eher: Mit wem bin ich gern zusammen? Mit wem fühle ich mich sicher und macht es mir Freude?

Natürlich gibt es hier kein striktes Schwarz oder Weiß. Doch meiner Erfahrung nach haben wir alle einen Schwerpunkt der Orientierung. Viele Männer investieren, ohne groß darüber nachzudenken, viel Zeit und Energie in Karriere oder Sport. Doch wenn ihre Partner*innen sie dazu einladen, die Beziehung intensiver zu pflegen, verstehen sie häufig erst einmal nicht, warum. Bis heute sind es meistens Frauen, die ihre Männer sanft oder vehement zu der Teilnahme an einem unserer Beziehungsseminare überreden. Darin liegt keine Wertung. Wir alle sind unterschiedlich gewichtet und alles hat seine Berechtigung. Wie schätzt du dich ein?

Frage 2: Welches sind deine acht bis zehn wichtigsten Werte? Wenn du magst, schreib sie einmal auf.

Welche dieser Werte spiegeln eher Qualitäten wider, die sich auf dich, deinen Erfolg und deine Lebensqualität ausrichten (zum Beispiel Freiheit, Erfolg, Meisterschaft)? Und welche konzentrieren sich eher auf Beziehungsqualitäten (zum Beispiel Nähe, Vertrauen, Freundlichkeit)?

Unsere Werte beeinflussen stark, was wir als wertvoll ansehen und wohin wir unsere Aufmerksamkeit lenken.

Frage 3: Wie viel Zeit investierst du wöchentlich in die Klärung und Stärkung deiner drei bis fünf wichtigsten Beziehungen?

Wir können alle schnell ein Lippenbekenntnis abgeben à la: »Jaja, Schatz, du bist mir überaus wichtig.« Oder: »Natürlich liegt mir die Beziehung zu meinen Mitarbeiter*innen sehr am Herzen.« Doch letztendlich demonstrieren wir nur durch unser konkretes Handeln, was wir tatsächlich wertschätzen. Ich finde es bemerkenswert, wie viel Zeit wir selbstverständlich in Schule, Ausbildung, Karriere oder auch in Fernsehen oder soziale Medien investieren. Wenn es dagegen um Beziehungskultur geht, werden die meisten knauserig. Wir erwarten, dass unsere Beziehungen von allein und ohne große Wartung funktionieren. Dabei ist jede Begegnung ein Aufeinanderprallen zweier hochkomplexer Systeme.

Was machen diese drei Fragen mit dir? Wo findest du dich wieder? Wo fühlst du dich eventuell ertappt? Ich musste mir zum Beispiel beschämt eingestehen, dass ich als ein aufgabenorientierter Mensch Zeit, die ich ohne ein gemeinsames Projekt mit anderen verbracht habe, als Verschwendung ansah. Auch heute werde ich noch schnell unruhig, wenn »nichts« passiert. Beziehungsarbeit habe ich lange Zeit als so ein »Frauending« angesehen. Ich musste auf die harte Tour lernen, dass ich für alles, was ich in diesem Leben vorhabe, Menschen brauche und dass diese sich nicht gern benutzt fühlen, sondern erkannt und wertgeschätzt werden wollen. All jene Begegnungen, in denen wir einfach »nur« füreinander da sind, produzieren vielleicht keine unmittelbar messbaren Ergebnisse, doch sie können uns auf so vielen Ebenen Freude schenken und schaffen den Boden für nachhaltig starke und nährende Systeme. Meine Frau ist das komplette Gegenteil von mir und deshalb meine große Lehrerin im Lieben. Für sie ist jede Beziehung ein wunderschöner Garten. Ganz natürlich investiert sie viel Zeit und Liebe in sein Erblühen. Wenn dabei am Ende noch eine reiche Ernte herausspringt, umso besser. Aber das ist nicht ihr primäres Ziel.

Was auch immer Beziehungen bis hierher für dich bedeutet haben, mach dir klar:

Beziehungen sind alles.

Du würdest nicht existieren ohne die Partnerschaften deiner Vorfahren. Alles, was du gelernt hast, kam durch Beziehungen. Jeder deiner Erfolge ist ein Gemeinschaftswerk, an dem viele Menschen beteiligt waren. Jeder Apfel, den du isst, ist durch die Beziehung zwischen Biene, Blüte, Sonne und Boden entstanden. Er ist in vielen Fällen danach durch zahlreiche Menschenhände gegangen, bevor er auf deinem Teller landete. Du kannst den so lebenswichtigen Sauerstoff nur deshalb einatmen, weil unsere Spezies eine symbiotische Beziehung zu Bäumen eingegangen sind. Egal, welchen Berg du in deinem Leben noch erklimmen willst, du wirst dafür Beziehungen brauchen. Die Qualität deiner wichtigsten Partnerschaften in der Liebe, in Freundschaften und im Business entscheidet maßgeblich darüber, wie tief du dich erkennen und weit du dein Potenzial entfalten wirst. Am Ende deines Lebens wirst du wahrscheinlich nicht noch einmal all die von dir erledigten Aufgaben aufzählen und damit vor Gevatter Tod angeben. Du wirst dich an die glücklichen Momente erinnern und diese werden zu einem großen Teil mit anderen Menschen verbunden sein.

Selbst wenn dir bis hierher deine Mitmenschen eher egal waren, liegt es auch in deinem egoistischen Interesse, dich in deinen Beziehungen aufmerksam und fortwährend zu engagieren.

 Lebendige Beziehungen sind die Grundlage für dein Glück, deine Entwicklung und deinen Erfolg.

Auch aus einer Metaperspektive können wir erkennen: Alle großen Menschheitsprobleme sind letztlich Beziehungsprobleme. Wir beuten uns selbst aus, weil wir keine gesunde Selbstbeziehung haben. Wir senden unsere Kids in überalterte, ungesunde Bildungssysteme, weil wir weder mit ihnen noch mit unserem eigenen inneren Kind in Kontakt sind. Uneffektive Politik ist meist ein Ausdruck einer Beziehungsstörung zwischen Politiker*innen und dem Volk. Die perverse Massentierhaltung ist eine Beziehungsstörung zwischen uns und Tieren. Israel ist eine Beziehungsstörung zwischen Araber*innen und Jüdinnen und Juden. Die Schere zwischen Arm und Reich ist eine Beziehungsstörung zwischen denen, die »es geschafft haben«, und denen, die auf der Strecke bleiben. Der Klimawandel ist eine Beziehungsstörung zwischen uns und der Erde. Ich könnte ewig so fortfahren.

Wenn wir wollen, dass die Menschheit nicht nur überlebt, sondern sich zu ihrer möglichen Größe, Güte und Schönheit erhebt, müssen wir die Beziehungswunde heilen. Nach der Lektüre dieses Buches wirst du wissen, wie du aktiv dazu beitragen kannst. Co-creative Beziehungen erfüllen nicht nur einen Selbstzweck für die unmittelbaren Beteiligten. Sie werden zu einem Heilungsbiotop für ihre direkte Umgebung und den gesamten Planeten. Bist du bereit, die Kunst zu erlernen, co-creative Beziehungen zu initiieren und zu kultivieren?

Übung: Wenn alles möglich wäre …

Schreibe alle Beziehungen, die dir wichtig sind, untereinander auf ein Blatt Papier. Sie können privater und beruflicher Natur sein. Vergiss nicht die Beziehung zu dir selbst. Du kannst auch Beziehungen erwähnen, die noch nicht existieren, zum Beispiel die zu deiner zukünftigen Lebenspartnerin oder deinem zukünftigen Lebenspartner, zu einem bedeutsamen Vorbild oder zu deinem beruflichen Traumteam.

Betrachte deine Liste und stelle dir die folgenden Fragen:

- Wenn alles möglich wäre, welche dieser Beziehungen würde ich gern heilen beziehungsweise stärken?
- Wenn alles möglich wäre, mit wem auf dieser Liste möchte ich gern eine lebendige Beziehung erfahren?
- Wenn alles möglich wäre, welche Beziehung würde ich gern auf ein neues Level an Wachheit, Nähe, Freiheit und Freude bringen?

Mich macht es traurig zu sehen, wie viele Menschen ihre Träume nach einigen schmerzhaften Enttäuschungen auf Mittelmäßigkeit herunterstutzen und dann den Rest ihres Lebens damit verbringen, diesen faulen Kompromiss zu erklären.

Als ich vor etwa 29 Jahren zum allerersten Mal eine solche Wunschliste für meine Beziehung zu meiner Frau, meinem Kind und dem Leben aufschrieb, kam sie mir vor wie Fantasterei. Denn ich kannte keine solche Referenzfamilie. Heute leben wir eine Innigkeit, gepaart mit Autonomie und Abenteuer, die ich mir damals nicht hätte vorstellen können. Ich erfahre heute persönliche Beziehungen mit Menschen, die für mich einst unerreichbar auf dem Sockel meiner Bewunderung standen. Alles begann mit dem notierten Wunsch: »Ich möchte Person X direkt kennenlernen.«

Wenn sich die Lektüre dieses Buches für dich lohnen soll, dann vergiss für unsere gemeinsame Zeit deine Zweifel. Denke groß. Ja, denke unverschämt.

Was, wenn das ganze Universum darauf wartet, dass du ihm kühn deine frechen Wünsche entgegenschleuderst?

Was würde es bedeuten, wenn du die Tatsache, dass du die kostbare Chance zu leben geschenkt bekommen hast, ganz persönlich nehmen würdest?

Wie wäre es, wenn du für unsere gemeinsame Reise in das Land der Co-Creation all deine leisen und lauten Sehnsüchte ans Tageslicht lässt? Egal, was die alten Geister der Vergangenheit zu beanstanden haben?

Was möchtest du in deinen Beziehungen noch erleben, um in Ruhe, mit leuchtenden Augen sterben zu können?

Wo ist es für dich an der Zeit, von der Bremse zu gehen?

Ich muss dich nicht kennen, um eines sicher über dich zu wissen: Was du bis jetzt an Beziehungsqualität erfahren hast, ist nicht die Grenze deiner Möglichkeit. Da geht noch viel mehr.

WAS IST CO-CREATION?

These: Co-Creation ist die universelle Beziehungsform des Lebens. Sie überwindet innere und äußere Grenzen und erschafft bisher unbekannte Möglichkeiten.

Bevor wir in die Praxis eintauchen, würde ich mich gern mit dir auf ein gemeinsames Verständnis von Co-Creation einigen. Manches von dem, was du gleich lesen wirst, wird eventuell seltsam für dich klingen, falls du ein stark rational veranlagter Mensch bist. Falls du am Ende des Kapitels gar nichts damit anfangen kannst, vergiss es wieder. Es ist für die praktische Umsetzung von Co-Creation nicht notwendig. Und vielleicht möchtest du ja irgendwann noch einmal zu diesem Kapitel zurückkehren.

Im Internet wird Co-Creation meist etwas sperrig definiert. Als Autor mag ich es gern blumiger, weshalb ich Co-Creation in meiner Arbeit folgendermaßen definiere:

> **Co-Creation ist die Fähigkeit zweier oder mehr Systeme, sich in _einem_ Anliegen zum Wohle aller zu verbinden, dabei ihre Verschiedenartigkeit zu nutzen und so Wunder möglich zu machen.**

Auch Wirtschaft und Wissenschaft sind seit geraumer Zeit auf der heißen Fährte der Co-Creation unterwegs. Die einen mit dem Bedürfnis, erfolgreicher Produkte zu kreieren, die anderen mit dem Anliegen, schneller wissenschaftliche Erkenntnisse zu gewinnen. Da ich einige dieser Teams entweder als Zeuge oder als begleitender Coach erlebt habe, ist mir aufgefallen, dass die Ansätze oft an der Oberfläche verpuffen, wenn Co-Creation einfach nur als die nächste Managementmethode verstanden wird. Wir müssen uns eben nicht nur intellektuell, sondern auch emotional und tatsächlich auch körperlich (dazu später mehr) auf den Prozess einlassen.

UNSER UNIVERSUM IST REINSTE CO-CREATION

Alles, wirklich alles, was du mit deinen Sinnen wahrnehmen kannst – inklusive deines eigenen Körpers –, ist das Ergebnis von Co-Creation, die ihren Ursprung im Urknall hatte. Die Atome, aus denen dein Körper zusammengesetzt ist, dienten zuvor unzähligen Tieren, Pflanzen und Steinen sowie Tausenden anderen Menschen als Daseinsform. Das ist ganz schön spooky. Statistisch gesehen trägst du tatsächlich auch Atome von Hitlers und Gandhis Körper in dir.[6] Unsere Atome sind über vier Milliarden Jahre alter Sternenstaub der sogenannten dritten Generation. Sie entstanden bei der Geburt unserer Galaxie. Deren Ursprung geht noch viel weiter zurück: mindestens auf den Urknall vor 13,5 Milliarden Jahren (weiter zurückschauen können wir noch nicht). Die gesamte Fülle unseres Lebens ist einem unvorstellbar potenten Nichts entsprungen. Alles, was seitdem daraus entstanden ist, ist für immer auf vielen, zum großen Teil für uns noch nicht einsehbaren Ebenen miteinander verbunden und bewirkt sich gegenseitig.

Was hat das mit Co-Creation zu tun? Die Wurzel aller Beziehungsprobleme der Menschheit ist die Erfahrung der Trennung. Aus Trennung entstehen Angst und Mangel und daraus wiederum Kampf. Weil wir uns getrennt voneinander fühlen, stellen wir unsere Interessen über die eines anderen Menschen, einer Bevölkerungsgruppe oder des gesamten Planeten. Weil wir uns getrennt fühlen, müssen wir recht haben, uns über andere erheben oder sie ausbeuten. Doch der große Witz ist, dass wir niemals wirklich voneinander getrennt waren und auch niemals sein können.

 Wir sind, wenn wir unsere Geschichte konsequent bis zu ihrem Ursprung verfolgen, kosmische Geschwister.

Unsere gemeinsame Mutter ist die potente Stille des ersten Augenblicks. Unser gemeinsamer Vater ist das Licht, das sich seit dem Urknall weiter und weiter ausdehnt und dabei nicht nur alle physischen

Formen von Sternen über Steine bis zu unserem Körper, sondern auch Bewusstsein entwickelt hat. Auch wenn es verrückt klingt, ist es nur eine logische Schlussfolgerung: Es ist der Kosmos selbst, der in jedem Menschen einzigartige Erfahrungen macht und sich dabei seiner selbst immer bewusster wird. Ob wir beide wollen oder nicht, ob wir uns hassen oder lieben, wir sind auf immer und ewig miteinander verbunden. Selbst wenn wir uns nie persönlich begegnen, beeinflusst jede deiner Entscheidungen und Handlungen mein Leben und andersherum genauso.

Ich bin mir bewusst, dass ich dir möglicherweise gerade einen ungewöhnlichen Gedankengang zumute. Du musst dies nicht glauben, damit Co-Creation praktisch für dich funktioniert. Doch diese Perspektive kann dir einen Blick hinter die Kulissen deiner Beziehungen ermöglichen. Das wiederum kann es dir gestatten, dich noch tiefer auf den gemeinsamen Prozess einzulassen. Du kannst dich dem auch spielerisch nähern und dir einfach bei deinem nächsten Gespräch vorstellen, dass es der Kosmos höchstpersönlich ist, der durch zwei verschiedene Körper mit sich selbst spricht. Was ist sein Ziel? Nun, ich vermute: Er will sich selbst erkennen und in der Begegnung neue Möglichkeiten erschaffen.

Wenn alles miteinander verbunden ist, kann es im Endeffekt nicht darum gehen, dass eine Partei über die andere Partei siegt. Kampf blockiert Co-Creation. Sie kann ihre schöpferische Power erst freisetzen, wenn wir unsere einzigartige Individualität feiern und gleichzeitig das größere Wir erkennen. Wenn wir die Illusion der Trennung auflösen, sehen und fühlen wir, dass wir Part einer gewaltigen, co-creativen Sinfonie des Kosmos sind. Wir beginnen, die Melodie herauszuhören. Im Rhythmus der Jahreszeiten, im Wechselspiel von Sonne und Mond, in unserem Herzschlag oder im Flow eines Arbeitsmeetings. Wenn wir bereit sind, unsere menschlichen Vorstellungen von richtig und falsch zu entspannen, erkennen wir selbst im größten Chaos verborgene Muster einer höheren Ordnung. Alles co-creiert miteinander. Die Blüte mit der Biene. Der Apfelkern mit der Erde. Dein

Ausatmen mit dem Einatmen der Bäume. Doch du musst gar nicht so weit schauen. Nimm deinen Körper. Er ist eines der eindrucksvollsten Zeugnisse der für uns noch unvorstellbar komplexen Intelligenz der Co-Creation. Er entstand durch das co-creative Aufeinandertreffen von nur zwei Zellen. Heute besteht er aus circa 30 Billionen Zellen mit einzigartigen Spezialisierungen: Muskelzellen, Hautzellen, Blutzellen, Neuronen, Knochenzellen und viele andere. Diese wiederum bilden zahlreiche Organe wie dein Gehirn, das Herz, die Lunge, die Leber, die Nieren, den Magen-Darm-Trakt, die Bauchspeicheldrüse, die Milz, die Bauchhöhle, die Haut und die Fortpflanzungsorgane. Stell dir vor, diese hätten alle ein Ego und würden sich getrennt voneinander fühlen. Du wärst nicht überlebensfähig. Stattdessen erfüllen sie unbewusst das Hauptprinzip der Co-Creation: Sie verbinden sich in *einem* Anliegen zu deinem Wohl, nutzen dabei ihre Verschiedenartigkeit und machen so das Wunder deines Lebens möglich. Während du diese Zeilen liest, sterben pro Minute etwa 37 bis 50 Millionen Zellen ab, werden neu geboren und gleichzeitig eingearbeitet. Das ist gelebte Co-Creation am eigenen Leib!

Gehst du mit diesem staunenden Blick durch die Welt, siehst du Co-Creation überall. Nur einer scheint herauszufallen: der Mensch. Ich schreibe bewusst, er »scheint herauszufallen«, denn ich bin überzeugt, dass auch unser Ringen und Versagen keine Fehler sind. Unser Ego macht uns besonders. Es ist die Wurzel von Trennung und der daraus resultierenden Angst und Gier. Es hat uns aus dem Paradies der unbewussten Co-Creation vertrieben. Noch irren wir umher. Noch verletzen wir uns selbst und andere aus Ignoranz. Doch ist dies ein Fehler der Schöpfung oder ein Schachzug, den wir nur noch nicht verstehen? Werden wir weiter gegen die große Sinfonie kämpfen, bis das Experiment dieser nervenden Spezies für beendet erklärt wird? Oder werden wir nun mit den auf unseren Egotrips errungenen Gaben und Erkenntnissen demütig, neugierig und bewusst in das Gesamtspiel der Co-Creation zurückkehren? Ich vermute, die Antwort fällt in dir und mir.

DIE VIER STUFEN VON BEZIEHUNGEN

Bevor wir uns der Zukunft widmen, lass uns noch einmal die bisherigen Beziehungsformen reflektieren, die die Menschheit hervorgebracht hat. Eine kleine Vorwarnung an alle Detailliebhaber*innen. Ich gehe ausgesprochen praktisch und empirisch an das Thema heran. Deshalb bitte ich die folgende Zusammenfassung auch nicht als wissenschaftliche Abhandlung, sondern als eine kompakte These zu sehen.

Lass uns davon ausgehen, dass Lebensformen ohne Bewusstsein schon seit jeher auf eine unbewusste Art miteinander co-creiert haben. Lass uns annehmen, dass sich auch die Vorfahren des Homo sapiens instinktiv in diesen Tanz eingegliedert haben. Die Entwicklung des Bewusstseins bei Menschen ist ein komplexes und weitgehend unerforschtes Thema. Es ist schwer zu sagen, wann genau der Homo sapiens ein Bewusstsein für sich selbst entwickelt hat, da es keine Aufzeichnungen aus dieser Zeit gibt. Allerdings gibt es Hinweise darauf, dass sich das Bewusstsein des Menschen im Laufe der letzten paar Millionen Jahre allmählich entwickelt hat. Ein wichtiger Schritt in diese Richtung könnte der Übergang zu einer größeren Gehirnkapazität gewesen sein, der es den Menschen ermöglichte, abstrakte Konzepte und Ideen zu entwickeln und ihre eigenen Gedanken und Emotionen zu reflektieren. Es wird angenommen, dass diese Fähigkeit zum Bewusstsein und zur Selbstreflexion vor ca. 50 000 bis 90 000 Jahren noch einmal einen Sprung gemacht hat. In dieser Zeit entstanden die ersten religiösen Rituale, Handwerk und Kunst. Wir entwickelten Sprache und Vorstellungsvermögen. Es gilt als gesichert, dass sich der Homo sapiens gegenüber dem körperlich wesentlich stärkeren Neandertaler durchsetzen konnte, weil es ihm gelang, sich in Teams zu vernetzen.[7]

Sich seiner selbst bewusst zu werden, bedeutete, ein Gespür für das eigene Ich zu bekommen. Wurde die Welt davor als eine intuitive Einheit wahrgenommen, gab es nun plötzlich »mich« und »die Welt«. Wahrscheinlich war dies die Geburtsstunde der Erfahrung von Trennung. Wir haben uns daran gewöhnt. Doch ich stelle mir dieses erste

Erwachen eines Ich-Bewusstseins berauschend und zugleich verstörend vor. Trennung war ebenfalls der Ursprung von Angst. Auch Tiere kennen instinktive, auf den Moment bezogene Furcht. Doch wir waren nun in der Lage, darüber nachzudenken, was passieren könnte: »Ist der andere auf meiner Seite oder nicht? Was, wenn er mir etwas Böses will? Was, wenn mich der Zorn Gottes bestraft? Was, wenn ich krank werde?«

Herausgeworfen aus der unbewusst erlebten Einheit entstand auch die uns seither quälend antreibende Erfahrung von Mangel. Wir begannen, uns unvollständig zu fühlen. Wir entwickelten Gier. Wie viel Leid, Dramen, Kriege, wirtschaftliche Ungerechtigkeiten und Konsumterror sind diesem dunklen Dreieck – Angst, Mangel, Gier – entsprungen? Eine logische Konsequenz war die Beziehungsform der Ausbeutung.

Stufe 1: Ausbeutung

Ausbeutung bedeutet die Ausnutzung einer Person, einer Gruppe oder eines anderen Wesens durch eine andere Person oder Gruppe, um einen Vorteil zu erlangen. Ausbeutung kann auf verschiedenen Ebenen stattfinden – körperlich, emotional, ökonomisch oder politisch. Weil der Mensch sich ängstlich, bedürftig und gierig fühlte, begann er, seine Umgebung auszubeuten. Im Gegenteil zu einer nachhaltig sinnvollen Co-Creation basiert Ausbeutung auf purer Egozentrik: »Was habe *ich* von dir? Wie kann *ich* dich für *meine* Zwecke nutzen? Lieber bin *ich* der Stärkere und beute dich aus, sonst machst du es mit mir.« Oder auch: »Lieber lasse ich mich von *dir* ausbeuten, als dass mir noch Schlimmeres geschieht.«

Gerald Hüther spricht in diesem Zusammenhang von Objektifizierung.[8] Jeder Mensch ist ein Subjekt mit einer inneren Wahrheit, Gefühlen und Bedürfnissen. Wenn du mit deiner eigenen Subjekthaftigkeit in Kontakt bist, nimmst du dich wichtig. Du lebst von innen nach außen. Du gestehst dir das Recht zu, deiner inneren Wahrheit zu folgen, deine Wünsche und Grenzen ernst zu nehmen und dich frei auszudrücken. Wenn du andere ebenfalls als Subjekte erkennst, billigst du ihnen dasselbe Recht zu. Doch was, wenn du durch gesellschaftliche Strukturen und Erziehung den Zugang zu deiner Subjekthaftigkeit verloren hast? Zum Beispiel weil du bereits als Kind stets wie das Eigentum eines anderen Menschen behandelt wurdest? Dann lernst du, dich selbst als ein Objekt zu betrachten, und erlaubst es, durch andere ausgebeutet zu werden. Du lebst dann von außen nach innen. Du gestattest es der äußeren Welt, über dein Leben zu entscheiden. Du wirst dann auch andere Menschen eher als Objekte sehen und wie Gegenstände in deinem Spiel betrachten und in deinem Interesse ausbeuten. Wie solltest du es auch anders tun? Du hast es ja nie anders gelernt.

Um uns bewusst und liebevoll aufeinander zu beziehen, braucht es zwei Subjekte. Da wir aus der Objektperspektive keine Verbindung zu dem ausgenutzten Wesen verspüren, fällt es uns auch nicht schwer, keine Rücksicht zu nehmen. Diese primitive und begrenzte Perspektive machte es möglich, dass Menschen ohne jeden Gewissensbiss andere Menschen als Sklav*innen hielten oder sie zur Unterhaltung gegeneinander kämpfen ließen. Die dunkelste Form dieser Erhebung über ein anderes Wesen haben wir Deutschen im Dritten Reich erfahren.

Es ist leider nicht so, dass Ausbeutung als Beziehungsform in der heutigen Zeit ausgestorben wäre. Die Art, wie wir Tiere halten und für unsere Bedürfnisse töten, ist auch Sklaverei. Viele Strukturen des Kapitalismus sind nach wie vor zutiefst ausbeuterisch. Reiche beuten Arme aus. Menschen mit Macht nutzen Menschen ohne Macht aus. Viele unserer Lieferketten beginnen mit ausbeuterischen Verhältnissen in Schwellenländern. Unternehmen wie Facebook geben vor, an unserem Wohl interessiert zu sein. Doch in Wahrheit manipulieren sie schamlos unser Bewusstsein, um noch mehr Geld mit unseren Daten verdienen zu können. Viele Kirchen und Sekten nutzen ihre gläubigen Anhänger*innen aus. In *Genesis* gehe ich ausführlich auf die sexuelle, soziale und ökonomische Ausbeutung der Frau durch den Mann im Patriarchat ein. Auch in scheinbar aufgeklärten Beziehungen beuten wir uns manchmal immer noch gegenseitig aus, ohne es zu merken. Unser altes Schulsystem stammt noch aus den Anfangszeiten der Industrialisierung. Es wurde nicht geschaffen, um unsere Kinder frei in ihrer Entwicklung zu fördern, sondern um sie in systemkompatible Elemente einer Leistungsgesellschaft zu verwandeln. Das absurde Ergebnis dieser Maschinerie sind Erwachsene, die durch Schule und Erziehung gelernt haben, sich selbst als Objekte zu betrachten, und die deshalb kein Problem damit haben, sich ihr Leben lang selbst auszubeuten, um das Hamsterrad der Leistungsgesellschaft am Laufen zu halten. Wir tragen zwar im Unterschied zu unseren Vorfahren Anzüge und benutzen Computer. Die Mechanismen der Ausbeutung mögen nicht mehr so offensichtlich sein. Doch wenn du aufmerksam hinschaust, erkennst du, dass sie immer noch omnipräsent sind. Diese Beziehungsform war so lange unser Standard, dass es Zeit, Entschlossenheit und viel innere Arbeit aller Beteiligten brauchen wird, um sie völlig aufzulösen.

Reflexion

○ *Wo in deinem Leben beutest du dich selbst aus? Für wen oder für welche Ansprüche tust du das?*
○ *Wo fühlst du dich von anderen Menschen oder Systemen ausgebeutet?*
○ *Wo und wie nutzt du deine Privilegien, um andere Menschen auszubeuten?*

Stufe 2: Konkurrenz

Aus der Ausbeutung heraus entwickelte sich die schon etwas zivilisiertere Beziehungsform der Konkurrenz. Menschliches Bewusstsein entwickelte sich von einer egozentrischen zu einer ethnozentrischen Perspektive. Man lebte nun nach dem Motto: »Ich kann andere, die mir durch Verwandtschaft, Nation, Kultur, Status … nahestehen, als zu mir gehörig betrachten und setze mich für sie ein. Ich verstehe auch, dass rein theoretisch jeder das Recht auf Glück und Erfolg hat und dass es nicht okay ist, andere schamlos auszunutzen. Aber noch immer empfinde ich mich auf dieser Stufe von den meisten Menschen als getrennt und glaube an Mangel. Da ich davon ausgehe, dass nicht genug für alle da ist, betrachte ich die meisten anderen als Konkurrent*innen.«

Konkurrenz bezieht sich auf den Wettbewerb oder gar den Kampf zwischen Personen, Gruppen oder Unternehmen um tatsächlich oder scheinbar begrenzte Ressourcen wie Kund*innen, Arbeit, Geld, Prestige oder Anerkennung, entspringt also einem Mangelgefühl. In einer konkurrierenden Situation verbünden wir unsere Kräfte nicht in einem gemeinsamen Anliegen, sondern versuchen, einander zu überholen oder zu besiegen. Dabei herrscht gleichzeitig die Überzeugung vor, dass uns Konkurrenz beflügelt und die Entwicklung anregt. Das mag in einem bewusst spielerisch gesetzten Rahmen wie dem Sport zutreffen, wobei es auch hier, etwa im Leistungssport, schnell zu destruktiven Auswüchsen kommt.

Wir können noch gar nicht wissen, wie wir uns ohne jeglichen Wettbewerbsdruck entwickeln würden. Konkurrenz führt meistens zu Rivalität und Spannung zwischen den Parteien. Die Angst, nicht auf dem Siegerpodest zu landen, bringt Sportler*innen dazu, ihren Körper mit Doping zu zerstören. Wirtschaftlich treibt diese Angst ein wahnwitziges Wettrennen an, in dem es nicht darum geht, sinnvolle und notwendige Produkte und Dienstleistungen für alle zu kreieren, sondern das Mögliche auszureizen und die Konkurrenz zu übertrumpfen. Ich erwähnte zu Beginn des Buches künstliche Intelligenzen. Ohne Zweifel können sie von großem Nutzen sein. Doch sie wurden aus Wettbewerbsdenken von großen Unternehmen wie Microsoft oder Google übereilt und unfertig in die Welt entlassen. Die Menschheit ist ethisch und psychologisch nicht darauf vorbereitet.

Auch im privaten Bereich stoßen wir bei näherem Hinschauen auf Anzeichen von Konkurrenz, zum Beispiel, wenn zwei um die Liebe eines Dritten buhlen. Oder wenn wir es nicht aushalten, wenn unser*e Partner*in beruflich mehr Erfolg hat als wir oder auf einer Party im Mittelpunkt steht.

Reflexion

o *Wo erlebst du dich privat und beruflich in Konkurrenz zu anderen?*
o *Was macht das mit dir? Wie fühlt sich das an?*
o *Wo bringt Konkurrenzdenken dich dazu, deine eigentlichen Werte zu verraten?*

Stufe 3: Kooperation

Auf dem dritten Beziehungslevel verläuft alles wesentlich fairer. Wir haben nun verstanden: »Wir sitzen in einem Boot. Es macht Sinn, dass wir gemeinsam in eine Richtung rudern. Lasst uns unsere Kräfte vereinen, um so unsere Ziele effektiver zu erreichen.« Kooperation ist die Basis eines angenehmen Arbeitsklimas und einer stabilen, relativ zufriedenen Ehe. Das klingt im Vergleich zu den vorhergehenden Beziehungsformen schon gut, oder? Wenn sich die gesamte Menschheit in Kooperation aufeinander beziehen würde, dann hätten wir auf jeden Fall Frieden. Doch reicht Kooperation aus, um die anstehenden Herausforderungen und Megakrisen meistern zu können? Sehr wahrscheinlich nicht. Dieses Level tendiert nämlich immer noch zu starren Beziehungsrollen und -regeln. Hier begegnen sich Menschen, die ein festes Bild davon haben, wer sie sind und was sie können. Um es in einer Metapher auszudrücken: Man glaubt zu wissen, was für ein Zahnrad man ist. Man sucht sich ergänzende Zahnräder, um sich zu einem stabilen Getriebe zusammenzufügen.

Eine kooperative Ehe basiert auf klaren Rollenverteilungen in der inneren Arbeit (etwa: »Ich übernehme die Gefühle, du die Logik.«) und im Alltag (etwa: »Ich kümmere mich um die Kinder, du kümmerst dich um das Auto.«). Ein so eingespieltes System kann sich für die Beteiligten durchaus bequem anfühlen, denn es bedient unser

Elementarbedürfnis nach Sicherheit. Weil die eine Partei die unter-
entwickelten Seiten der anderen kompensiert, entsteht jedoch eine
Co-Abhängigkeit. Es fehlt der Anreiz, uns um unsere vollständige
Selbstentwicklung zu kümmern. In einer traditionellen, heterosexu-
ellen Kleinfamilie bleiben wir dann in begrenzten Klischeevorstellun-
gen von Frau und Mann hängen.

Die zweite Schwäche kooperativer Systeme liegt in ihrer Inflexi-
bilität. Ein gut geschmiertes Radwerk kann eben nur dann wirksame
Dienste leisten, wenn auch die Umgebung relativ stabil bleibt. Sobald
Turbulenzen auftreten, erreicht es schnell das Limit seines Adapti-
onsvermögens. Es ist nicht ausreichend agil, um sich den komplexen,
schnellen, zum Teil extrem disruptiven Dynamiken unserer Zeit anzupassen. Wir sehen dies in Kleinfamilien, die unfähig sind, die Impulse der jüngeren Generationen willkommen zu heißen und sich mit
deren Hilfe sogar weiterzuentwickeln. Es fällt ihnen schwer, mit alten
Gewohnheiten zu brechen. Und wir sehen das bei den typisch weißen
Patriarchen der alten Schule, die nicht verstehen können, wenn ihre
Frauen mit 60 Jahren plötzlich gegen die Tristesse aufbegehren und
sich zu einem Yogaseminar oder gar einem Tantrakurs anmelden.
Leider müssen wir auch mit ansehen, wie ein einst so starkes Land
wie Deutschland in vielen Bereichen den Anschluss verpasst, weil wir
den anstehenden Problemen viel zu bürokratisch und konservativ begegnen. Auf einer tieferen Ebene betrachtet, basiert Kooperation auf
einem großen Missverständnis.

 **Menschen sind eben keine festen Objekte, und Wandel
ist die einzige Konstante.**

Kooperation lässt uns im mentalen Zustand des fixen Mindsets einschlafen. Die Begriffe »Fixed Mindset« und »Growth Mindset« wurden
von der Psychologin Dr. Carol S. Dweck eingeführt, einer angesehenen
Forscherin und Professorin an der Stanford University.[9] Das fixe oder
statische Mindset basiert auf der tiefen Überzeugung, dass unser Ich

fest und unsere persönlichen Fähigkeiten und Talente unveränderlich sind. Es geht davon aus, dass sich diese Eigenschaften nicht sonderlich weiterentwickeln lassen. In diesem Mindset suchen wir nach festen Formen für unsere Beziehungen und halten auch im Sturm krampfhaft daran fest, selbst wenn das Boot bereits auseinanderbricht. Im Gegensatz dazu steht das dynamische Mindset, das mit Wachstumsdenken einhergeht und an ein im Grunde genommen unendliches Potenzial für Entwicklung und Kreativität glaubt. Hier sehen wir Menschen eher als lebendige Prozesse. Das Ich kann bis ins hohe Alter immer wieder ein Upgrade erfahren, indem wir kontinuierlich reifen, unsere Fähigkeiten verfeinern oder sogar neue entdecken. Menschen mit einem Growth Mindset sehen Herausforderungen als Möglichkeiten zur persönlichen Evolution und betrachten Fehler als Gelegenheiten zum Lernen. Sie betrachten auch Beziehungs- oder Arbeitsstrukturen als temporäre Lösungen, die immer wieder angepasst werden können. Die Gehirnforschung geht davon aus, dass wir noch lange nicht das volle Potenzial unserer kognitiven und kreativen Möglichkeiten erschöpft haben. Wir stecken also noch voller Überraschungen.

Gleichzeitig laufen wir in kooperativen Systemen Gefahr, einzuschlafen. Menschen auf dem Level der Kooperation erschaffen jeden Tag Replikationen des vorhergehenden Tages mit nur leichten Variationen. Denn ihre Entscheidungen entspringen nicht einer freien Wahl, sondern der Erinnerung an das, was in der Vergangenheit für sie möglich war. Deshalb kann eine kooperative Beziehung nur Probleme lösen, die sich auf demselben Komplexitätslevel befinden wie das eigene Bewusstsein. Doch ihr fehlt die neugierige Offenheit und auch die transformative Kraft, um die großen Herausforderungen anzugehen, vor denen wir derzeit stehen. Außerdem tendieren kooperative Systeme immer noch zu einer subtilen Haltung der Trennung: »Hier sind wir und da sind die anderen Ehepaare. Was hinter unserem Gartenzaun passiert, geht uns nichts an.« Oder um es auf die Arbeitswelt zu übertragen: »Wenn unser Unternehmen floriert und unsere Kunden happy sind, was interessiert uns dann der Rest der Welt?«

Indem wir uns auf unsere eigene Blase konzentrieren, verhindern wir es, uns von den vielen anderen Elementen und Perspektiven im Spiel berühren zu lassen. Wir fallen aus der Resonanz mit allem. So bauen sich mächtige Blind Spots im Schatten auf, die irgendwann meist als sehr unangenehme Überraschung in unsere heile Welt einbrechen. Wirklich kreative, zeitgemäße Lösungen können wir als Paar, Team oder Unternehmen nur empfangen, wenn wir mit dem großen Ganzen in frischer Verbindung stehen.

Reflexion

o *Wo erlebst du kooperative Beziehungen?*
o *Welche Vorteile bringen diese mit sich (zum Beispiel Sicherheit oder praktische Rollenverteilungen)?*
o *Welche Nachteile nimmst du wahr (zum Beispiel Starrheit, Bequemlichkeit oder Langeweile)?*

Stufe 4: Co-Creation

Um die bisherigen Beziehungsformen noch einmal in einer Metapher zusammenzufassen: Stell dir vor, du sitzt mit Freund*innen zusammen an einem Tisch, auf dem ein Kuchen steht, der höchstwahrscheinlich nicht für alle reichen wird. Im Zustand der Ausbeutung ist es für dich selbstverständlich, dass andere diesen Kuchen für dich backen und dass er allein dir gehört. Du greifst ohne Skrupel zu und nimmst dir alles. Im Zustand der Konkurrenz weißt du, dass jede*r am Tisch ein Recht auf den Kuchen hat, doch wenn du schneller zugreifst, ist es für dich völlig okay, wenn andere zu kurz kommen. So ist das Leben! Im Zustand der Kooperation realisiert ihr, dass der Kuchen nicht für alle reicht. Ihr beratschlagt miteinander, was die fairste Lösung ist. Letztendlich teilt ihr den Kuchen gerecht auf. Niemand von euch wird vollständig satt, doch alle bekommen etwas und die Harmonie ist gewahrt.

Im Zustand der Co-Creation erkennt ihr an, dass im Augenblick zu wenig Kuchen da ist. Doch ihr akzeptiert die Idee von Mangel nicht. Ihr wisst, dass immer noch mehr möglich ist. Ihr findet und formuliert ein gemeinsames Anliegen. Zum Beispiel: »Jede*r an diesem Tisch wird vollständig satt. Wir haben zudem eine Menge Freude an der Herausforderung und lernen etwas Neues beim kreativen Prozess, eine verblüffende Lösung zu finden.« Ihr reist in einer kurzen Visualisierung in die Zukunft, in der ihr das gewünschte Ergebnis bereits materialisiert habt, und schaut von dort, welcher Weg euch dahin bringen könnte. Ihr kommt dabei auf überraschende Ideen, die euch bereits inspirieren, wenn ihr sie nur aussprecht. Ihr werft erst einmal alle Geistesblitze in die Runde und wählt dann den besten aus. Das Endergebnis ist für euch alle überraschend. Es bringt euch nicht nur körperliche Sattheit, sondern ihr hattet viel Spaß, habt viel über euch gelernt und habt auf dem Weg zur Lösung ein innovatives Café gegründet, in dem es immer leckeren Kuchen für alle gibt.

Dies ist nur ein Gleichnis, aber du kriegst den Punkt? Es soll dir Lust auf Co-Creation machen.

 **Co-Creation ist die Fähigkeit zweier oder mehr Systeme, sich in *einem* Anliegen zum Wohle aller zu verbinden, dabei ihre Verschiedenartigkeit zu nutzen und so Wunder möglich zu machen.**

Ich möchte dir noch ein Symbol für diesen Entwicklungsprozess anbieten: den Hermesstab. Er hat viele verschiedene Bedeutungen. Für mich steht er für die Evolution unserer Beziehungen. Falls du ihn nicht kennst: Es ist ein Stab mit zwei Flügeln, der von zwei Schlangen umschlungen wird. Direkt bei den Flügeln wenden die Schlangen ihre Köpfe einander zu. Die zwei Schlangen symbolisieren für mich die Bewusstseinsströme zweier Menschen, die sich immer wieder auf einer neuen Beziehungsebene begegnen, um sich letztendlich gegenseitig zu beflügeln und zu befreien. Je weiter wir uns entwickeln, desto größer wird unser Perspektiv- und Handlungsspielraum. Unsere Fähigkeit, uns selbst und unserem Gegenüber Autonomie zu gewähren, wächst. Auf jeder neuen Ebene sind wir in der Lage, komplexere Zusammenhänge zu verstehen und größere Herausforderungen zu lösen. Auch wenn ich bisher besonders die Schattenaspekte von Ausbeutung, Konkurrenz und Kooperation betont habe, glaube ich, dass die Evolution unseres Bewusstseins einer Richtung folgt: zu mehr Ganzheit und Freiheit. Ich mag den Hermesstab auch deshalb, weil er uns daran erinnert, dass Co-Creation kein Einheitsbrei ist. Wir brauchen für ein starkes Wir starke Ichs. Um uns im Zentrum bewusst und kraftvoll begegnen zu können, müssen wir auch bereit sein, allein zu sein und uns um unsere eigene Entwicklung zu kümmern.

Ich sehe es als einen wunderbaren Zufall, dass es der Legende nach die Schlange war, die uns durch den Biss in einen leckeren Apfel in die Bewusstheit verführte, die uns aus dem Paradies der Unschuld vertrieb. Das Geschenk dieser Ursünde war das Ego, das sich nun, symbolisiert durch die zwei Schlangen des Hermesstabs, über Stufen weiterentwickeln darf, bis es in seiner vollen Reife bewusst wieder in die Einheit zurückkehren wird.

In manchen spirituellen und religiösen Kreisen wird das Ego regelrecht verdammt. Dabei wird ausgeblendet, dass es für unsere noch so junge Spezies in diesem verwirrenden, multidimensionalen Universum eine lebensnotwendige Basis für die Verarbeitung unserer Erfahrungen darstellt. Wir sollten daher dankbar für diesen psychologischen Fixpunkt sein. Das Ego ist nicht das Problem. Leid entsteht erst, wenn wir ihm den inneren Chefsessel überlassen. Dann fallen wir aus der Co-Creation. Denn es liegt in der Natur des Egos, sich getrennt zu fühlen. Doch wenn sich unser kleines Ich in Ausbeutung, Konkurrenz und Kooperation die Hörner wundgestoßen hat, wird es uns seine Erschöpfung ermöglichen, uns hinzugeben. Dann sind wir in der Lage, einer weiseren Instanz in uns die Führung zu überlassen – unserer Seele, symbolisiert durch die zwei Flügel.[10] Es ist unsere Seele, die uns – auf dem Höhepunkt unserer individuellen Entwicklung – in die Gesamtsinfonie der Co-Creation zurückführen wird. Sie hat es nicht nötig, unser Ego zu bekämpfen. Sie wird seine Fähigkeiten und Erfahrungen souverän und entspannt nutzen.

 **Ich wiederhole es, weil es so bedeutsam ist: Ein starkes *Wir* braucht ein starkes, bewusstes *Ich*. Sonst missbrauchen wir die Idee der Co-Creation für eine co-abhängige Symbiose.**

Um Co-Creation zu erfahren, müssen wir von bewusstem Ich auf bewusstes Wir umschalten können. Dafür brauchen wir den sogenannten Switch. Ich las diese äußerst passende Formulierung zum ersten Mal in dem Buch *Stealing Fire* von Steven Kotler und Jamie Wheal.[11] Die Autoren beschreiben damit die Fähigkeit von Mitgliedern militärischer Eliteeinheiten, im Gefecht das Ego komplett loslassen und als eine Einheit agieren zu können. Mit anderen Worten: Der Switch beschreibt die Kunst, uns mit anderen Wesen zu synchronisieren, um so gemeinsam in den Zustand des Flows zu kommen. Diese Erfahrung ist gekennzeichnet durch ein hohes Maß an Aufmerksamkeit und Konzentration, begleitet von einem Empfinden von körperlicher und emotionaler Leichtigkeit, einer gesteigerten Kreativität und einem Gefühl von tiefem Einssein mit der Umgebung. Du wirst später noch konkrete Hinweise bekommen, wie du den Switch trainieren kannst.

Um den Switch besser zu verstehen, lass uns noch mal einen Blick in die heutige Arbeitswelt werfen: Ein professionelles Team auf der Ebene der Konkurrenz entwickelt Produkte hauptsächlich, um sich im Wettbewerb zu behaupten und die Mitbewerber*innen zu schlagen. Auf der Ebene der Kooperation designt es Produkte, die aktuell gut zu den Kund*innen passen. Es kann jedoch sein, dass sich beim Launch herausstellt, dass das Bedürfnis nicht genau getroffen wurde oder sich bereits wieder verändert hat. Co-creative Teams – und das mag jetzt erst einmal verrückt klingen – gehen nicht nur in Resonanz mit ihrer Zielgruppe, sondern mit dem Gesamtsystem der Gesellschaft und sogar mit dem gesamten Kosmos. Sie lassen sich nicht nur von der Vergangenheit beraten, sondern auch aus der Zukunft inspirieren. Die so empfangenen Lösungen sind oft ihrer Zeit voraus. Wenn die Zielgruppe in der Zukunft ankommt, steht das Team bereits mit der dann aktuell besten Lösung parat.

Im Rahmen der Co-Creation erschaffen wir jedoch nicht nur miteinander. Vielmehr heilen wir gemeinsam. Ein Heilungsbiotop ist ein Feld, in dem sich alle Beteiligten sicher fühlen und deshalb natürlich erblühen. Viele unserer derzeit existierenden Strukturen basieren auf Angst und Kontrolle. Sie setzen uns auf eine subtile oder offensichtliche Weise unter Stress. Wir haben uns daran gewöhnt, nicht mehr vollständig zu vertrauen. Wir halten dies für die Norm, und die Möglichkeit einer Beziehung ohne jegliche Angst erscheint uns wie eine naive Utopie. Co-creative Partnerschaften lassen diese Utopie jedoch Wirklichkeit werden. Sie basieren auf Ehrlichkeit, Respekt und Empathie. Neben ihrem gesteigerten kreativen Output werden sie so zu einem Heilungsbiotop[12] für alle Beteiligten. Wir lernen wieder, einander zu vertrauen. Die in unseren Zellen über Jahrtausende gespeicherte Angst darf sich behutsam lösen.

Reflexion

- *Bist du schon einmal mit co-creativen Beziehungen in Berührung gekommen?*
- *Wenn ja, wie hat sich das für dich angefühlt? Was war euer »Geheimnis«?*
- *Welche Bedingungen haben euch dabei geholfen?*

DIE GRUNDVORAUSSETZUNGEN FÜR CO-CREATION

Ich hoffe, ich habe dich neugierig gemacht und du willst nun wissen, wie Co-Creation konkret funktioniert. Zuerst die schlechte Nachricht: Leider ist sie nicht mit jedem Menschen möglich. Fünf essenzielle Voraussetzungen müssen gegeben sein.

Die nötige Bewusstseinsreife

Das ist ein heikles Thema, denn niemand sollte sich über eine andere Person erheben und ihr unterstellen: »Du hast nicht die Kapazität, um das zu verstehen.« Prinzipiell macht es Sinn, erst einmal jedem zuzutrauen, Co-Creation zu erfassen und zu leben. Dennoch möchte ich dich vorwarnen: Manche Menschen sind noch nicht so weit. Wir brauchen für Co-Creation ein gutes Maß an Selbstkenntnis und die Bereitschaft, innere Arbeit zu leisten. Wir müssen bereit sein, die Verantwortung für unsere Gefühle und Bedürfnisse zu übernehmen und uns mit unserem Schatten zu konfrontieren. Wir brauchen Klarheit über unsere Stärken und Schwächen. Wessen Selbstwahrnehmung stark von Fremdwahrnehmung abweicht und wer nicht willens ist, sich diese Diskrepanz spiegeln zu lassen, wird zum Störfaktor in co-creativen Prozessen. Wir sollten ausreichend Flexibilität mitbringen, um zwischen Führung und Hingabe wechseln zu können. Außerdem benötigen wir eine gut ausgeprägte Schaulogik. Darunter versteht man die Fähigkeit, verschiedene Perspektiven einnehmen und wertschätzen zu können, ohne darin verloren zu gehen, sondern gleichzeitig dem eigenen Wertesystem treu zu bleiben.

Falls du gerade Zweifel an deiner Eignung hast, ist das eher ein gutes Zeichen. Demut ist eine gute Ausgangsbasis für Entwicklung. Lass dich nicht abschrecken. Die meisten der für Co-Creation benötigten Skills kannst du erlernen. Was es auf jeden Fall braucht – und ich gehe davon aus, dass du das mitbringst, da du dieses Buch bereits in den Händen hältst –, ist die Kapazität, den Wert dieser Qualitäten zu begreifen, und die Lust, dich auf diesen intensiven emotionalen und geistigen Dehnungsprozess einzulassen. Der ultimative Test ist der Prozess selbst. Es ist relativ einfach, Co-Creation in schillernden Worten zu erklären. Sie zu leben, ist eine andere Sache.

Leidensdruck und Sehnsucht

Wer Co-Creation für eine Art Software hält, die man in einer Beziehung oder in einem Team mal eben neu aufspielt, hat sie nicht verstanden. Es ist ein intensiver, psychoaktiver Prozess, der im wahrsten Sinne des Wortes unter die Haut geht und viele alte Denk- und Verhaltensmuster herausfordert. Dieser Prozess wird euch manchmal euer Ego in all seiner Sturheit und Ödnis um die Ohren hauen. Wer keine triftigen Gründe hat, den ganzen Prozess durchzuziehen, wird wahrscheinlich mitten in der Operation vom OP-Tisch springen und davonlaufen. Du brauchst entweder einen ausreichend starken Leidensdruck, weil du die Nase von all den bisherigen Erfahrungen gestrichen voll hast. Oder du empfindest eine unbändige Sehnsucht, angefeuert von einer Ahnung, was menschenmöglich ist.

Ich will dir damit keine Angst machen. Ich will damit auch nicht sagen, dass ihr eure professionellen Projekte in Therapieexperimente verwandeln sollt. Ich möchte lediglich deinen Respekt wachrufen. Co-Creation bedeutet, auch im Businesskontext zu begreifen, dass ihr nicht primär Arbeitnehmer*in und Arbeitgeber*in seid, sondern Seelen, die zusammenkommen, um ihren Genius miteinander zu teilen. Auch wenn ihr euch weiter siezt, wird Co-Creation immer auch eine Ebene von Selbsterkenntnis und Heilung offenbaren. Falls du als Chef*in fürchtest, dass deine Mitarbeiter*innen dadurch an Effizienz verlieren, kann ich dich beruhigen, denn das Gegenteil wird geschehen: Sie werden sich mehr einlassen. Sie werden stärker in die Verantwortung gehen. Sie werden Talente und Ideen in die Company einbringen, die du mit keinem Geld der Welt hervorkitzeln könntest.

Eine gemeinsame Vision

Es ist offensichtlich: Immer dann, wenn Menschen keine gemeinsame Vision haben, übernehmen ihre Egos die Führung. Und erst dann wird Verschiedenartigkeit zum Problem. Um von euren andersartigen Perspektiven zu profitieren und um eure einzigartigen Gaben zu vereinen, braucht ihr einen kollektiven Traum, der alle beteiligten Herzen höherschlagen lässt. Ich werde dir erklären, wie ihr diese Vision finden könnt. Doch dafür solltest du zuerst klären, ob überhaupt alle daran interessiert sind. Denn nicht jede*r will das. Wir wissen instinktiv, dass ein großes Ziel außerhalb unserer Komfortzone Wachstumsschmerzen mit sich bringen wird.

Ein langer Atem

Wenn ich Teams die Idee der Co-Creation vorstelle, herrscht zu Beginn fast immer eine begeisterte Aufbruchsstimmung vor. In Gedanken feiern dann schon alle auf dem Gipfel. Was viele unterschätzen, ist der Weg dahin. Zu Beginn ist alles sonnenklar und wir rennen euphorisch los. Doch irgendwann ist der Honeymoon vorbei. Die Realität unserer alten Muster holt uns ein. Ich rate euch: Begebt euch nüchtern auf die Reise. Erwartet keine Wunder über Nacht. Euer Denken und Handeln wird sich nicht über Nacht ändern. Der Weg auf ein co-creatives Level eurer Beziehung wird euch mit überraschenden Durchbrüchen und ekstatischen Highlights anködern. Genießt sie. Gleichzeitig wird euch dieser Weg auch mit Phasen der Resignation, des Widerstands und der Rückschläge testen. Ihr werdet eurer Größe und der ganzen kleinen, nervigen Hinterfurzigkeit eures Egos begegnen. Um das auszuhalten, braucht ihr nicht nur eine starke Vision, sondern ein Verständnis für psychologische Veränderungsprozesse und einen langen Atem.

Vergebung als Leitkultur

Menschen sind unvollkommen. Ihr werdet Fehler machen. Ihr werdet einander verletzen. Ihr werdet euch enttäuschen. Es bringt nichts, deswegen ewig zu grollen. Das bindet euer Bewusstsein in der Vergangenheit. Versteht Vergebung deshalb nicht als einen einmaligen Prozess, sondern als eine tägliche Kultur der Reinigung und der Erleichterung. Übrigens heißt der kleine Bruder des Verzeihens Humor. Co-Creation und verbissene Ernsthaftigkeit schließen sich ebenso aus, wie es unmöglich ist, gleichzeitig zu lachen und Vorurteile festzuhalten. Lachen bringt euch in die Gegenwart und öffnet euch für kreative Geistesblitze.

DER BEGINN DEINER REISE

These: Co-Creation ist deine wahre Natur, du musst sie nicht erlernen. Du kannst dich an sie erinnern. Co-Creation ist die natürliche Beziehungsform des Lebens. Wenn sie nicht stattfindet, liegt ein Irrtum vor.

Natürlich kannst du dieses Buch auch erst einmal allein genießen und dich inspirieren lassen. Doch ich habe es so konzipiert, dass du es am besten mit anderen zusammen liest und ihr die einzelnen Schritte praktisch umsetzt. Co-Creation nähert man sich am besten durch reale Erfahrung.

WÄHLE DEINE REISEGEFÄHRT*INNEN

Solltest du gerade keinen Menschen kennen, mit dem du dich auf diesen Prozess einlassen willst, habe ich zwei Empfehlungen für dich. Im Onlinebereich bekommst du auch einen Zugang zu unserer homodea-Community. Hier findest du viele Gleichgesinnte. Die meisten von ihnen leben werteorientiert; ein respekt- und vertrauensvoller Umgang ist für sie selbstverständlich. Hier kannst du nach Menschen suchen, die Lust haben, mit dir gemeinsam die Prinzipien des Buches auszuprobieren. Im Kapitel »Co-Creation mit allem« (s. Seite 262) beschreibe ich dir zudem, wie du auch allein mit allem co-creieren kannst.

Ansonsten gibt es verschiedene Konstellationen, in denen du Co-Creation erforschen kannst. Es kann deine Liebesbeziehung sein, deine Familie, eine Freundschaft, eine Wohngemeinschaft, ein kleines kreatives Team, ein Arbeits- oder ein Sportteam. Nicht alle Übungen sind in jedem Kontext anwendbar. Erfahrungsgemäß wird sich ein privates Paar ehrlicher und intimer aufeinander einlassen als Kolleg*innen im beruflichen Kontext. Begrenzt euch nicht durch ankonditionierte Erwartungen. Ich habe schon berufliche Teams erlebt, die sich miteinander in eine bemerkenswerte Nähe vorgewagt haben.

Ich empfehle, die ersten Versuche mit maximal acht Personen zu starten. Erfahrungsgemäß ist dies die Zahl von persönlichen Schicksalen, die wir noch aufmerksam verfolgen können.

***

Reflexion
Welche Menschen fallen dir ein, mit denen du dich gern auf diese Abenteuerreise begeben würdest?

***

Es ist nicht nötig, dass ihr bereits »dicke« miteinander seid. Der Prozess selbst wird euer Band stärken. Vielleicht spürst du das verborgene Potenzial einer Beziehung.

Es sollten auf jeden Fall Personen sein,
- denen du gern voll vertrauen würdest,
- mit denen du gern mehr Nähe erfahren würdest und/oder
- mit denen du gern kreativ und erfolgreich an sinnvollen Projekten arbeiten würdest.

Wenn du magst, schreib die Namen erst einmal auf ein Blatt Papier. Es ist okay, wenn du bei einigen Namen, die du aufschreibst, nicht nur reine Vorfreude, sondern auch Zweifel spürst. Eventuell schaust du mit manchen Menschen auf eine bewegte Geschichte zurück oder du weißt nicht, ob die fünf Grundvoraussetzungen zwischen euch gegeben sind.

 Echtes Vertrauen entsteht nicht durch blinden Glauben, sondern durch die bewusste Integration unseres Zweifels.

Co-Creation funktioniert, wie gesagt, nicht mit allen, doch sei offen für Überraschungen! Solange ihr die Prinzipien nicht ernsthaft ausprobiert, wisst ihr nicht, was zwischen euch möglich ist.

Reflexion

Jetzt wird es heiß: Wen von diesen Menschen möchtest du konkret einladen? Und wie gehst du dabei vor?

Die Betonung liegt auf »einladen«, denn Co-Creation beruht auf Freiwilligkeit und Lust auf den Prozess. Verbiete dir, jemanden anzubetteln oder unter Druck zu setzen. Auch wenn ich es gut verstehen kann, dass sich besonders Frauen oft danach sehnen, mit ihrem Partner gemeinsam an der Entfaltung der Beziehung zu arbeiten, bitte glaub mir: Es funktioniert so nicht. Wenn du jemanden zu einem halbherzigen Ja manipulierst, wird euch das später um die Ohren fliegen.

Geh also *offen* auf deine Favorit*innen zu. Erzähle ihnen in deinen Worten etwas über Co-Creation und was sie für dich bedeutet. Lade sie ein, das Buch zu lesen. Frage sie, ob sie Lust hätten, sich mit dir auf dieses Experiment einzulassen. Mach jeder einzelnen dieser Personen klar, warum du gerade sie bittest. Warum ist sie wichtig für dich? Was schätzt du an ihr? Was wünschst du dir für euch? Sei nicht enttäuscht, wenn nicht sofort eine eindeutige Zusage kommt. Vielleicht kann dieser Mensch noch nichts mit der Idee anfangen und ihr müsst noch genauer darüber sprechen. Eventuell bewegen ihn auch Ängste oder Zweifel. Gib der oder dem anderen Raum, sie zu äußern, indem du offene Fragen stellst, etwa:

- Was denkst du darüber?
- Was assoziierst du mit Co-Creation?
- Wenn alles möglich wäre, was würdest du dir durch eine co-creative Beziehung mit mir wünschen?
- Welche Zweifel oder Ängste kommen dazu in dir hoch?

Wie auch immer dein Gegenüber reagiert, bleibe in einer souveränen Offenheit. Auch wenn es weh tut, reagiere nicht beleidigt oder bedürftig. Eine Absage zu deiner Einladung ist kein Nein deiner Person gegenüber. Wir können nicht in den anderen Menschen hineinschauen. Vielleicht liegt es nicht auf seinem Lebensweg. Vielleicht ist die Zeit noch nicht reif. Niemand ist verpflichtet, mit dir zu co-creieren. Bettle nicht. Fordere nicht. Klage nicht an. Eine offene Tür wirkt auf die meisten viel attraktiver. Als Unterstützung habe ich dir im Onlinebereich das Video »Falls du noch zögerst« vorbereitet, in dem ich deinem auserwählten Menschen persönlich erkläre, was ihn erwartet.

Bleib im Falle einer Absage nicht in einer Warteschlaufe hängen. Co-Creation funktioniert nur zwischen starken Individuen. Nimm es als eine gute Lektion in Selbstständigkeit. Finde eine andere Person, mit der du die Prinzipien erkunden kannst. Es kann sein, dass dich eine begründete Angst bewegt, wenn du diesen Prozess nicht mit deinem Herzensmenschen gehst. Du fragst dich vielleicht: »Was geschieht mit unserer Beziehung, wenn ich mich dadurch weiterentwickle, er oder sie sich aber nicht?« Dazu würde ich gern eine Geschichte mit dir teilen, die in solchen kritischen Phasen mit Andrea mein Vertrauen gestärkt hat:

Es war einmal ein Mann, der ein wunderschönes Pferd besaß. Dieses Pferd war sein ganzer Stolz und brachte ihm viel Freude und Nutzen. Eines Tages jedoch rannte das Pferd aus dem Stall und kehrte nicht zurück. Der Mann war untröstlich und betrübt über den Verlust. Tagelang saß er trauernd auf der Bank vor seinem Haus.

Da kam eine alte Frau vorbei und setzte sich zu ihm. Lange schwieg sie, bis sie voller Mitgefühl fragte: »Warum bist du so traurig, guter Mann?«

»Ich bin traurig, weil mich mein Pferd verlassen hat.«

Die alte Frau schwieg wieder eine Weile. Dann antwortete sie liebevoll: »Du musst nicht traurig sein. Wenn dies wirklich dein Pferd ist, wird es wieder zu dir zurückkehren.«

Wenn der Mensch an deiner Seite dafür bestimmt ist, einen längeren Weg mit dir zu gehen, wird er sich auch – auf seine Weise – weiterentwickeln. Nicht, weil du es willst, sondern weil es seine Bestimmung ist. Wenn er auf dieser nächsten Entwicklungsstufe nicht mehr zu dir gehört, wird er deine Realität verlassen. Nicht weil du es willst, sondern weil es seine Bestimmung ist. Ja, so etwas tut weh. Doch jeder Tag deines Lebens ist unbezahlbar wertvoll. Warum solltest du deine kostbare Zeit mit falschen Hoffnungen vergeuden? Finde lieber schnell heraus, wer zu dir gehört und wer nicht, indem du den Stall immer offen lässt und niemanden anbindest.

Hier kommt ein fairer Disclaimer: Co-Creation bringt die Wahrheit ans Licht. Was zusammengehört, wird tiefer zueinander finden. Wer schon lange nicht mehr in einem gemeinsamen Boot sitzt, wird dies deutlicher erkennen. Dasselbe gilt für Teamkolleg*innen oder Angestellte. Möchtest du auf Dauer mit Menschen zusammenarbeiten, die eigentlich woanders sein wollen? Möchtest du andere permanent angestrengt motivieren, bei dir zu bleiben? Oder sehnst du dich nach einem Team, in dem ausnahmslos alle wissen: »Ich will nirgendwo sonst sein! Das hier ist mein Traumteam.« Dies ist bereits eine der beachtenswertesten Lektionen in Co-Creation:

 Das, was in Wahrheit zusammengehört, wird sich durch diesen Prozess finden.

Deshalb halte nicht an deinen Wunschvorstellungen fest. Konzentriere dich auf deinen Weg und lade andere großzügig ein, ihn mit dir gemeinsam zu gehen. Beginne den Prozess mit denen, die von ganzem Herzen mit einem Ja antworten.

BEGINNT GEMEINSAM OFFEN UND KÜHN

Hast du den oder die Menschen gefunden, mit denen du den Weg der Co-Creation beschreiten willst, dann bereitet ihnen das Feld vor. Co-Creation ist nichts, was ihr *tun* müsst. Sie stellt sich von allein ein, wenn bestimmte Bedingungen gegeben sind.

Viele von uns wurden bereits in früher Kindheit dazu animiert, das Leben durch Konzepte und Aktionismus zu kontrollieren. Wenn etwas nicht so funktioniert, wie wir das wollen, müssen wir uns nur noch mehr anstrengen! Oder? Diese Haltung wirkt für Co-Creation störend. Als die natürliche Beziehungsform des Lebens geht es bei der Co-Creation eher darum, unser Ego zu entspannen und uns dem Spiel hinzugeben.

Mit wem auch immer du dich auf diese Entwicklungsreise begibst, ich möchte dich ermutigen, kühn und frei darüber nachzudenken, was für euch möglich ist – besonders, wenn du bereits durch frustrierende Erfahrungen im zwischenmenschlichen Bereich geprägt bist. Andrea und ich brachten beide ein tief verletztes inneres Kind mit in unsere Beziehung. Unsere Emotionalkörper und die darin gespeicherten Erfahrungen waren wie Minenfelder für den jeweils anderen. Weil wir das lange Zeit nicht verstanden haben, re-stimulierten wir die alten Traumata immer wieder. Wir waren deswegen mehrmals an dem Punkt aufzugeben. Doch unter der Asche unserer Missverständnisse gab es – dem Leben sei Dank – immer auch eine nicht löschbare Glut, eine Sehnsucht und Ahnung nach mehr. Also lernten wir, unseren durch die Vergangenheit verzerrten Blick zu klären und uns immer wieder frisch auf das auszurichten, was wir wirklich wollten. Ich bin heilfroh, dass wir nicht das Handtuch geschmissen haben.

Was immer bis jetzt war, lass es gedanklich bewusst los und stell dir vor, du öffnest dich für ein ganz neues Spiel. Egal, was bisher zwischen euch gelaufen ist, ihr seid fähig, neu anzufangen! Das betrifft auch deine Arbeitswelt. In Bezug auf das Berufsleben höre ich besonders viel Resignation und Zweifel bei meinen Klient*innen heraus. Es ist eben leichter, sich dem Zynismus hinzugeben oder in einem unerfüllten Job stur auf die Rente zuzuarbeiten, als an eine Vision zu glauben und dich auch dafür einzusetzen.

 Stell dir vor, dass kommende Generationen Co-Creation ganz selbstverständlich leben werden und du dei-

nen Urenkelkindern erzählen kannst: »Ich war damals mit dabei, als sich diese verrückte Idee durchsetzte. Ich habe ihre Anfänge mitgestaltet.«

Lass dich auch nicht von dem Glaubenssatz »Ich bin für so etwas zu alt« beirren. Eines meiner absoluten Lieblingspaare in unseren Seminaren ist über 80 Jahre alt. Sie kamen vor drei Jahren zum ersten Mal zu uns und berichteten traurig über Jahrzehnte des Schweigens. Du solltest sie jetzt sehen. Wie zwei verliebte Turteltäubchen. Die Idee der Co-Creation wirkte auf sie wie ein Jungbrunnen. Nun holen sie alles nach.

Reflexion

Vergiss für eine halbe Stunde alle »Ja, aber …«-Begrenzungen. Stell dir vor, eine Wunschfee sitzt auf deiner linken Schulter. Sie will von dir wissen, wovon du in deinen Beziehungen träumst. Komm von dem Punkt: »Alles ist möglich und der Weg dahin wird sich dir vor die Füße legen.« Schreib es auf!

FEHLER SIND OKAY

Ich schreibe über all diese schlauen Sachen und lehre sie leidenschaftlich gern. Bedeutet das, ich lebe sie auch perfekt? Oh, nein! Diesen Anspruch musste ich beizeiten begraben. Wenn wir uns mutig auf das Spielfeld bewegen, werden wir Zeiten erleben, in denen wir uns für unbesiegbar halten, und wir werden wesentlich mehr Fehler begehen als jene, die uns von den Zuschauerrängen aus beobachten. Wie bist du bis jetzt mit Irrtümern und Niederlagen umgegangen? Wie schnell wirfst du das Handtuch? Weil Co-Creation für alle Neuland ist, wirst du wahrscheinlich oft das Gefühl haben, nicht weiter zu wissen. Du wirst sicher auch das ein oder andere frustrierende Team-Meeting oder Treffen mit deiner auserwählten Person haben. Du wirst dich blamieren. Du wirst in deiner Sichtbarkeit auch so manchen peinlichen Aspekt an dir erkennen dürfen. Gewöhne dich daran. Gestatte dir den Luxus, falschzuliegen. Missbrauche Fehler und Sackgassen nicht als Beweis dafür, dass Co-Creation nicht funktioniert. Thomas Alva Edison scheiterte unzählige Male mit seinen Versuchen, die Glühbirne zu erfinden. Darauf angesprochen, soll er geantwortet haben: »Ich habe nicht versagt. Ich habe nur 10 000 Wege gefunden, wie es nicht funktioniert.«

Was ich damit sagen will: Der Flow der Co-Creation stellt sich ein, wenn ihr keine Angst vor Fehlern habt, sie eher neugierig begeht und sie euch schnell – ohne Schuld und Scham – eingestehen könnt. Sieh es mal so: Als Fehler bezeichnen wir meist Ereignisse, die nicht so eingetreten sind, wie wir es erwartet haben. Doch der Witz ist: Nur so kann sich Leben weiterentwickeln – indem es neue Dinge ausprobiert, deren Wert analysiert und den Bullshit korrigiert. Das, was wir Menschen Fehler nennen, ist in Wahrheit die Hefe der Evolution. Sie sorgt dafür, dass das Leben erst so richtig aufgeht, dass du und deine Mitmenschen aufblüht. Also gebt euch Raum für Fehler und feiert sie.

Reflexion

○ *Welche negativen Glaubenssätze hast du zu Fehlern? Das kann zum Beispiel sein: »Ich darf keine Fehler machen.« Oder: »Fehler zu machen, heißt, ich bin dumm.« Halte einen Moment inne, um deine Glaubenssätze hierzu aufzuspüren. Sie verstecken sich manchmal so gut, dass wir sie kaum bemerken.*

○ *Wie gehst du mit deinen Fehlern um? Kannst du locker bleiben oder bestrafst du dich dafür?*

○ *Wo blockierst du Ideen durch Perfektionismus?*

○ *Wie reagierst du, wenn du auf Fehler angesprochen wirst?*

○ *Wie gehst du mit Fehlern deiner Mitmenschen um? Glaubst du, dass du ihnen ein Umfeld bietest, in dem sie keine Angst vor Fehlern haben müssen?*

ERKENNE DEIN WOFÜR

Um den Wandel von Kooperation zu Co-Creation in allen möglichen Höhen, Tiefen und Durststrecken auszuhalten und sogar zu genießen, brauchen wir eine starke und ausdauernde innere Motivation. Diese zieht ihr Feuer aus unserem Wofür: Wofür tun wir das, was wir tun? Aus dem Respekt für den eingeschlagenen Weg und für unsere Weggefährt*innen. Und aus unserer Bereitschaft, diesen Weg selbstverantwortlich zu gehen.

Ohne ein mächtiges Wofür wirst du jedes herausfordernde Unterfangen – sei es ein Marathon, das Erlernen eines neuen Instruments oder eben Co-Creation – abbrechen, sobald es ans Eingemachte geht. Bildhaft gesprochen, erlauben wir unserer Seele durch unser Wofür, unser Leben zu übernehmen. Ohne diesen tieferen Sinn wird unser Ego das Ruder übernehmen und das sucht niemals nach der Wahrheit, sondern nach dem bequemsten Weg. Ich habe es so oft selbst und tausende Male bei meinen Klient*innen erlebt: Kurz bevor wir in einem Bereich, der uns am Herzen liegt, einen echten Durchbruch erfahren, baut unser Ego seine Widersacher auf. Da es uns von klein auf kennt, weiß es genau, was bei uns zieht. Es verführt uns dazu, wegzurennen oder zu kämpfen. Es lockt uns mit Ablenkungen, sei es Netflix, Alkohol oder die sozialen Medien. Es bringt uns dazu, Menschen mit gemeinen Worten von uns zu stoßen. Es überschüttet uns mit Angst, Zweifeln oder Mutlosigkeit. Es ist, als wenn sich unsere alte Realität noch einmal wie ein mächtiges Tier aufbäumt, um uns in ihrem Bann zu halten. Diese unsichtbare Schwelle kommt in jedem Märchen vor. Kurz vor dem heiligen Gral wird der Held, die Heldin noch einmal getestet.

Ich bin in den ersten zwei Jahren meiner Beziehung zu Andrea jede Woche (und das ist nicht übertrieben!) zwei- bis dreimal ausgezogen. Jedes Mal hat es sich so echt angefühlt und doch hat mir eine tiefere Stimme zugeflüstert, dass ich nur vor mir selbst wegrenne. Ich bin so dankbar, dass ich dieses Muster irgendwann durchschauen und ablegen durfte. Nach vielen Jahren der Therapie und Selbsterforschung verstehe ich auch, wovor ich damals geflohen bin. Es war nicht Andrea, sondern der Schatten meiner Vergangenheit.

Wir werden nie erfahren, wer wir sind und was für uns möglich ist, wenn wir uns an dieser Stelle immer wieder von unseren inneren Widersachern austricksen lassen. An den unsichtbaren Schwellen deines Lebens bist du allein. Kein logisches Argument hilft dir. Archimedes sagte einmal: »Gib mir einen festen Punkt, auf dem ich stehen kann, und ich werde die Erde aus den Angeln heben.«

 Dein Wofür ist dieser feste Punkt in deinem Leben, mit dem du dein altes Universum aus den Angeln heben kannst.

Deshalb ist es wichtig, dich an der Eingangstür zu deinen co-creativen Prozessen zu fragen: Wofür machst du das? Und ist dein Wunsch stark genug? Meist handeln wir aus zwei Aspekten heraus: Der erste heißt Unzufriedenheit, der zweite Sehnsucht.

Übung: Wovon willst du weg? Wovon hast du die Nase gestrichen voll?

Nimm dir einen Moment Zeit und formuliere am besten schriftlich, welche negativen Punkte, welche Missstände – innen und außen – du gern durch Co-Creation auflösen würdest. Stell dir dabei vor, dass alles möglich wäre. Notiere mindestens zehn Aspekte.

Schau dir nun deine Liste noch einmal an. Unterstreiche die zwei Aspekte, die dich am stärksten berühren. Sie bilden den einen Kern deines Wofür.

Übung: Was zieht dich magisch an? Wonach sehnst du dich?

Nimm dir erneut einen Moment Zeit und frage dich: Wo willst du hin? Welche Vision hast du von deinen Beziehungen? Welche positiven Veränderungen – innen und außen – würdest du durch Co-Creation manifestieren? Notiere auch hier mindestens zehn Aspekte. Sei spezifisch und denke groß. Stell dir vor, dieses Buch und seine Prinzipien verhelfen dir sowohl in privaten als auch in beruflichen Partnerschaften zu echten Durchbrüchen. Komm von dem Punkt, dass du das Recht auf glückliche, lebendige Beziehungen hast. Du musst jetzt noch nicht wissen, *wie* du dahin kommst. Jetzt ist es Zeit, um groß zu träumen.

Ich möchte zum Beispiel mit meiner Frau bis zum Lebensende immer wieder neu ineinander verliebt sein. Ich will mit ihr die Welt erobern und inneres Erwachen erfahren. Ich will alles mit ihr teilen: Alltag, Arbeit, Sex, Kreation, Sport, Abenteuer, Spiritualität. Ich will mit ihr jeden Tag Freude, ja Ekstase erfahren. Ich möchte an ihrer Seite lernen, immer bedingungsloser zu lieben. Ich will, dass wir uns gegenseitig unterstützen, in diesem Leben so weise, wach und frei wie möglich zu werden.

Auch für meine beruflichen Beziehungen habe ich vor langer Zeit die Wahl getroffen, nur mit Menschen zusammenzuarbeiten, die ehrlich sind und meine Core-Werte mit mir teilen. Gleichermaßen möchte ich auch nur für Menschen arbeiten, die sich entwickeln und einen Beitrag für diese Welt leisten wollen. Ich will, dass sich meine Arbeit synchron mit meiner persönlichen Entfaltung kontinuierlich weiterentwickelt und mir so viel Genugtuung beschert, dass ich nie über Work-Life-Balance nachdenken muss.

Das ist ein Auszug aus meiner Wunschliste. Ich teile ihn mit dir, um dich zu ermutigen, unverschämt zu sein. Nimm dich selbst und die kostbare Chance deines Lebens ernst. Geh aufs Ganze. Alle großen Revolutionen und bahnbrechenden Innovationen begannen mit einer verrückten Idee im Kopf eines einzelnen Menschen. Stell dir vor, du bist das Portal für eine bisher nicht gelebte Möglichkeit. Für jeden von uns existiert das eine Wofür, für das wir bereit sind, uns zu erheben, unseren Arsch zu riskieren und auch Niederlagen einzustecken. Was beflügelt dich? Was müsste durch den Prozess der Co-Creation

in dein Leben kommen, damit du in spätestens einem Jahr zurück-
schaust und denkst: »Was für ein Glück, dass damals dieses Buch zu
mir fand?« Ist es mehr Nähe, mehr Sex, Vertrauen, Erfolg, Abenteuer,
Ekstase ...? Das Büfett ist eröffnet. Greif zu.

Schau dir anschließend deine Liste noch einmal an. Unterstreiche die
zwei Aspekte, die dich am stärksten berühren.
Verknüpfe nun die negativen und die positiven Aspekte, die du un-
terstrichen hast, in einem Satz: »Ich bin bereit, mich voll auf Co-Creation einzulassen, weil ich ... auflösen und ... manifestieren möchte.«
Lies dir den Satz mehrere Male laut vor – so oft, bis du ihn in deinem Körper spürst!

KULTIVIERE RESPEKT

Respekt ist eine alte, fast ausgestorbene Tugend. Wir glauben, alles
kaufen zu können. Doch Geld gewährt dir höchstens den Eintritt.
Der wahre Schlüssel für den Wert einer Sache oder einer Beziehung
ist dein aufrichtig empfundener Respekt. Vor einiger Zeit verbrachte
ich einige Tage im Regenwald von Costa Rica bei den Schamanen der
Shipibos. In eine der nächtlichen Zeremonien ging ich mit der Bitte:
»Lehrt mich, was die Liebe ist.«
Nun liegt es in der Natur powervoller Rituale, dass wir nie bekommen, was wir wollen, sondern was wir brauchen. In diesem Fall
wurde meine Frage regelrecht abgeschmettert: »Du wagst es, nach der
Liebe zu fragen? Lass uns dich zuerst lehren, was Respekt bedeutet.«
In dieser Nacht musste ich mir all die vielen Momente meines Lebens
anschauen, in denen ich der mir angebotenen Weisheit und Fülle respektlos begegnete. Es war hart und ernüchternd. Mir wurde offenbart, welch uraltes Wissen in einem einzigen Baum zu uns spricht
und wie alt und reich die Lebensströme all der Menschen waren,
denen ich bis dahin begegnen durfte. Es war schmerzhaft, erkennen

zu müssen, wie viel von dem mir angebotenen Reichtum ich verpasst hatte – einzig weil ich zu ignorant und arrogant war, um ihn wahrzunehmen. Seit dieser Nacht bemühe ich mich darum, jedem Menschen, dessen Weg ich kreuze, mit mehr Demut und Respekt zu begegnen.

Denke einmal an all die Menschen, die du tagtäglich für selbstverständlich nimmst. Sie sind alle wesentlich älter als dieses eine Leben. Sie sind Titan*innen der Evolution. Sie sind Schatztruhen an Weisheit, selbst wenn sie sich, oberflächlich betrachtet, unbeholfen anstellen. Du wirst diesen Schatz nie entdecken, wenn du ihnen respektlos begegnest. Es ist crazy. Wir verbringen so viele Stunden auf Arbeit, im Internet, mit unseren Hobbys. Doch wir erleben es als mühsam, uns zweimal pro Woche bewusst und ohne Ziel auf unsere nächsten Mitmenschen einzulassen. Wir leben und arbeiten nebeneinander, doch wir verpassen unsere Mysterien. In meinen Augen ist das kein respektvoller Umgang.

 **Dieses Buch kann dir nur eine Tür öffnen. Wie weit du hindurchgehst und wie reich du belohnt wirst, darüber entscheidet allein dein Respekt. Deine wertschätzende Haltung für dich, für die Menschen, mit denen du auf diese Reise gehst, und für den Prozess.**

Wie kannst du diesen Respekt ausdrücken? Du machst es weniger durch Worte, sondern indem du deinen Mitmenschen voller Freude deine Zeit und Präsenz schenkst. Wenn du dir bedeutsame Fortschritte durch Co-Creation erhoffst, solltest du bereit sein, deine Weggefährt*innen mindestens einmal in der Woche für ein bis zwei Stunden zu treffen, um die Inhalte des Buches zu besprechen und in der Praxis zu erproben. Doch die physische Anwesenheit reicht nicht aus. Wenn es eine Pflichtveranstaltung wird, vergiss es. Der Prozess muss dir wirklich am Herzen liegen und das solltest du auch demonstrieren. Zum Beispiel, indem du nicht erst eine Minute vorher alles andere aus der Hand legst, sondern dich in Ruhe auf die Begegnung einstimmst. Respekt zeigt sich auch durch den Ort, den du für das Treffen auswählst. Spiegelt dieser Ort deine Achtung für euer *Wir* wider? Verzichte während des Zusammenseins auf alle Ablenkungen. Zeig den anderen, dass du wirklich da bist und dass du euer Anliegen wichtig nimmst.

Reflexion

- *Denke an die fünf bis sieben wichtigsten Menschen deines Lebens. Schreibe ihre Namen auf. Mach dir bewusst, was sie dir bedeuten. Und dann frage dich: Begegne ich diesen Menschen täglich mit ausreichend Respekt?*
- *Wenn ich sie nie wiedersehen würde, habe ich die Zeit mit ihnen wirklich genutzt? Und habe ich ihnen gezeigt, wie viel sie mir wert sind?*

LEBE SELBSTVERANTWORTUNG

Sei bereit, für die von dir wahrgenommene Realität, für deine Bedürfnisse und für deine Entwicklung vollständig die Verantwortung zu übernehmen. Selbstverantwortung legt den Sumpf der Co-Abhängigkeit trocken und schafft so einen festen Boden für Co-Creation.

 Im Prinzip begeben wir uns jedes Mal in ein co-abhängiges Verhältnis, wenn wir die Verantwortung für das Erleben unserer Realität an etwas oder jemanden abgeben.

Wenn du dir erzählst, du hättest nicht genug Zeit oder Geld, um deine Träume anzugehen, gibst du der Zeit und dem Geld die Macht über dein Leben. Wenn du denkst, dass du dich nur glücklich fühlen kannst, wenn dein Partner oder deine Partnerin gute Laune hat, machst du dich abhängig von der Stimmung deines Gegenübers. Wenn du glaubst, dich nur entwickeln zu können, wenn deine Buddys voll mitziehen, bindest du deine Evolution an ihre. Wenn du über-

73

zeugt bist, dich beruflich nicht frei entfalten zu können, weil deine Chefin dir nicht die passenden Bedingungen dafür gewährt, gibst du ihr die Macht.

Das Thema ist komplex, denn natürlich existieren in unserer Gesellschaft Strukturen, die destruktive Machtgefälle und Abhängigkeiten fördern. Mir liegt es am Herzen, hier richtig verstanden zu werden. Um unsere Beziehungen und die Gesellschaft transformieren zu können, ist es wichtig, dass wir die äußeren Missstände beim Namen nennen. Wir können uns jedoch ewig passiv darüber empören, und damit halten sich viele auch auf. Ich halte dieses Jammern für eine bedauernswerte, weil sinnlose Energieverschwendung und für eine unbewusste Weigerung, die eigene Verantwortung voll zu begreifen und zu nutzen. Ich behaupte, die meisten von uns sind in Wahrheit deutlich mächtiger und könnten wesentlich mehr positiven Einfluss auf ihre Realität nehmen, als sie sich eingestehen.

Opferitis humana versus Selbstwirksamkeit

Co-Creation braucht unsere Bereitschaft, sorgfältig zu untersuchen, wo wir uns selbst in dem inneren Gefängnis *erlernter Hilflosigkeit* eingesperrt haben. Für mich kommt diese Haltung tatsächlich einer Krankheit gleich, die unseren Geist befallen kann. Angesichts ihrer Langzeitwirkung auf alle Bereiche unseres Lebens halte ich es nicht für übertrieben, vom schlimmsten Virus zu sprechen, der uns befallen kann. Deshalb nenne ich sie *Opferitis humana*. Wird unser Geist von diesem Virus befallen, erleben wir uns primär als »Opfer von …«. Wir erlauben unserem Genius nicht mehr, groß zu träumen, denn wir »wissen« im Voraus, dass es unmöglich ist, diesen Traum zu verwirklichen. Wir geben unsere schöpferische Macht an die Umstände (Zeit, Geld, Wirtschaft, Horoskop) oder unsere Mitmenschen (deine Partnerin, der Chef, Politiker*innen) oder sogar Gott ab. Ein von *Opferitis humana* befallener Mensch fragt nicht mehr: »Was will ich wirklichwirklich und wie kann ich dies möglich machen?« Vielmehr sammelt er Gründe, warum es nicht geht.

Immer, wenn du denkst »Ich kann nicht, *weil* …«, »Ich fühle mich schlecht, *weil* …« oder »Ich habe nicht, was ich will, *weil* …«, hast du deine kreative Power an etwas oder jemanden abgegeben. Das Traurige daran: Du wirst recht behalten. Du wirst auch von anderen Zuspruch bekommen. Denn das Opfer in dir findet instinktiv Gleichgesinnte, die an denselben Verhinderungsgrund glauben. So entstehen regelrechte Opferitis-Bubbles, in denen wir uns gegenseitig trösten, dass wir nicht glücklich sein können, weil …

Falls ein Teil von dir gerade empört reagiert – das ist sehr wahrscheinlich die Stimme des Opfers in dir. Es hat so viel Energie in die Logik des Dramas investiert. Das lässt es sich nicht so einfach wegnehmen. Wir haben alle diesen Anteil in uns und mögen es gar nicht, wenn er enttarnt wird.

Woher stammt dieser Virus? Erlernte Hilflosigkeit wird von Eltern, Menschen in ähnlichen Situationen oder der Kultur, in der wir aufwachsen, auf uns übertragen. Wenn wir als Kinder erlebten, dass wichtige Bezugspersonen scheinbar oder echt machtlos gegenüber Umständen oder anderen Menschen waren, haben wir das eventuell auf uns übertragen. Hinzu kommt, dass Kinder oft durch Erziehung und Schule in ihrer natürlichen Selbstwirksamkeit irritiert werden, indem sie wieder und wieder erfahren, dass ihre Impulse und Gedanken nicht willkommen sind.

Fakt ist: Als Kinder waren wir tatsächlich oft machtlos. Es geht nicht darum, dies zu bagatellisieren (im Sinne von: »War doch gar nicht so schlimm!«) oder mit pseudospirituellen Phrasen zu erklären (»Das ist dir passiert, weil du ein schlechtes Karma mitgebracht hast.«). Wenn dir Shit passiert ist, nenne es beim Namen. Wüte. Trauere. Geh in Therapie, um das Erlebte aufzuarbeiten. Aber bleib als erwachsener Mensch nicht im Gefängnis deiner Vergangenheit sitzen, obwohl die Tür mittlerweile offen steht.

Opferitis humana setzt langfristig eine abwärts gerichtete Spirale für Kreativität, Erfolg und Selbstachtung in Gang: *Weil ich mich hilflos fühle, gehe ich meine Träume erst gar nicht an – oder ich gehe sie mit so vielen Zweifeln*

an, dass ich nur scheitern kann. Ich verharre in Situationen, die mir nicht gut-
tun. Dadurch sehe ich mich in meiner angenommenen Machtlosigkeit bestätigt.
Ich beklage mich noch mehr. Ich konzentriere mich noch stärker auf das, was ich
nicht will. Dadurch erschaffe ich noch mehr von dem, was ich nicht will. Dadurch
fühle ich mich noch hilfloser ...

Der Antipode erlernter Hilflosigkeit ist Selbstwirksamkeit. Sie ist
die Basis einer gesunden Selbstachtung. Sie ist unsere Erfahrung, klar
zu wissen, was wir wollen, und uns erfolgreich dafür einsetzen zu können. Die gute Nachricht ist, dass wir in jedem Alter Selbstwirksamkeit wie einen mentalen Muskel trainieren können. Das stoppt den
Abwärtstrend und setzt eine Aufwärtsspirale in Gang: *Ich denke heute*
etwas größer als gestern und handle etwas mutiger. Dadurch sammle ich kleine
Erfolgserlebnisse. Diese bestätigen mir meine Selbstwirksamkeit. Mein Unterbe-
wusstsein registriert das und traut sich deshalb morgen wieder etwas mehr zu ...

Du erkennst: *Opferitis humana* wirkt für unseren Geist wie ein
Sumpf. Die vielen Ausreden lassen unsere Power im schlüpfrigen
Boden versinken. Um geistig Tritt zu bekommen, benötigen wir die
Haltung der Selbstverantwortung. Viele missverstehen diese und
denken, sie sollen jetzt für alles, was in ihrem Leben passiert, verantwortlich sein. Das bist du nicht. Das Universum dreht sich nicht um
dich. Du bist nicht verantwortlich dafür, ob die Sonne scheint oder es
regnet. Das zu glauben, wäre narzisstisch. Du bist auch nicht dafür
verantwortlich, wenn dir gegenüber jemand Gewalt anwendet oder
dich betrügt.

Du bist nicht für alles verantwortlich, was passiert.
Aber du bist verantwortlich dafür, wie du *antwortest*.
Oder anders ausgedrückt: wie du deine Realität inter-
pretierst.

Hier vielleicht ein sehr plastisches Beispiel: Fünf verschiedene Menschen treten in einen Hundehaufen. Sie antworten darauf sehr verschieden: »Diese verdammten Hundebesitzer! Ich hasse sie.« – »Das

Leben hat sich gegen mich verschworen. Das war nur ein weiterer Beweis.« – »Oh, das bringt mir bestimmt Glück.« – »Sieh mal an, ich sollte meine Wege achtsamer gehen.« – »Shit happens. Take it easy!«

Das ist nur ein kleines Beispiel. Es soll dir jedoch Folgendes verdeutlichen: Solche Schlussfolgerungen triffst du den ganzen Tag über. Das sind keine neutralen Gedanken. Sie beeinflussen deinen Wahrnehmungskorridor, deine Gefühle, deine Entscheidungen und deine Handlungen. Wir schauen gern auf unser Leben und denken, es passiert uns einfach so. Doch tatsächlich ist es schlichtweg eine Reflexion unserer Interpretationen. Co-Creation funktioniert nur zwischen Menschen, die zu 100 Prozent die Verantwortung für das Erleben der Wirklichkeit übernehmen. Co-Creation funktioniert nur zwischen Menschen mit einem hohen Grad an Selbstverantwortung. Deshalb hier noch einmal die wichtigsten Unterscheidungen:

Opferitis humana	Selbstwirksamkeit
Du denkst vor allem darüber nach, was du nicht willst.	Du denkst vor allem darüber nach, was du willst.
Du erzählst dir und anderen, *warum* du nicht hast, was du willst.	Du erzählst dir und anderen, *wie* du bekommen kannst, was du willst.
Du siehst die Gründe für deine Probleme gern im Außen (Zeit, Geld, andere Menschen …).	Du siehst die Gründe für deine Probleme meist in dir und gehst sie an.
Du fühlst dich als Opfer deiner Vergangenheit und von anderen Menschen.	Du erlebst dich als ein freies, selbstwirksames, schöpferisches Wesen.
Du denkst oft: »Das kann ich nicht.«	Du denkst: »Das kann ich *noch* nicht, aber ich werde es lernen.«
Du denkst oft: »Das geht nicht.«	Du denkst: »Das geht *noch* nicht, aber ich werde den Weg finden.«
Du denkst oft: »Das weiß ich nicht.«	Du denkst: »Das weiß *noch* nicht, aber irgendjemand weiß es und ich kann fragen.«
Du denkst oft: »Ich *muss* das tun.«	Du denkst oft: »Ich *kann, darf, will* das tun.«

Du gestattest dir nicht mehr, groß zu träumen, weil du davon ausgehst, dass es ohnehin nicht klappt.	Du träumst gern groß und lässt konkrete Taten folgen.
Die Ablehnung deiner Wünsche durch andere lässt deine Willenskraft implodieren und dich resignieren.	Die Ablehnung deiner Wünsche durch andere fordert dich heraus, es noch mal und intelligenter zu versuchen.
Wenn du für einen Wunsch oder ein Problem nicht sofort eine Lösung siehst, gibst du auf.	Wenn du für einen Wunsch oder ein Problem nicht sofort eine Lösung siehst, entspannst du dich in dein Nichtwissen und öffnest dich für die Lösung, die irgendwo da draußen immer bereits existiert.
Du stellst deine Vorbilder auf einen für dich unerreichbaren Sockel.	Du lässt dich von deinen Vorbildern inspirieren, siehst sie aber auf Augenhöhe.
Du jammerst oder meckerst gern.	Du lässt vielleicht manchmal kurz deinen Frust raus, doch ansonsten verbietest du dir Jammern und Meckern.
Du verbringst gern Zeit mit Menschen, die selbst jammern und dich jammern lassen.	Du meidest Menschen, die selbst viel jammern, und umgibst dich gern mit denen, die gern über Visionen und Lösungen sprechen.

Co-Creation ist als Beziehungsmodell noch so neu, dass es in den meisten Menschen noch keine ausgeprägten Muster dafür gibt. Es ist also leichter für dein Gehirn, auf die altbekannten Programme zurückzugreifen. Es braucht deine Unterstützung, um das Neuland zu erforschen und neue neuronale Pfade auszubauen. Wir werden in den nächsten Kapiteln detailliert beleuchten, was Selbstverantwortung in den einzelnen Situationen konkret bedeutet. Jetzt geht es erst einmal um die Grundhaltung.

 **Übernimm *du* Verantwortung für dein Leben. Übernimm *du* Verantwortung für deine Gefühle und Bedürfnisse. Stelle für *dich* klare Werte auf, formuliere *deine* Vision und richte *dich* danach aus.**

Reflexion

○ *Machst du andere für deine Gefühle verantwortlich oder suchst du nach der Ursache in dir?*

○ *Hoffst du darauf, dass andere sich bewegen und verändern, damit es dir besser geht, oder übernimmst du Verantwortung und gehst in Führung?*

○ *Frage dich zudem in herausfordernden Situationen: Was habe ich damit zu tun? Wie habe ich zu diesem Ergebnis beigetragen? Was kann ich tun? Was kann ich verändern?*

Co-Creation versus Co-Abhängigkeit

Um in der Selbstverantwortung zu bleiben, ist es wichtig, den Unterschied zwischen Co-Creation und Co-Abhängigkeit genau zu kennen. Denn wenn sich Menschen aufeinander zubewegen, versucht das Gehirn automatisch, diese Beziehung einem passenden Muster zuzuordnen: *Wer ist der andere für uns? Wer sind wir für die andere? Welche Rollen nehmen wir füreinander ein? Welche Regeln gelten?* Das passiert meistens unbewusst. Wenn wir kein klares Bild davon haben, was wir miteinander erfahren wollen, greift unser Gehirn auf bereits angelegte Muster zurück. Um zu verhindern, dass ihr in eurem co-creativen Prozess in einer der alten Sackgassen landet, macht es Sinn, euch zwischendurch immer wieder zu fragen:

 Führen wir eine co-creative oder eine co-abhängige Beziehung?

Co-Abhängigkeit ist ein Begriff, der ursprünglich in der Suchttherapie geprägt wurde und sich auf eine problematische Form des Umgangs mit süchtigen Personen bezieht. Ich möchte ihn weiter fassen. Für mich beinhaltet er meist unbewusste Beziehungsmuster, in denen Menschen die Verantwortung für ihr eigenes Leben, ihre Gefühle und Entscheidungen teilweise oder ganz an das Gegenüber abgeben.

Wenn wir lernen, unsere Defizite über unsere Partnerin oder unseren Partner zu kompensieren, entstehen ungesunde Verstrickungen, die die Entwicklung aller Beteiligten hemmen. Die Abhängigkeiten können sich auf unterschiedliche Weise manifestieren:

- mental: »Du triffst für uns die Entscheidungen«
- emotional: »Du gibst mir die Wärme, die ich mir selbst nicht geben kann«
- sozial: »Ich werde zu deinem wichtigsten Kontakt zur Außenwelt«
- finanziell: »Ich bin von deinem Geld abhängig«
- auf Suchtebene: »Du lebst dein Suchtverhalten und ich kompensiere deine Ausfälle«

Es ist hart, sich diese Abhängigkeiten einzugestehen. Und doch ist es der erste, notwendige Schritt, um da rauszukommen. An manche dieser Muster haben wir uns so gewöhnt, dass wir sie als normal erleben und sogar als Liebe bezeichnen. Wir finden ihre Ursprünge in unserer frühen Kindheit und in gesellschaftlich-kulturellen Strukturen. Patriarchale oder kapitalistische Paradigmen werden seit Jahrhunderten von Generation zu Generation weitergegeben und sind so tief in unserem Unterbewusstsein eingepflanzt, dass es schwierig ist, sie zu enttarnen. Wir müssen unseren Geist darin schulen, unsere Systeme (Kleinfamilie, Schule, Wirtschaft, Politik, Religion …) von außen zu betrachten, um die Muster zu erkennen. Ich empfehle dir im Anhang einige Bücher, die dir dabei helfen können.

Wenn du einmal konsequent darauf achtest, wo überall Menschen nicht völlig frei jeden Gedanken äußern, jedes Gefühl fühlen und sich optimal entfalten können, stolperst du im Alltag überall über Co-Abhängigkeiten. Kinder sind von Eltern und Lehrer*innen abhängig. Frauen von Männern, Männer von Frauen, Angestellte von ihren Vorgesetzten, viele von uns vom Geld. Niemand ist erpicht auf diese Verstrickungen. Sie schleichen sich meist unbewusst ein, sobald wir eine Beziehung beginnen. Wenn wir keine selbstbewusst definierten Werte und keine klare Vision von unserem Wir haben, ist die Wahrscheinlichkeit groß, dass unser Unterbewusstsein auf Autopilot schaltet und jede neue Beziehung in alte, gewohnte Bahnen lenkt. Kleinfamilien-Ödnis, Machtmissbrauch in der Arbeitswelt, Prostitution, schräge Guru-Geschichten … Wer von uns will das schon? Wir alle schlittern auf dem Film unserer Unbewusstheit in diese co-abhängigen Geschichten.

Es braucht Mut und Wachheit, immer wieder innezuhalten und in den eigenen Beziehungen zu überprüfen:

- *Fühlen sich wirklich alle sicher?*
- *Fördert unser Wir das Erstarken und Entfalten aller Ichs?*
- *Werden destruktive Verhaltensweisen konsequent aufgedeckt und korrigiert oder werden sie toleriert oder sogar unterstützt?*
- *Lernen alle Beteiligten, die Verantwortung für sich selbst zu übernehmen, oder geben wir sie teilweise an andere ab?*
- *Sind wir füreinander Wind unter den Flügeln oder Beton an den Füßen?*
- *Ist die Beziehung stark genug, Verschiedenheit nicht nur auszuhalten, sondern sogar zu feiern, oder muss sich eine Person einer anderen anpassen oder sogar unterwerfen?*

Wenn wir in co-abhängigen Strukturen aufwachsen, ist es verführerisch, das Gegenüber dafür verantwortlich zu machen. Doch da haben sich zwei oder mehrere gefunden, deren unbewusste Prägungen zusammenpassen. Meist wird das Problem nicht dadurch gelöst, dass du vorschnell die Partnerin oder den Partner wechselst. Denn dich nimmst du immer mit. Wahrscheinlich wirst du auch in deiner nächsten Beziehung wieder eine ähnliche Konstellation anziehen. Wir Menschen sind Meister*innen der Verdrängung. Wenn wir (noch) keinen Ausweg wissen, sind wir versucht, uns die Dinge schönzureden: »Ich bleibe aus Liebe bei ihm«, »Irgendwann wird sie sich verändern«, »So schlecht ist es doch gar nicht«.

Du kannst vielleicht dich bescheißen, aber nicht dein Gehirn. Schließ einmal deine Augen und denke an irgendeinen Menschen. Wenn du nicht unwillkürlich dankbar und freudvoll lächeln musst, während du dir sein oder ihr Gesicht vorstellst, ist die Beziehung zumindest in der aktuellen Phase nicht optimal für die Entfaltung deines Potenzials. Irgendetwas fehlt oder ist zu viel. Lass mich das etwas konkretisieren, damit hier keine Missverständnisse entstehen und dein Ego diese Informationen missbraucht, um nach dem für dich bequemsten Weg zu suchen. Ich plädiere nicht dafür, die Verbindung zu einem anderen Menschen sofort zu kappen, wenn sie dir momentan keine Freude bereitet. Jede dauerhafte Partnerschaft wird auch mal durch herausfordernde Phasen und Krisen getestet. Doch langfristig sollten Vertrauen, Freude und Freiheit zunehmen. Du hast das Recht auf wertschätzende und stimulierende Beziehungen. Du hast das Recht auf Menschen, die dich dafür feiern, wer du bereits bist, und die gleichzeitig immer wieder eine bessere Version deiner selbst hervorbringen.[13] Dasselbe gilt selbstverständlich auch andersherum. Bevor du anklagend mit dem Finger auf dein Gegenüber zeigst, solltest du in den Spiegel schauen: *Begegnest du diesem Menschen wertschätzend und dankbar? Ist deine Anwesenheit eine fördernde Umgebung für die Entfaltung deines Potenzials?*

Hier noch einmal die Unterschiede zwischen Co-Abhängigkeit und Co-Creation im Überblick.

Co-Abhängigkeit	Co-Creation
Wir bremsen unsere Entwicklung aus.	Wir entwickeln uns nebeneinander und miteinander stetig weiter.
Die Freude wird durch Reibung aufgefressen.	Die Freude nimmt zu.
Entweder ist keine Nähe vorhanden oder sie fühlt sich eher wie ein symbiotischer Sumpf an.	Es existiert eine klare, frische Nähe.
Die Beziehung ist unsicher oder bequem.	Die Beziehung bietet euch Sicherheit, aber auch Stimulation zum Wachstum.
Die Beziehung bietet keinen Freiraum für Individualität und Wachstum.	Die Beziehung bietet nicht nur Freiraum, sondern fördert Individualität und Wachstum.

Destruktive Verhaltensmuster werden gefördert und geduldet.	Destruktive Verhaltensmuster werden angesprochen und aufgelöst.
Die Beteiligten haben keine klar definierten Werte oder leben sie nicht.	Die Beteiligten haben klar definierte Werte und leben sie.
Es wird aus Angst oder Bequemlichkeit nicht alles angesprochen.	Es wird alles angesprochen.
Es existieren Abhängigkeiten, die eine freie Entwicklung und Meinungsäußerung unmöglich erscheinen lassen.	Es existieren bewusst gewählte Arbeits- und Rollenverteilungen, die jederzeit gelöst werden könnten, weil alle Beteiligten sich auch in sich autark fühlen und es auch sind.
Die Beziehung schluckt Kraft, sodass nichts da ist, was an die äußere Umgebung abgegeben werden kann.	Die Beziehung setzt Kraft frei, die auch der äußeren Umgebung in Form von Freude, Inspiration oder Projekten zugutekommt.

Noch einmal: Wir existieren nicht losgelöst von unserer Vergangenheit. Es ist deshalb üblich, immer mal wieder in alte Muster abzurutschen. Stell deswegen nicht sofort die Beziehung infrage. Sprich offen und ehrlich an, welche Verstrickungen du erkennst – und dann korrigiert sie gemeinsam.

Reflexion

- *Wo kannst du in deinen Beziehungen co-abhängige Muster entdecken?*
- *Was kannst du verändern, um den Boden für Co-Creation zu schaffen?*
- *Wo machst du andere für deine Gefühle verantwortlich?*
- *Wo machst du andere für deine Bedürfnisse verantwortlich?*
- *Wo kultivierst du Ausreden – und sind sie wahr?*

Übung: Geh auf Entzug

Du musst begreifen, dass *Opferitis humana* nicht nur eine Krankheit, sondern auch eine starke Sucht ist. Dein Gehirn verbraucht fast ein Viertel der gesamten durch den Stoffwechsel freigesetzten Energie. Deshalb ist es verständlich, dass es ständig versucht, Strom zu sparen. Selbstverantwortlich über die Lösung eines Problems nachzudenken, ist wesentlich energieaufwendiger, als eine Ausrede zu finden. Mit diesem smarten Schachzug wird das Problem auf eine fremde Baustelle verschoben, auf der du nichts tun kannst. Und schon kann sich dein Gehirn wieder entspannen. Um also deine Selbstverantwortung zu stärken, schlage ich dir vor, für eine klar umrissene Zeit auf Jammer- und Ausredenentzug zu gehen. Konkret bedeutet das Folgendes:

1. Für, sagen wir, einen Monat darfst du keine Ausrede gebrauchen. Statt also beispielsweise zu sagen: »Ich kann mir diesen Wunsch nicht erfüllen, weil …«, kannst du sagen: »Der Wunsch ist mir im Augenblick offensichtlich noch nicht wichtig genug, um mich mit aller Kraft dafür einzusetzen« oder »Ich weiß im Augenblick noch nicht ganz genau, wie ich mir diesen Wunsch erfüllen werde, doch ich übernehme Verantwortung für seine Erfüllung und werde einen Weg finden«.

2. Für einen Monat darfst du nicht jammern, meckern oder einen anderen Menschen für dein Leid verantwortlich machen. Du kannst über deine Gefühle sprechen, also zum Beispiel sagen: »Ich bin gerade traurig.« Doch du darfst niemanden für deine Gefühle verantwortlich machen, indem du sagst: »Ich bin wütend, weil du das und das getan hast.« Du darfst dir von anderen Menschen etwas wünschen in Form von: »Ich würde mich über ein Kompliment freuen.« Doch du darfst nichts von ihnen fordern. Vermeide also Sätze wie: »Du musst mir mehr Aufmerksamkeit zukommen lassen.«

Bist du zu diesem Experiment bereit? Dann schreib dir auf ein großes Blatt Papier: »*Bis zum … verzichte ich auf Ausreden, Jammern und Meckern. Ich übernehme die volle Verantwortung für meine Gefühle und Bedürfnisse.*«

Es kann herausfordernd sein, das durchzuziehen, doch es lohnt sich. Denn erst wenn du diesen Sumpf in dir trockenlegst, hast du eine

Chance zu erfahren, wie powervoll und erfindungsreich du tatsächlich bist. Du kannst dem Ganzen noch mehr Wirksamkeit verleihen, indem du

a. Verbündete findest, die sich gemeinsam mit dir auf das Experiment einlassen.

b. Zeug*innen auswählst, die du über dein Vorhaben informierst und aufforderst, dich darauf hinzuweisen, wenn du deine Regel brichst.

c. eine Strafkasse eröffnest und jedes Mal einen bestimmten Betrag einzahlst, wenn du wieder in alte Muster zurückfällst. Am Ende wird mit dem Geld ein Essen für deine Co-Creation-Buddys bezahlt.

Mach es für dich! Ohne hundertprozentige Selbstverantwortung funktioniert Co-Creation nicht.

SEI BEREIT FÜR DAS FEUER DER NÄHE

Um Co-Creation zu erfahren, müssen wir bereit sein, Nähe auszuhalten. Vielleicht denkst du jetzt: »Wieso aushalten? Nähe ist doch etwas Schönes.« Dann bist du vielleicht ein eher kuscheliger, vielleicht sogar symbiotischer Typ, der gelernt hat, durch körperliche Nähe Sicherheit und Wohlgefühl herzustellen. Doch vielleicht kennst du auch das Paradox der Nähe. Du sehnst dich nach ihr, doch wenn sie da ist, fühlt sie sich manchmal so unangenehm an, dass du sie wieder kaputt machen möchtest. Zum Beispiel indem du einen blöden, unangemessenen Witz reißt oder unaufhörlich redest. Es gibt unzählige Arten, Nähe zu vermeiden: geschäftig sein, arbeiten, sarkastisch sein, fernsehen, Drogen jedweder Art konsumieren …

Warum fürchten wir uns eigentlich vor Nähe? Weil bewusste Nähe immer die Wahrheit ans Licht bringt. Das betrifft die schönen Aspekte genauso wie die schmerzhaften und peinlichen. Viele von uns wurden als Kinder in Momenten großer Offenheit verletzt. Wir wurden ausgelacht, angebrüllt, ignoriert oder missbraucht. Kein Wunder, dass unser innerer Wächter beschließt: »So nah lasse ich nie wieder jemanden an mich heran!« Tatsächlich verbergen viele Erwachsene ein Leben lang ihr authentisches Selbst hinter einer Maske. Tragischerweise sind sie mit dieser Maske so verwachsen, dass sie es selbst nicht einmal mehr bemerken.

Wenn du Glück hast, ist deine Lebenskraft so stark, dass sie sich nicht mit diesem Kompromiss zufriedengibt. Sie will, dass die alten, abgekapselten Wunden heilen. Also arrangiert sie für dich Situationen, in denen du doch wieder Nähe erfährst. Du verliebst dich wieder. Du begegnest einem Businesspartner, dem du auf einer tieferen Ebene vertraust. Oder du stolperst über ein Buch zum Thema Co-Creation und lässt dich dazu verleiten, den darin enthaltenen Prinzipien eine Chance zu geben.

Das Ding ist: Echte Nähe wirkt wie Exorzismus auf die Geister deiner Vergangenheit. Jede nicht geheilte Wunde wird sich melden. Jede nicht integrierte Angst wird sich zeigen. Jede nicht gelernte Lektion wird wieder auf deinem Tisch landen.

 Das ist das Paradox der Nähe. Sie tut gut. Doch sie bringt auch ans Licht, was wir in den Schatten verdammt hatten.

Um Co-Creation zu erfahren, müssen wir bereit sein, Nähe bewusst auszuhalten. Damit ist nicht unbedingt körperliche Nähe oder ein undefinierter Einheitsbrei gemeint. Co-Creation basiert auf Autonomie. Jede*r von uns steht für sich. Nähe im co-creativen Kontext bedeutet: *Ich mute mich dir ehrlich zu. Ich zeige mich ganz. Dasselbe gestatte ich auch dir. Egal, wie brenzlig es manchmal wird, wir bleiben in Verbindung.*

Die meisten Menschen haben sich zum Schutz eine eher oberflächliche Persönlichkeit (persona = griechisch *maske*) zugelegt, über die sie mit anderen kommunizieren können, ohne sich wirklich zeigen zu müssen. Manche haben mehrere Personas für verschiedene Anlässe. Eltern reden manchmal in einem dozierenden Ton mit ihren kleinen Kindern, als wenn diese nicht voll zurechnungsfähig wären. Männer verstecken sich hinter einem Klischee von Stärke. Frauen wechseln die Tonlage und stellen sich niedlicher, hilfloser, wenn ein Typ den Raum betritt. Lehrer*innen fällt es oft schwer, ihre erklärende Persona im privaten Umfeld loszulassen. In manchen spirituellen Szenen lullt man sich mit betont samtener und entspannter Stimme in eine pseudoharmonische Trance. Ganz zu schweigen von den Heerscharen an Sinn-, Food- und Momfluencer*innen auf Instagram, die alle stets superglücklich in immer aufgeräumten pastellfarbenen Wohnungen leben. Kriegst du den Punkt? Das sind meistens Rollen, die uns eine Art Pseudokontrolle über das Geschehen geben, aber echte Nähe verhindern.

Für mich hat diese Persona die Wirkung eines unsichtbaren Ganzkörperkondoms. Ja, es schützt uns vor weiteren Verletzungen. Doch es verhindert eine wahrhaftige Begegnung von Selbst zu Selbst. Beziehungen auf der Persona-Ebene sind sicher, bleiben aber unerfüllt. Wir präsentieren den anderen jene Aspekte, von denen wir wollen, dass sie gesehen werden. Alles andere schieben wir in unseren Schatten. Dieser Begriff stammt von C. G. Jung und beschreibt all jene Eigenschaften unserer Persönlichkeit, die wir nicht sehen und fühlen wollen. Das können nicht geheilte Wunden sein oder Persönlichkeitsanteile, die uns peinlich sind oder Angst machen, etwa Neid, Schwäche oder Rachsucht. Hier lagern wir auch jene Glaubenssätze, die nicht zu unserem Selbstverständnis passen und die uns dennoch aus dem Keller heraus beeinflussen. C. G. Jung assoziierte mit dem Schatten vor allem unsere negativen Aspekte. In meiner Arbeit beziehe ich auch die Anteile mit ein, die im Augenblick noch zu strahlend sind, um uns mit ihnen zu identifizieren, wie Weisheit, Großzügigkeit oder Großartigkeit.[14]

Je näher uns ein Mensch kommt, desto größer ist die Wahrscheinlichkeit, dass er uns auch auf der Ebene unseres Schattens triggern wird. Dies erklärt, warum gerade intensive Liebesbeziehungen, Arbeitspartnerschaften oder Mentorships starke Reaktionen wie übermäßige Bewunderung, magische Anziehung, Schweißausbrüche, Unsicherheit, Verachtung oder Panik auslösen können. Wenn wir nichts über unseren Schatten wissen, interpretieren wir diese Zeichen eventuell negativ. Doch in Wahrheit sollten wir sie feiern, denn endlich hat mal wieder jemand unsere Schutzwälle überwunden. Nur wenn uns jemand unter die Haut geht, findet auch ein Wachstums- und Heilungsprozess statt.

Nähe bewusst auszuhalten, bedeutet also nicht, sich physisch nah sein zu müssen oder immer positive Gefühle zu empfinden. Es bedeutet vielmehr, bereit zu sein, alle Phänomene, die in der Begegnung oder der Beziehung auftauchen, neugierig zu erforschen und zu kommunizieren.

 Indem ich mich auf dich einlasse, lerne ich viel über mich. Mein Schatten kommt ans Licht. Unsere Beziehung macht mich ganzer.

Es existiert eine wesentlich tiefere Ebene als unser Ego, auf der wir uns begegnen können: unser Selbst. Darunter verstand Jung eine Art unberührtes, alles integrierendes Zentrum der Psyche. Das Selbst ging in seinem Verständnis über das individuelle Ich hinaus.[15] Wenn wir im Selbst sind, fühlen wir uns frei und ganz. Ich nenne das Selbst auch gern Seele. Ich weiß aus vielen Gesprächen, dass Menschen nicht an Gott glauben müssen, um diese Ebene zu erfahren. Wir erfahren sie in stillen Momenten. In der Natur. In einer liebevollen Umarmung oder in der Meditation. Auch wenn du Atheist*in aus Überzeugung bist, ist es wichtig, dir diese Ebene einmal anzuschauen, denn ihr entspringt Co-Creation. Hier sind wir mit allem verbunden. Hier sind wir frei von allen Begrenzungen. Unser Selbst ruht souverän in sich. Es braucht kein Rechthaben, um sich zu beweisen. Es kennt auch keine Trennung. Deshalb ist Co-Creation seine natürliche Beziehungsform.

Eines der wertvollsten Geschenke co-creativer Prozesse ist, dass sie uns sanft dazu bringen, unsere Personas zu entspannen und unseren Schatten zu sehen und zu integrieren. Doch vor allem offenbaren sie uns die erfüllende Erfahrung, von Selbst zu Selbst erkannt zu werden. Danach sehnt sich jeder Mensch. Auf der persönlichen Ebene sind wir alle letztlich berechenbar, langweilig bis nervend.[16] Denn unsere Personas bestehen aus sich wiederholenden Denk-, Fühl- und Verhaltensalgorithmen. Doch hinter ihnen schimmert unser Seelengold und wartet darauf, gesehen, eingeladen und mit anderen geteilt zu werden. Menschen, die mit ihrem authentischen Selbst verbunden sind, leuchten von innen. Sie kommunizieren frischer, oft überraschend. Und sie laden auch ihre Umgebung dazu ein, aufzuhören, etwas Bestimmtes sein zu wollen, und sich in die eigene Essenz hinein zu entspannen.

Übung: Das Selbst in anderen erkennen

Wenn du dein Gegenüber auf der Seelenebene sehen möchtest, kann die folgende Affirmation dir dabei helfen: »*Ich weiß nicht, was das (was ich gerade sehe) bedeutet. Lass mich die Unschuld dieses Wesens sehen.*«

Der erste Satz erinnert uns daran, dass all unsere Urteile über den anderen Menschen begrenzt sind, weil wir nie alles über ihn wissen und unser Blick durch unsere Erfahrungen und Glaubenssätze verzerrt ist. Der zweite Satz weckt unsere tiefere Schau. Die Essenz ist immer da. Deshalb können wir sie auch sofort sehen, wenn wir wollen.

Falls du eher sachlich veranlagt bist, mag meine Wortwahl seltsam für dich klingen. Vielleicht glaubst du auch, dass diese tiefere Verbindung im Businesskontext nicht möglich ist. Doch glaub mir, das geht. Womöglich wirst du hier seltener oder mit anderen Worten darüber sprechen. Die Wahrheit ist: Hinter all den antrainierten Businessrollen verbergen sich immer pure, unschuldige Seelen, die nicht nur benutzt, sondern erkannt werden wollen.

Eine Beziehung, in der ihr Nähe zulasst, setzt nicht nur enorme schöpferische und heilende Kräfte frei. Sie wirkt auch bewusstseinserweiternd. Während es sich zuerst so anfühlen mag, als wenn wir unser wahres Selbst *unter* unserer Persona und dem Schatten finden, *umfasst* unser Selbst in Wahrheit alle anderen Anteile. Es ist der weite Raum eines freien Bewusstseins, in dem das Ego auftaucht. Wenn wir erkennen, dass wir in Wahrheit viel größer als all unsere Gedanken und Gefühle sind, brauchen wir nicht mehr gegen sie zu kämpfen. Sie dürfen kommen und gehen. *Wir* bleiben. Jede co-creative Beziehung wird dich auch befreien, indem sie dir wieder und wieder aufzeigt, dass du größer bist, als du bisher dachtest. Klingt das gut? Hast du darauf Lust? Dann lass dich auch auf Nähe ein!

PRAKTIZIERE SCHATTENARBEIT

Wir halten fest: Wirkliche Nähe bedeutet: Ich bin bereit, jetzt wirklich hier, in der Beziehung mit dir zu sein und alles zu fühlen, was sie in mir auslöst. Die meisten Menschen sehnen sich, wenn sie allein sind, nach Nähe. Doch sie sind nicht auf die unangenehmen Nebeneffekte von Nähe vorbereitet. Wir lassen unsere Masken fallen. Wunderbar. Unsere Seelen gehen in Verbindung. Wunderbar. Doch Nähe wird auch alte Wunden berühren und die damit verbundenen Emotionen an die Oberfläche holen. Nähe wird auch unseren Schatten ans Licht holen. All das, was wir nicht an uns wahrhaben wollten: Unsicherheit, Verlustangst, Neid, Herrschsucht, Vorbehalte. Bist du dafür bereit?

Einer meiner Lehrer erzählte dazu folgende Geschichte:

Ein Mann kommt in die Midlife-Crisis. Er kommt mit seiner Ehe nicht mehr klar und verlässt überraschend seine Frau und pilgert nach Indien. Dort setzt er sich im Himalaya in eine Höhle und meditiert, bis er seinen Seelenfrieden gefunden hat. Im Laufe der kommenden Jahre spricht es sich herum, dass da ein Erleuchteter in den Bergen sitzt. Scharen von Menschen suchen ihn auf, um seinen klugen Reden zu lauschen. Eines Tages sieht durch Zufall seine Frau ein Foto dieses Gurus und erkennt ihren Mann. Sie macht sich auf den Weg. Als sie in der

Höhle ankommt, bleibt sie in der hinteren Reihe all seiner Jünger*innen stehen. Ihr Mann spricht gerade mit leuchtenden Worten über Freiheit, da schweift sein Blick über die Menge und er entdeckt sie. Sofort tauchen all die Gefühle wieder auf, vor denen er damals weggerannt ist. Er hält betroffen inne. Er schweigt und fühlt. Dann legt er seine weiße Robe ab. Er spricht zu den Menschen: »Ich muss nun fort. Ich habe noch Hausaufgaben in der Welt zu erledigen.« Er verneigt sich still vor seiner Frau und greift ihre Hand. Gemeinsam gehen sie zurück in die Welt.

Sicher hast du schon einmal vom Gesetz der Anziehung gehört. Es wird oft missverstanden.

 Manche denken, wir ziehen an, was wir wollen. Nein, wir ziehen an, was wir sind.

Auch wenn wir ungeliebte Aspekte von uns in den Schatten verdrängen, sind sie da. Da unser Selbst nach Ganzheit strebt, wird es uns immer wieder in Situationen und Beziehungen manövrieren, die unseren Schatten ans Licht bringen. Ich habe mit Tausenden von Menschen gearbeitet und ich ziehe den Hut vor der Präzision dieser unbewussten Anziehungskräfte. Noch einmal: Unser Unterbewusstsein wird uns immer wieder zielsicher in Beziehungskonstellationen führen, die unsere nicht erlösten Anteile an die Oberfläche bringen. Wer smart ist, kämpft nicht dagegen, sondern kooperiert mit diesen mächtigen Untergrund-Kräften.

Wenn wir Co-Creation erfahren wollen, müssen wir offen für Nähe sein. Wenn wir Nähe gut aushalten und sogar genießen wollen, müssen wir bereit für unseren Schatten sein. Wir müssen für ihn Verantwortung übernehmen. Dafür müssen wir lernen, zwischen einer nüchternen Wahrnehmung des Gegenübers und einer Projektion unseres Selbst auf unser Gegenüber zu unterscheiden. Unser Selbst hat ein starkes Bedürfnis, den Schatten an die Oberfläche zu bringen und zu heilen. Solange wir für ihn keine Verantwortung übernehmen, also zugeben, dass dieser Aspekt zu uns gehört, müssen wir andere Menschen als Leinwand benutzen und ihn auf sie projizieren. Wir sehen dann unseren unterdrückten Größenwahn in der arroganten Nachbarin und unsere nicht gelebte Lust an materiellem Reichtum im snobistischen Porschefahrer. Wir projizieren nicht nur auf Menschen, sondern auch auf Objekte (etwa Kleidung), auf Ereignisse (wie Weihnachten) oder auch nur auf Worte. Ein witziges Beispiel: Mein erstes Buch heißt *Seelengevögelt*. Ich treffe auf meinen Vorträgen immer wieder Menschen, die mir empört mitteilen, sie würden niemals ein Buch mit so einem Titel lesen. Das ist die Magie unseres Schattens. Ein einziges Wort bekommt die Macht, uns vom Lesen eines Buches abzuhalten, von dem wir nicht wissen, was überhaupt drinsteht.

Nicht alles, was wir in einem anderen Menschen sehen, ist unsere Projektion. Jede lebendige Beziehung lebt auch davon, dass wir uns gegenseitig Feedback geben. Wir können uns Blindspots und unentdeckte Stärken spiegeln. Doch dafür müssen wir unterscheiden lernen: Nehmen wir wirklich die andere Person wahr oder unseren Schatten? Wir erkennen, dass unser Schatten getriggert wurde, in allererster Linie an einer starken Reaktion. Du kannst sicher davon ausgehen, dass deine unerlösten Anteile mitmischen, wenn du eine andere Person nicht mehr ruhig betrachten oder ihr gelassen lauschen kannst. Die Reaktion kann sich auf mentaler Ebene in Form heftiger Urteile oder innerer Zwiegespräche über diesen Menschen zeigen, auf emotionaler Ebene in Form von Bewunderung, Abwehr, Angst oder Neid, oder körperlich in Gestalt von Anspannung, einer lauteren Stimme oder Schweißausbrüchen.

 Geh einfach davon aus, dass dein Schatten immer dann getriggert ist, wenn du nicht mehr wach *und* entspannt bist.

Was im Schatten ist, möchte ans Licht. Doch unser Ego möchte dies verhindern, denn es hat diese Aspekte als für uns bedrohlich oder zumindest peinlich klassifiziert. Deshalb hat es brillante Abwehrmechanismen entwickelt, um diesen Erleuchtungsprozess zu verhindern. Es kann hilfreich sein, sie zu kennen, um nicht auf sie hereinzufallen, wenn sie während des Co-Creation-Prozesses auftauchen, und um uns selbst auf die Spur zu kommen und diese Mechanismen auch in unseren Beziehungsdynamiken enttarnen zu können.[17] Mach dir zunächst bewusst: Die Abwehrmechanismen arbeiten nicht gegen dich. Es geht nicht darum, sie zu bekämpfen. Ihr Ziel ist es, eine Wunde zu schützen und einen ungelösten Konflikt zu kompensieren. Frage dich: Was wehren sie ab? Was wollen sie nicht ans Licht lassen? Und ist heute ein guter Zeitpunkt, um sie endlich zu integrieren und Frieden zu schließen? Hier kommen deshalb die wichtigsten Abwehrmechanismen der menschlichen Psyche in Kürze. Vielleicht kommt dir beim Lesen direkt der eine oder andere davon bekannt vor.

o **Verdrängung:** Verdrängung bedeutet, etwas komplett aus unserer bewussten Wahrnehmung zu verschieben. Es ist, als wenn das Thema gar nicht existiert. Wir verdrängen zum Beispiel einen Wunsch, weil er uns peinlich oder zu groß erscheint. Wir vergessen ihn einfach. Von außen ist das oftmals viel leichter zu erkennen. Weist euch also gegenseitig darauf hin, wenn ihr diesen Mechanismus bei einer anderen Person wahrnehmt.

o **Verleugnung:** Das Thema existiert zwar in unserem Bewusstsein, doch wir weigern uns anzuerkennen, dass es etwas mit uns zu tun hat. Die arme Idealistin, die Geld verdammt, oder der Priester, der seine sexuellen Bedürfnisse leugnet. Oft lehnen wir dann andere Menschen ab, die genau das ausleben, was wir verleugnen.

o **Vermeidung:** Wenn wir Angst vor unerlösten Aspekten haben, vermeiden wir Situationen, die bestimmte Gefühle und Erfahrungen triggern könnten. Wir vermeiden zum Beispiel Versuchungen, Kontrollverlust oder Verletzlichkeit.

o **Projektion:** Projizieren bedeutet, einen Gedanken oder ein Gefühl aus unserem Schatten auf eine andere Person zu übertragen. Man sieht dann in einem anderen Menschen das, was man an sich selbst nicht mag. Statt sich mit seinem eigenen Schatten auseinanderzusetzen, kritisiert man lieber die andere Person.

o **Reaktionsbildung:** Hier haben wir mit einem bestimmten Gefühl Schwierigkeiten, etwa mit Wut. Werden wir dann doch wütend, verwandeln wir diesen Impuls in ein anderes Gefühl, das für uns leichter zu ertragen ist. Wir wandeln Unsicherheit in übertriebene, gefakte Selbstsicherheit oder unterdrückte Aggression in klebrige, nicht echte Freundlichkeit.

o **Regression:** Bei der Regression fallen wir in unserem Verhalten auf eine frühere, vielleicht sogar kindliche Entwicklungsstufe zurück. Das kann sich beispielsweise darin äußern, dass du Süßigkeiten essend vor dem Fernseher sitzt, wenn du dich einsam fühlst oder dich in einem Meeting wie ein wütender Dreijähriger aufführst.

o **Progression:** Das ist das Gegenteil der Regression. Progression betrifft uns vor allem dann, wenn wir es uns nicht leisten können, Schwäche zu zeigen. Wir mutieren dann zu echten Held*innen und leisten Erstaunliches. Dafür unterdrücken wir jedoch unseren Schwächeanteil. Wir agieren stärker, erleuchteter …, als wir eigentlich sind.

o **Sublimierung:** Hierbei transzendieren wir das vermeintlich Dunkle oder Niedrige und richten uns auf etwas – ebenfalls vermeintlich – Höheres aus. Wir haben vielleicht durch Kirche oder Erziehung eine negative Meinung über Lust vermittelt bekommen und streben deshalb krampfhaft nach einer nichtsexuellen, »spirituellen« Transzendenz.

o **Herabsetzung und Überhöhung:** Manchmal setzen wir andere Menschen herab, weil wir insgeheim neidisch auf sie sind, uns diesen Neid aber nicht eingestehen wollen. Andersherum kommt es vor, dass wir Menschen für etwas bewundern, das wir auch an uns mögen. Doch weil wir Angst vor der eigenen

Größe haben, stellen wir das Gegenüber lieber auf ein für uns unerreichbares Podest.

- o **Dramatisierung:** Bei diesem Abwehrmechanismus wird aus einer Mücke ein Elefant. Vor allem Gefühle und die damit verbundenen Geschichten werden stark aufgebauscht. Das erweckt zwar den Eindruck, als wenn ganz viel Intensives passiert. Doch das inszenierte Feuerwerk lenkt von den eigentlich wichtigen Erkenntnissen ab.
- o **Somatisierung:** Hierbei wählt unser Schatten, über unseren Körper mit uns zu kommunizieren. Migräne, Magen-Darm-Probleme, Haarausfall, Schwindel … die Liste der Signale, die er dabei produzieren kann, ist lang. Vor einiger Zeit hatte ich mich an den Rand eines Burn-outs manövriert. Ich war mehrere Monate mit einer ernsthaften Magenschleimhautentzündung in Behandlung. Nichts half wirklich. Dann legte ich eine radikale Auszeit ein. Zwei Tage nach meinem Ausstieg waren alle Symptome verschwunden.

Reflexion

Vermutlich hast du die Abwehrmechanismen gerade zügig durchgelesen. Wie wäre es, wenn du sie nun noch einmal langsam verdaust und dich dabei fragst: Wo erkenne ich dieses Muster bei mir selbst? Wo erkenne ich es bei jemand anderem?

Das Wissen um deinen Schatten, seine Trigger und Abwehrmechanismen kann dir helfen, starke Reaktionen während eurer Co-Creation-Circles besser zu deuten und euer Feedback füreinander von eurer eigenen Story zu separieren. Am meisten Spaß macht Schattenarbeit in einem Team, in dem sich alle freiwillig und neugierig für diese Ebene öffnen. Dann werdet ihr euch unendlich beschenken können. Ihr werdet gemeinsam einen Raum schaffen, in dem das Dunkle und das

Peinliche sein und zur Ruhe kommen dürfen. Ihr werdet euch helfen, ganzer und souveräner zu werden. Nicht zu vergessen, dass Schattenarbeit einer der fruchtbarsten Katalysatoren für Kreativität ist. Denn dieselbe Kraft, die versucht, euren inneren Drachen zu zähmen, blockiert auch eure spontanen und überraschenden Eingebungen. Natürlich ist Schattenarbeit ein Riesenthema. Zum Einstieg empfehle ich gern noch mal das Buch *Schattenwerk*. Es nimmt euch die Angst vor dem Schatten und bietet viele wirkungsvolle Ansätze, um eure Schätze ans Licht zu bringen. Hier möchte ich gern eine einfache und effiziente Methode mit euch teilen, die ihr immer anwenden könnt, wenn sich euer Schatten durch innere Anspannung zu Wort meldet.

Erforsche den Eisberg

Sobald zwei oder mehr hochkomplexe Wesen wie du und ich beginnen, miteinander zu schwingen, kommen sowohl unser Licht als auch unser Schatten an die Oberfläche. Das muss nicht, aber kann mit heftigen Prozessen einhergehen. Es wird heiß. Wegrennen ist auf Dauer nicht die Option, denn Karma bedeutet: Alles, wovor du heute kneifst, wird dir morgen wieder präsentiert, und zwar mindestens einen Grad deftiger. Es hilft, wenn wir das verstehen und außerdem begreifen, dass all diese Dynamiken im Grunde genommen ein gutes Zeichen sind. Die Kräfte der Co-Creation haben die Führung übernommen und bringen die Dinge in die innere und äußere Ordnung. Noch einmal: Nähe bedeutet nicht, körperlich nah oder immer nett sein zu müssen. Nähe bedeutet:

- Ich bin bereit, in der Beziehung mit dir präsent und transparent zu sein.
- Ich bin bereit, alles zu denken und zu fühlen, was unsere Verbindung in mir auslöst.
- Ich bin bereit, das auch alles offenzulegen.

 Nähe entsteht, wenn wir authentisch sind und dabei in Verbindung bleiben.

Doch was können wir tun, wenn wir uns getriggert fühlen? Wie können wir in Verbindung bleiben? Wie können wir herausfinden, was eigentlich los ist? Dabei kann uns das sogenannte Eisbergmodell helfen. Vielleicht kennst du es aus der Unternehmensberatung oder aus der beziehungsorientierten Pädagogik nach Katia Saalfrank. Ich habe beide Modelle kombiniert und etwas variiert.

Das Problem in Beziehungen ist, dass wir uns häufig nur auf das konzentrieren, was wir sehen – das Verhalten –, und dann denken, wir wüssten, was das bedeutet: »Du hast die Augen verdreht. Ich weiß ganz genau, was das bedeutet. Dein Augenverdrehen macht mich wütend. Verändere dein Verhalten und ich habe kein Problem mehr.« Unser Gegenüber wiederum sieht die Wut in unseren Augen und hört sie in unserer Stimme und macht dicht. Dadurch bleiben wir jedoch immer an der Oberfläche; wir bearbeiten – wenn überhaupt – quasi nur die Spitze des Eisbergs. Es entsteht keine Nähe. Wir können aber miteinander nach einem einfachen Schema Schicht für Schicht tiefer gehen. So lernen wir uns selbst und unser Gegenüber besser kennen. Wir erschaffen mehr Nähe, und unser Wissen voneinander ermöglicht es uns, miteinander wirksamer zu co-creieren.

Es ist wie bei einem Eisberg, von dem nur die Spitze aus dem Wasser ragt, der weitaus größere Teil jedoch unter der Wasseroberfläche verborgen bleibt. Genauso steht auch hinter jedem Verhalten von uns eine innere Cloud von Gedanken, Urteilen und Glaubenssätzen. Diese sind mit bestimmten Körperphänomenen verbunden, etwa Druck auf der Brust und mit Gefühlen, zum Beispiel Angst, Wut, Trauer, Lust, Freude, Ohnmacht, Ekel, Verachtung oder Langeweile. Hinter alldem steht ein meist einfacher Wunsch von uns und dahinter wiederum verbirgt sich eines der vier menschlichen Grundbedürfnisse:

- Sicherheit: Schutz, Harmonie, Balance, Stabilität, Nähe
- Stimulanz: Abwechslung, Erregung, Neues, Wachstum, Lust
- Dominanz: Autonomie, Selbstausdruck, Durchsetzung, Wirksamkeit
- Selbstwert: Anerkennung, Achtung, Gesehen werden, Respekt

Arbeiten wir uns nun in unserem ganz persönlichen Eisberg Schicht für Schicht nach unten, könnte das so lauten:

- ○ Verhalten: »Ja, du hast recht, ich habe die Augen verdreht.«
- ○ Denken: »Meine Gedanken in dem Moment waren: ›Das ist einfach nicht wahr, was du über mich gesagt hast. Du hast mich nicht verstanden. Oh Gott, es ist so frustrierend, vielleicht werden wir uns nie verstehen.‹«
- ○ Körper: »Ich habe im gesamten Körper eine Anspannung gespürt.«
- ○ Gefühl: »Mein oberflächliches Gefühl war Wut. Doch darunter spüre ich auch Schmerz und Ohnmacht, weil wir nicht zusammenkommen.«
- ○ Wunsch: »Mein Wunsch ist es, mich dir gegenüber klar verständlich auszudrücken und von dir wirklich verstanden zu werden.«
- ○ Bedürfnis: »Die Bedürfnisse dahinter sind zum einen Nähe und Frieden in unserer Beziehung, aber auch Gesehenwerden.«

Ist es nicht erstaunlich, dass sich all diese wesentlichen Informationen hinter einem kleinen Augenverdrehen verbergen können? Und ist es nicht einleuchtend, dass wir nicht weiterkommen, wenn uns diese Informationen fehlen? Vielen Menschen ist diese genaue Innenschau fremd. Sie kriegen vielleicht nicht einmal ihr Augenverdrehen mit. Es braucht Übung, sich selbst so umfassend wahrzunehmen und dies auch mitzuteilen. Doch es lohnt sich so sehr. Denn:

 Nähe entsteht, wenn wir wahrhaft voneinander wissen.

Jetzt fehlen noch zwei entscheidende Schritte, um wieder zueinander zu finden und wirkliche Nähe aufzubauen: Du übernimmst Verantwortung für dein Handeln und seine Ergebnisse. Das könnte so klingen: »Ich erkenne, dass ich mit meinem Augenverdrehen nicht das erreicht habe, was ich eigentlich wollte, sondern noch mehr Spannung erzeugt habe. Sorry dafür! Ich würde mir wünschen, dass wir noch mal neu anfangen. Ich würde dir gern noch einmal in Ruhe erklären, was mich bewegt, und würde mich freuen, wenn du mir zuhörst und mich verstehst.«

Wenn ihr diese innere Arbeit regelmäßig durchführt, wird es immer schneller gehen und ihr werdet zu überraschenden Erkenntnissen gelangen. In dem Buch *Ein Kurs in Wundern* steht geschrieben, dass wir uns nie aus dem Grund aufregen, aus dem wir denken, uns aufzuregen.[18] Ich finde das wunderbar ausgedrückt. Unsere erste Idee, warum wir gerade wütend oder traurig sind, ist meist eine Projektion. Der Eisberg kann uns dabei helfen, der wahren Ursache auf den Grund zu kommen. Ein zentraler Grund, warum so viele Beziehungen und Teams stagnieren oder sich sogar demontieren, liegt darin, dass wir viele unserer inneren Unklarheiten und Schattenaspekte auf unser Gegenüber projizieren. So sehr uns die Vision von Co-Creation begeistern kann, sollten wir uns über den Preis im Klaren sein: Sie funktioniert nur, wenn alle Beteiligten zur Schattenarbeit bereit sind.

Eine weitere einfache und zugleich radikale Methode ist die Fragetechnik »The Work« von Byron Katie[19].

Nutze die vier Fragen aus »The Work«

Stelle dir, wenn du dich getriggert fühlst, die folgenden vier Fragen in genau dieser Reihenfolge:

1. *Ist das (was du gerade denkst) wirklich wahr?*
2. *Kannst du absolut sicher sein, dass es wahr ist?*
3. *Wie reagierst du oder was passiert mit dir, wenn du diesen Gedanken tatsächlich glaubst?*
4. *Wer wärst du und wie fühlst du dich ohne diesen Gedanken?*

Sehen wir uns diese Methode an einem Beispiel an. Der Gedanke, mit dem wir kämpfen, lautet: »Mein Chef ist schuld daran, dass ich mich nicht voll entfalten kann.«

1. Ist das wirklich wahr?
»Nein. Es fühlt sich zwar so an und definitiv bremsen die aktuellen Arbeitsbedingungen mein Potenzial aus. Aber die Wahrheit ist auch, dass ich mich selbst noch nie genau mit der Frage beschäftigt habe, was ich konkret brauche, um mich entfalten zu können. Deshalb habe ich auch meinen Chef noch nie mit konkreten Wünschen konfrontiert. Ich weiß gar nicht, wie er reagieren würde.«

2. Kannst du absolut sicher sein, dass das wahr ist?
»Nein, das kann ich nicht.«

3. Wie reagierst du oder was passiert mit dir, wenn du diesen Gedanken tatsächlich glaubst?
»Wenn ich den Gedanken glaube, fühle ich mich klein und mein Chef wird übermächtig. Ich werde wütend auf meinen Chef. Ich fühle mich als sein Opfer. Anstatt mich für eine Veränderung einzusetzen, rege ich mich mit anderen Kolleg*innen über die Missstände auf.«

Wer wärst du und wie fühlst du dich ohne diesen Gedanken?
»Ohne diesen Gedanken wäre der Ball bei mir. Ich würde mich endlich selbst um meine Entfaltung kümmern. Ich könnte die Wut in eine transformierende Kraft verwandeln. Wer weiß, was in diesem Unternehmen alles möglich ist? Selbst wenn mein Chef dann zu meinen Wünschen Nein sagt, könnte er mich nicht kleinhalten. Denn ich kann auch meinen Arbeitsplatz wechseln.«

Deine Gefühle sind deine Gefühle

Co-Creation braucht starke Ichs. Starke Ichs wissen, wer sie sind und was sie wollen, und sie können ihre eigenen Gefühle gut halten und verstehen. Gefühle wären ein ganzes Buch für sich wert (s. Anhang für Buchempfehlungen). Wir müssen unsere Gefühle, wenn es um Co-Creation geht, deutlich adressieren, denn obwohl wir so sehr an die Macht von

Worten glauben, finden doch schätzungsweise 80 Prozent unseres Ausdrucks auf emotionaler Ebene statt. Wir alle, auch die rationalen Typen unter uns, sind erwiesenermaßen primär emotional gesteuerte Wesen. Das bedeutet, wie bewusst wir mit unseren eigenen Gefühlen umgehen, übt einen entscheidenden Einfluss auf die Qualität unserer Beziehung aus. Ein passiv-aggressiver Mensch kann dir die nettesten Worte sagen, du wirst dich dennoch seltsam unwohl fühlen. Ein in seiner Tiefe unsicherer junger Mann kann noch so viele »Alpha-Männchen-Tricks« anwenden, jede halbwegs wache Person wird ihn durchschauen. Und ich denke, wir alle kennen dieses unbehagliche Gefühl während eines Teammeetings: Es fühlt sich zäh an. Es liegt etwas in der Luft. Aber niemand weiß genau, woher es kommt, oder wagt, es anzusprechen.

In meinem Buch *Heirate dich selbst* gehe ich ausführlich auf den Zusammenhang zwischen unserem Selbstwert und unserer emotionalen Intelligenz ein. Wenn wir bestimmten Gefühlen aus dem Weg gehen oder emotionale Blind Spots haben, wird dies latent unsere Souveränität untergraben, zu inneren Anspannungen und manchmal sogar zu Krankheiten führen und in unseren Beziehungen immer wieder Missverständnisse kreieren. Leider existiert bis heute kein allgemeines Schulfach für *Glück*. In diesem wäre die emotionale Intelligenz ein bedeutsamer Bereich. So wachsen viele Menschen ohne diese Kompetenz auf und sind besonders den unangenehmen Emotionen mehr oder weniger hilflos ausgeliefert. Das führt zu zwei Extremen:

- **Variante 1:** Wir unterdrücken unsere unangenehmen Emotionen. Das führt wiederum häufig zu den weiter oben beschriebenen Abwehrmechanismen wie Sublimierung oder Progression. Eigentlich ist die neue Kollegin unsicher. Doch weil sie dieses Gefühl der Unsicherheit unterdrückt, agiert sie extra laut und übertrieben selbstbewusst. Alle anderen spüren – bewusst oder unbewusst –, dass ihr Verhalten nicht authentisch ist.
- **Variante 2:** Die unangenehmen Emotionen überwältigen uns. In diesem Fall nutzt unser Verstand gern Mitmenschen oder Umstände als Projektionsfläche. Was haben wir nicht alle auf

Corona, die Gesichtsmaske oder die Impfung projiziert? Sigmund Freud hätte eine wahre Freude dabei empfunden, uns alle kollektiv auf die Couch zu legen. Natürlich kann man die gewaltigen sozialen Eruptionen dieser Zeit nicht auf eine Ursache reduzieren, doch ganz sicher haben viele von uns große Schwierigkeiten gehabt, die Erfahrung von existenzieller Angst und Ohnmacht bewusst zu integrieren.

Reflexion

o *Wie bewusst gehst du mit deinen eigenen Gefühlen um?*
o *Kannst du alle Hauptemotionen (Angst, Wut, Trauer, Lust, Freude, Ohnmacht, Ekel, Verachtung) in dir willkommen heißen? Oder stehst du mit einigen von ihnen auf Kriegsfuß?*
o *Bist du vielleicht sogar der Meinung, einige davon vollständig transzendiert zu haben?*
o *Hast du so etwas wie eine emotionale Achillesferse? Ein Gefühl, bei dem du, wenn es getriggert wird, intensiv, unrational, eventuell destruktiv agierst?*
o *Wie kompensierst du unangenehme Emotionen (Arbeit, Drogen, Fernsehen, Streiten, Essen …)?*
o *Was machst du, wenn du emotional stark getriggert wirst?*

Bevor wir lauthals nach Co-Creation rufen, muss uns klar sein, dass die Beziehungsformen davor (Ausbeutung, Konkurrenz und Kooperation) auch Kompensationen emotionaler Wunden waren. Wir können davon ausgehen, dass die wesentlich stärkere Lebendigkeit der co-creativen Ebene diese ans Licht bringt. Das betrifft …

o Scham, wenn du sichtbarer wirst,
o Unsicherheit, wenn du alte Strukturen verlässt,
o Angst, wenn du Machtprivilegien loslässt,
o Schmerz, wenn ihr euch enttäuscht, und
o Wut, zum Beispiel über alte Ungerechtigkeiten.

Bist du dafür bereit? Bist du bereit, Verantwortung für deine Emotionen zu übernehmen? Bist du bereit, zu akzeptieren, dass ihre Ursachen meist in der Vergangenheit liegen? Bist du bereit, sie zu fühlen, zu halten und zu verstehen? Dann merke dir:

 Deine Gefühle sind deine Gefühle.

Auch wenn sie durch das Verhalten anderer Menschen getriggert werden können, es sind deine Gefühle. Ihr Ursprung liegt weit zurück. Es ist deine Aufgabe, dich um sie zu kümmern. Wenn dir das noch nicht gut gelingt, dann lies passende Bücher dazu (s. Anhang) oder mach die geführte Meditation »Emotionale Selbstheilung« aus dem Onlinebereich (s. ebenfalls Anhang), um dich auf dieser Ebene besser verstehen zu lernen. Doch egal, wie viel du dazulernst, es kann durchaus sein, dass du auch mal an den Punkt kommst, therapeutische Hilfe in Anspruch zu nehmen. Die meisten von uns hatten eine herausfordernde Vergangenheit und tragen nach wie vor emotionale Wunden in sich. Überfordere dich also nicht, indem du versuchst, alles allein zu lösen. Überlaste aber auch nicht deine privaten und beruflichen Beziehungen, indem du an sie einen therapeutischen Anspruch stellst. Es ist keine Schande, sich hier professionelle Hilfe zu holen, und du wirst erstaunt sein, was sie bewirken kann.

Gleichzeitig möchte ich dich und deine Weggefährt*innen ermutigen, eure Partnerschaft oder euer Team in einen Safe Space zu verwandeln, in dem alle Emotionen sein dürfen. Das alte Paradigma »Auf Arbeit haben Gefühle nichts zu suchen« ist komplett überholt. Es hat uns krank gemacht und einen enormen Anstieg an Depressionen und Burn-out beschert. Wir sind keine Leistungsmaschinen. Wir sind in erster Linie empfindsame Sinnwesen. Unsere Gefühle bereichern unsere Beziehungen nicht nur. Sie sind die Quelle wahrer Kreativität. Sie verstärken unsere Intuition. Sie verwandeln unsere Familien und Companys in Felder, in denen alle Beteiligten erblühen können.

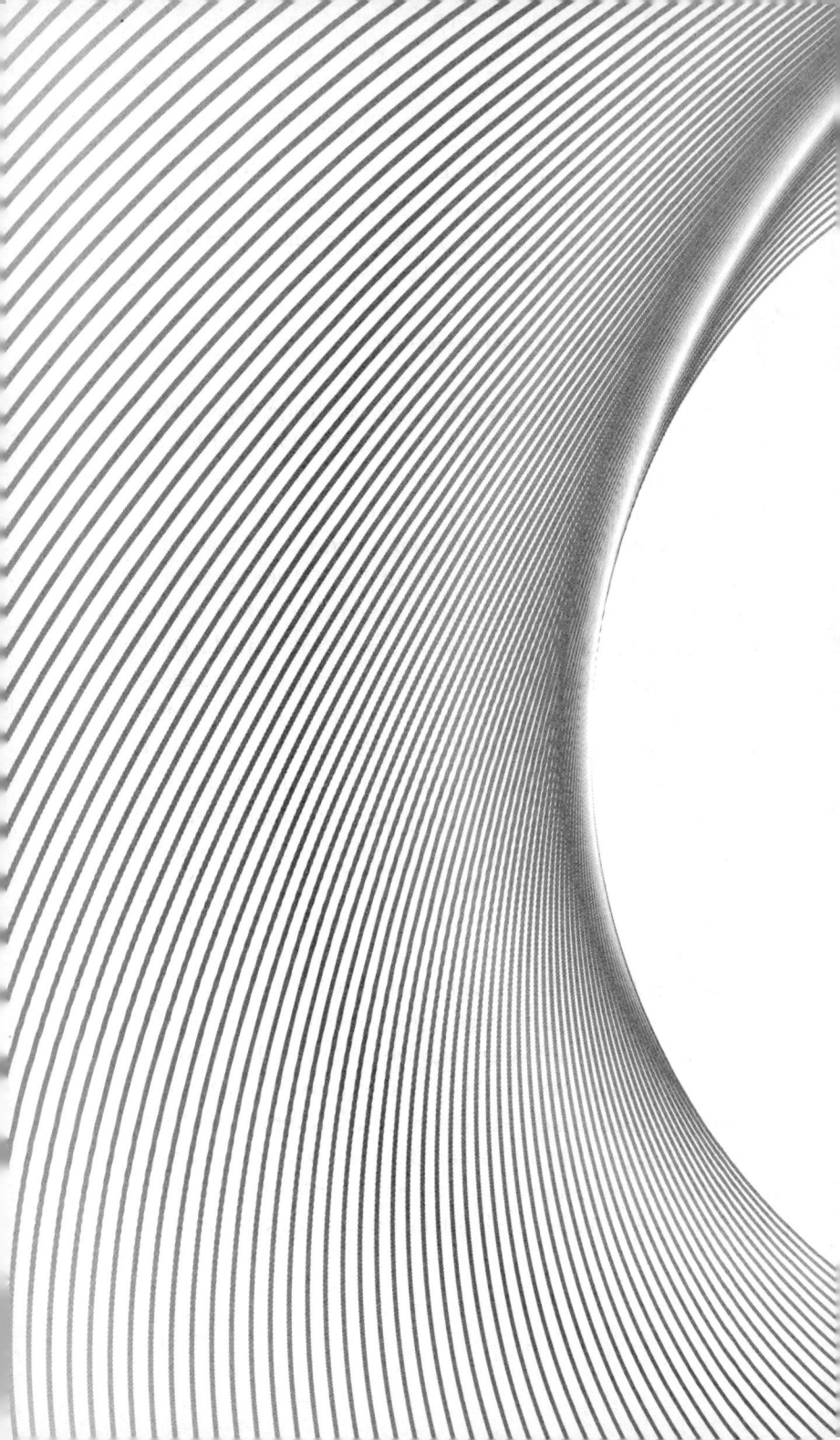

TEIL II

Connection

In diesem Abschnitt vermittle ich dir essenzielle Prinzipien einer erfolgreichen Kommunikation. Du brauchst sie, um mit anderen Menschen ein co-creatives Feld aufzubauen. Das Wunderbare an ihnen ist: Sie sind einfach zu verstehen, leicht anzuwenden und zeigen sofort eine positive Wirkung. Wir sollten sie unseren Kindern bereits im Kindergarten beibringen und vor allem vorleben.

DIE SECHS SÄULEN ERFOLGREICHER KOMMUNIKATION

> **These:** Zeige mir dein Leben und ich weiß, wie du kommunizierst. Denn deine Kommunikation ist dein Ausdruck, in der Welt zu sein und deine Art, Realität zu erschaffen.

Viele Menschen assoziieren mit Kommunikation hauptsächlich das Verwenden von Worten. Doch Kommunikation ist so viel mehr. Kommunikation ist dein Ausdruck, in dieser Welt zu sein. Du kannst dich durch sie mit anderen Menschen vernetzen oder es dir mit ihnen verscherzen. Du kannst dich in die tiefste Einsamkeit hinein kommunizieren oder dich mit dem gesamten Universum verbinden. Kommunikation ist niemals neutral, sie wirkt verbindend oder trennend. Sie verfestigt das Alte oder erschafft das Neue.

 Mit einem Satz: Kommunikation ist alles.

Du kannst nicht *nicht* kommunizieren. Die Frage ist also nicht, *ob* du kommunizierst, sondern *wie*. Solange du existierst, kommunizierst du. Dein Atem kommuniziert mit allen atmenden Wesen dieser Erde. Deine Gedanken erschaffen nicht nur deine Wirklichkeit, sondern beeinflussen *alles*. Jedes Lächeln, jede Träne, jede Geste, jedes Wort, jedes Gefühl, die Kleidung, die du heute Morgen ausgewählt hast – das alles drückt dich aus und das alles gehört zur Kommunikation. Du kommunizierst niemals neutral. Deine Kommunikation wirkt ständig auf alles ein. Sie kann verbinden oder trennen. Sie kann erheben oder erniedrigen. Sie kann deine Systeme schwächen oder stärken. Sie erzeugt Angst oder Liebe. Sie kann dein Potenzial ausbremsen oder zum Erblühen bringen.

Dein gesamtes Leben ist das Ergebnis deiner Kommunikation nach innen und nach außen. Auch wenn Worte nur einen kleinen Teil deiner Kommunikation ausmachen, sind zum Beispiel die Zigtausend Gedanken, die du dir täglich erzählst, maßgeblich am Aufbau deiner Wirklichkeit beteiligt. Sprache ist der Programmiercode unserer individuellen Welt. In unserer Coaching-Ausbildung lehre ich die Coach*innen vor allem, still zu sein und aufmerksam zu lauschen. Durch die Art seiner Formulierungen, durch die Fragen, die es sich stellt, und die Bilder, die es verwendet, offenbart uns unser Gegenüber dann nämlich, in welcher Welt es lebt. Nur ist den meisten nicht bewusst, dass wir alle selbst die Architekt*innen unserer Wirklichkeit sind.

Dieselbe Power wirkt vielfach verstärkt, wenn wir zusammen kommunizieren. Sicher hast du schon erlebt, dass du dich auf ein Treffen mit Freund*innen oder Kolleg*innen gefreut hast. Doch dann verlief es schrecklich langweilig oder es artete sogar in Konflikt und Streit aus. Was läuft in solchen Momenten schief? Kommunikation missglückt, wenn mindestens eine der sechs essenziellen Säulen erfolgreicher Kommunikation fehlt: geistige Nähe, Offenheit, Wahrhaftigkeit, Wertschätzung, eine klare Absicht und Hingabe. Ein falsches Wort kann eine Begegnung abfucken. Eine gute Frage kann einen Krieg beenden. Es ist nicht übertrieben, wenn wir sagen: Kommunikation ist gleichbedeutend mit Schöpfung. Jedes Gespräch erschafft etwas – Gedanken, Bilder, Impulse, Gefühle, Handlungen, Ergebnisse. Die Welt, in der wir heute leben, ist das Resultat aller Dialoge, die je zwischen Menschen geführt wurden. Auch unser Austausch über dieses Buch ist nicht neutral. Er wird in uns beiden etwas verändern.

Denn Kommunikation übermittelt nicht nur Informationen, sondern erschafft Erfahrungen. In dir selbst und in anderen.

 Wenn du je auf der Suche zu dem einen Schlüssel für dein Glück warst, hier ist er: deine Art zu kommunizieren.

Da wir leider bis heute kein zentrales Schulfach für erfolgreiche Kommunikation eingeführt haben, bleibt Kids nichts anderes übrig, als die Kommunikationsmuster ihrer Umgebung, vor allem ihrer Eltern, zu replizieren.

Reflexion

- *Bist du ein Mensch, der sich schnell mit seiner Umgebung verbunden fühlt und der sich erfolgreich verständlich machen kann?*
- *Drückst du dich meist klar, vollständig und effektiv aus?*
- *Kannst du andere Menschen klar und tief verstehen?*
- *Wo hast du gelernt, so zu kommunizieren, wie du es tust?*
- *Wie haben deine Eltern miteinander gesprochen?*
- *Wie haben deine Lehrer*innen mit dir kommuniziert?*
- *Was hast du aus den Büchern und Filmen deiner Kindheit darüber gelernt, wie man sich begegnet?*
- *In welchen Beziehungen würdest du gern erfolgreicher kommunizieren?*

Uns wurde eine extrem powervolle Waffe anvertraut, mit der wir erschaffen, aber auch zerstören können. Doch niemand hat uns beigebracht, sie bewusst und intelligent einzusetzen. Kein Wunder, dass die meisten von uns ihre tägliche Kommunikation als ein eher spannungsgeladenes und oft frustrierendes Geschehen erleben. Unbewusste Kommunikation aus dem Ego heraus erzeugt Wiederholungen alter Geschichten, Missverständnisse, Trennung und damit verbunden negative Gefühle und Misserfolg. Das bedeutet: Jede deiner Niederlagen, jeder Streit, jede Scheidung war kein Zufall, sondern immer das Ergebnis deiner internen und externen Kommunikation.

Ich gehe darauf so ausführlich ein, weil ich mir wünsche, dass du verstehst, wie mächtig du in Wahrheit bist. Wenn du im weiteren Verlauf des Buches beginnst, co-creative Meetings zu gestalten, mach dir bewusst, dass ihr nicht zusammenkommt, um einfach ein bisschen schlauer daherzureden als sonst. Da kommen zwei oder mehr geniale Geister an einem Tisch zusammen, um die Gabe der Kommunikation bewusst für das Erschaffen neuer Welten einzusetzen. Nein, das ist nicht übertrieben. Jedes eurer Gespräche hat die Macht, euer Leben und das Leben aller, die mit euch verbunden sind, für immer zu verändern. homodea, unsere Plattform, erreicht auf den verschiedenen Kanälen mittlerweile regelmäßig mehr als eine halbe Million Menschen. Und ich weiß aus vielen Feedbacks, wie oft unsere Bücher und Kurse den Leser*innen und Teilnehmer*innen dabei helfen, sich selbst besser zu verstehen, ihre Gaben zu bejahen und ihre konkreten Träume zu leben. Doch das gesamte Projekt ist im Grunde genommen aus einigen wenigen co-creativen Talks zwischen meiner Frau und mir geboren worden. Ich wünsche dir, dass du dich mit einer Haltung von Respekt für deine eigene kommunikative Power auf eure Meetings einlässt.

Wir sind alle Künstler*innen. Unsere Kunstwerke sind die von uns erschaffenen inneren und äußeren Realitäten. Das Werkzeug unserer Kunst ist unsere Kommunikation: die Art, wie wir Worte bewusst oder unbewusst auswählen, um unseren Geist auszurichten, und wie wir sie mit Gefühlen, Ausstrahlung, Haltung und Handlung kombinieren.

An schlechter, also unreifer oder ignoranter Kommunikation kannst du abgrundtief verzweifeln. Doch das Wunderbare ist, dass wir alle die Fähigkeit besitzen, erfolgreich zu kommunizieren. Diese Meisterschaft ist erlernbar oder, um genauer zu sein: erinnerbar. Denn erfolgreiche Kommunikation ist ein Grundelement des Lebens. Sie erschafft Glücksgefühle und stärkt deine Selbstachtung. Sie reduziert Stress und fördert deine körperliche, emotionale und mentale Gesundheit. Du wirst dich nie mehr einsam fühlen. Denn erfolgreiche Kommunikation baut Brücken (auch zu Fremden und Andersdenkenden) und führt zu Nähe und Vertrauen in deinen Beziehungen. Sie ist das Fundament für einen sinnvollen und lässigen Erfolg. Und falls dies dein Interesse ist, öffnet sie dich für spirituelle Erfahrungen von Einheit und Vollkommenheit.

Erfolgreiche Kommunikation ist keine komplizierte Wissenschaft. Die Prinzipien, die ich dir vorstellen werde, sind leicht nachvollziehbar. Die Herausforderung liegt eher darin, sie im entscheidenden Moment auch anzuwenden. Denn wir müssen dabei oft den alten Reaktionsmustern widerstehen, die sich tief in unsere Nervenbahnen eingegraben haben. Im Streit kurz den Mund zu halten, die eigenen Gefühle zu sortieren und dann friedvoll und konstruktiv weiterzusprechen, kann am Anfang verdammt schwerfallen. Dein Ego bäumt sich auf und will lieber mit einem unbedachten Satz noch mehr Benzin ins Feuer kippen. Erfolgreich zu kommunizieren, kann dir die Erfahrung ekstatischer Freiheit schenken, doch zuerst wirst du dich in Selbstbeherrschung üben müssen. Das Gute daran: Du wirst sofort positive Effekte erleben und das macht Lust auf mehr. Du wirst sehen, wie du mit kleinsten Veränderungen in deinem kommunikativen Verhalten große Wirkung erzielen kannst. Ich möchte dich deshalb ermutigen, diesen Abschnitt nicht nur zu lesen, sondern ihn sofort umzusetzen. Schauen wir uns die sechs Säulen erfolgreicher Kommunikation einmal genauer an.

SÄULE 1: GEISTIGE NÄHE

These: Ein kapitales Missverständnis liegt in dem Irrglauben, einen Menschen mit seinem Körper gleichzusetzen. Nur weil du mit jemandem dein Bett teilst, heißt das noch lange nicht, dass ihr euch auch geistig nah seid. Wir *haben* einen Körper, doch wir *sind* Bewusstsein. Jedes individuelle Bewusstsein lebt in seiner eigenen, geistigen Welt.

Damit Kommunikation erfolgreich zwischen uns fließen kann, müssen wir zuerst unsere inneren Realitäten synchronisieren. Da, wo sich unsere Realitätsfelder überlappen, weil wir uns mit ähnlichen Themen, Zielen und Werten beschäftigen, entsteht geistige Nähe.

Wenn ein Paar nach Jahren überrascht realisiert, dass es sich auseinandergelebt hat, meint es das wortwörtlich. Die zwei Menschen haben zwar Haus, Alltag und eventuell Kinder miteinander geteilt, aber sie sind innerlich in weit voneinander entfernte Universen abgedriftet. Sie haben vor lauter Verpflichtungen vergessen, ihre inneren Realitäten regelmäßig miteinander abzugleichen. Dann heißt es: »Wir hatten uns nichts mehr zu sagen.« Die Kultivierung geistiger Nähe ist heute wichtiger denn je. Denn wir leben in hochdynamischen Zeiten. Wir werden täglich mit so vielen Informationen überflutet und stehen unter hohem Entwicklungsdruck. Das heißt, wir verändern uns geistig schneller als unsere Vorfahren. Wenn dir ein Mensch am Herzen liegt, nimm dir regelmäßig Zeit, deine Realität mit seiner zu synchronisieren. Wie das geht? Hier ein paar Ideen.

Die Zauberfrage

Viele mächtige Kommunikationsprinzipien sind verblüffend einfach. Wenn du aufrichtig daran interessiert bist, mit einem anderen Menschen geistige Nähe herzustellen, dann halte inne, leg dein Handy weg, schau dieser Person freundlich in die Augen und stell die einfache, aber ehrliche Zauberfrage: »Wie geht es dir?« Du musst die Frage wirklich aufrichtig meinen. Denn sie wird häufig nur als Höflichkeitsfloskel benutzt und dementsprechend oberflächlich bis sinnlos fällt die Antwort aus. Gib dich also nicht mit »Ganz okay« oder »Ich kann nicht klagen« zufrieden, sondern insistiere liebevoll und hake nach: *»Ich möchte wirklich wissen, wie es dir geht. Was bewegt dich? Was beschäftigt dich gerade? Bitte erzähle mir mehr.«* Wenn sich die andere Person öffnet, höre ihr wach und offen zu. Verzichte auf Unterbrechungen oder unerbetene Ratschläge. Lass dich von ihr in ihre Welt führen. (Dabei hilft dir die zweite Säule, die Offenheit.)

Andrea und ich setzen uns jeden Morgen, nach einer stillen Meditation, zusammen auf den Teppich unseres Wohnzimmers. Wir trinken einen Tee zusammen und stellen uns folgende Fragen: »Wie geht es dir? Was ist heute wichtig für dich?« Wenn ihr euch als Paar nur dieses kleine Ritual am Morgen oder Abend gönnt, wird das Wunder bewirken. Wenn neue Leute in unser Team kommen, sind sie regelmäßig verblüfft, wie viel Zeit wir solchen Konversationen einräumen. Ja, es ist bezahlte Arbeitszeit, die keinen Umsatz bringt. Doch wir sehen es so: All unsere Mitarbeiter*innen wählen, ihre kostbare Lebenszeit in unsere Company einzubringen. Natürlich wollen wir wissen, wie es ihnen geht.

Voneinander lernen

Uns alle begeistern andere Themen. Diese Vielfalt ist toll. Wann hast du dich das letzte Mal von deinen Liebsten, einem Freund oder einer Kollegin etwas über ein Thema lehren lassen, wofür dieser Mensch brennt? Du interessierst dich selbst nicht für Fußball oder Schmetterlinge? Das musst du auch gar nicht. Aber bitte doch mal dein Gegenüber, dir zu erzählen, was genau es daran so begeistert. Was weißt du über die Hobbys deiner Kolleg*innen? Lass dich in ihre Welt mitnehmen. Du wirst deine Mitmenschen dadurch viel besser verstehen. Und wer weiß, wozu dich der Ausflug in ein scheinbar fremdes Gebiet inspiriert …

Smarter Small Talk

Ich mochte Small Talk lange Zeit gar nicht. Wahrscheinlich, weil ich nicht gut darin war. Ich stand auf Partys meist als grimmig blickender Einzelgänger in der Ecke. In Wahrheit war ich unsicher und wusste nicht, wie ich mich mit den anderen connecten konnte. Mittlerweile verstehe ich Small Talk ganz anders. Natürlich wird er von vielen missbraucht, um nicht in die Tiefe gehen zu müssen und wahre Nähe zu vermeiden. Doch er kann auch superschnell eine Brücke zwischen weit entfernten Welten bauen. Small Talk schafft nämlich ein gemeinsames Thema und das wiederum bildet bereits geistige Nähe. Die Kunst liegt darin, etwas anzusprechen, was sehr wahrscheinlich auch auf dem Wahrnehmungsradar deines Gegenübers auftaucht. Der Klassiker (du wirst vielleicht lachen) ist das Wetter. Wir alle nehmen es wahr. Ja, es ist banal, den Regen oder den blauen Himmel anzusprechen, doch es bricht das Eis.

Frage dich: Womit beschäftigt sich wohl dein Gegenüber gerade? Was könnte ein gemeinsames Thema sein? Das muss nichts Tiefgreifendes, Philosophisches sein. Der Zweck dieses smarten Small Talks ist es, die kommunikative Energie zwischen euch ins Fließen zu bringen.

Ich stand einmal im Hochsommer in einer langen Kasse im Supermarkt. Du musst wissen, ich bin echt schüchtern. Normalerweise hätte ich wie die anderen in mein Handy gestarrt und gehofft, dass ich schnell durch bin. Doch ich wollte geistige Nähe mit der Kassiererin üben. Also überlegte ich mir: Was wird sie wohl gerade beschäftigen? Ich sah, dass auch sie wegen der Hitze einige Male genervt stöhnte. Niemand achtete auf sie. Alle sahen sie als ein Objekt, das seinen Job erfüllt. Als ich an der Reihe war, nahm ich meinen Mut zusammen und sprach sie an: »Ganz schön heiß heute, nicht wahr?« Sie sah überrascht auf und stimmte mir zu. Ich setzte ermutigt nach: »Danke, dass Sie an so einem Tag für uns arbeiten.« Das zauberte ein Lächeln auf ihr Gesicht. Spontan fragte ich sie: »Darf ich Ihnen ein Eis spendieren?« Ich hatte einige Sorten in meinem Einkaufskorb. Überrumpelt nickte sie. Als ich ihr das Eis überreichte, fühlte ich mit diesem mir so fremden Menschen eine echte, frische geistige Nähe. Alle hinter mir in der Schlange hatten die kurze Interaktion gesehen und lächelten auch. Das bewirkt erfolgreiche Kommunikation.

Reflexion

- *Mit welchen Menschen würdest du gern mehr geistige Nähe herstellen?*
- *Mit wem möchtest du einen der oben beschriebenen Wege in den kommenden Tagen ausprobieren?*

SÄULE 2: OFFENHEIT

These: Wirkliche Offenheit bringt dich auf die Realitätsinsel deines Gegenübers. Du schenkst ihm die erlösende Erfahrung, verstanden zu werden.

Offenheit ist deine Bereitschaft, das Realitätsufer deines Gegenübers nicht nur aus der Ferne zu bestaunen, sondern es auch zu betreten. Hier musst du ehrlich mit dir sein. Denn die Wahrheit ist: Kein Ego hat darauf Bock. Es besteht darauf, dass die oder der andere gefälligst zuerst auf unsere Insel kommen sollte. Ich habe Paare gecoacht, die Jahrzehnte frustriert in ihren Schützengräben verharrten: »Zuerst soll *sie* mir richtig zuhören!« – »Mit *ihm* kann man kein vernünftiges Gespräch führen.«

Manchmal heucheln wir Offenheit. Wir nicken beflissen, doch innerlich formulieren wir unsere Gegenrede und lauern auf die nächste Atempause des anderen. Das ist kein offenes Lauschen. Das ist im wahrsten Sinne des Wortes Zuhören. Wir machen zu, wir verschließen unseren Geist vor der Geschichte des anderen, in dem wir abwesend oder urteilend zuhören.

Warum fällt uns Offenheit so schwer? Wenn du einmal bewusst in diesen Widerstand hineinspürst, wirst du feststellen, dass dein Ego zum einen Angst hat, selbst zu kurz zu kommen, und sich zum anderen vor Veränderung fürchtet. Denn wenn du die Realitätsinsel eines anderen Menschen offen betrittst, wirst du die Welt aus seinen Augen sehen. Du wirst erkennen, dass sein Blickwinkel genauso viel Berechtigung hat wie deiner. Das weicht die Position des Rechthabens auf. Unserem Ego bleibt nichts anderes übrig, als sich zu fügen.

Offenes Lauschen kann unbequem sein. Denn wir sehen nicht nur die Perspektive unseres Gegenübers, wir fühlen sie auch. Wer hat schon Lust, Schmerz oder Trauer zu spüren, wenn es ihm selbst gerade gut geht? Ist Offenheit deshalb anstrengend? Nur für dein kleines Ich. Für dein Selbst ist es befreiend, denn es will sich ausbreiten. Es möchte sich verbinden. Dein Selbst wird durch Offenheit niemals verlieren, sondern immer dazugewinnen, denn du wirst am anderen Ufer immer auch einen verborgenen Aspekt deiner eigenen Seele finden.

Wir leben in einer Marktschreierwelt. Jeder glaubt, ständig senden zu müssen. Niemand hört mehr wirklich zu. Obwohl wir viele sind, vereinsamen wir so nebeneinander.

Offenes Lauschen schenkt deinen Mitmenschen die Erfahrung, von dir gesehen zu werden. Das ist sehr heilsam. Kennst du den Roman *Momo* von Michael Ende? Das kleine Mädchen Momo besaß genau diese Gabe. Sie konnte offen lauschen. In ihrer Umgebung entspannten sich die Menschen und öffneten sich. Sie kamen plötzlich von selbst auf schlaue Ideen. Sie realisierten, was sie wirklich wollten. Sie fühlten ihren Wert. Das ist das große Geschenk der Offenheit. Wie die Sonne eine Blume bringt offenes Lauschen unsere Mitmenschen zum Erblühen.

Um einen anderen Menschen wirklich verstehen zu können, darfst du ihm nicht nur oberflächlich zuhören. Lass dich richtig auf ihn ein. Für die Zeit deines Lauschens bist du – als Ego – nicht wichtig. Es geht um dein Gegenüber. Entspanne deine richtenden Urteile, deine Ungeduld. Du musst nicht komplett still sein. Du kannst klärend nachfragen: »Habe ich das so richtig verstanden? Kannst du mir das näher erklären? Was genau bedeutet das für dich?« Verzichte jedoch auf richtungsweisende Ratschläge oder versteckte Kritik. Du willst den anderen Menschen nicht verändern. Du willst ihn verstehen.

Vielleicht steigt an dieser Stelle in dir die Angst hoch und du fragst dich: »Aber was wird dann mit mir und meinem Bedürfnis, gehört und gesehen zu werden?« Auf Dauer funktioniert Co-Creation nur, wenn ihr euch beide diese Offenheit schenkt. Andrea und ich regeln dies zum Beispiel durch klare Rollen und Zeitvorgaben. Wenn ich weiß, ich bin jetzt in der Rolle des Lauschenden, kann ich meinen urteilenden Geist entspannen. Ich brauche nicht zu fürchten, zu kurz zu kommen, denn danach bin ich dran. Gleichzeitig schützt eine klare Zeitbegrenzung (empfehlenswert sind zehn Minuten bis maximal eine halbe Stunde) vor unnötigen Wiederholungen.

Und was geschieht, wenn dein Gegenüber etwas sagt, was dich triggert? Dann atmest du tief durch und entscheidest dich bewusst dazu, nicht in den Film einzusteigen. Denn es geht in dieser Zeit nicht um deine Befindlichkeit, sondern darum, die Welt aus den Augen des anderen Menschen zu sehen. Über deine Gefühle kannst du sprechen, wenn du dran bist – falls es dann überhaupt noch wichtig ist. Offenheit verwandelt dich in eine heilsame Oase der Sicherheit und Ermutigung für deine Mitmenschen.

 **Offenheit bedeutet nicht, dem anderen Menschen recht zu geben. Offenheit bedeutet, ihm das Recht zu geben, genauso zu denken und zu fühlen, wie es dieser Mensch tut.**

Reflexion

- *Wann und wo empfindest du manchmal Meetings und Begegnungen als frustrierend, weil sich die Beteiligten nicht wirklich zuhören?*
- *Welchem Menschen, der dir wichtig ist, hast du schon lange nicht mehr offen gelauscht?*
- *Von welchem Menschen wünschst du dir, dass er dir einmal offen lauscht?*

SÄULE 3: WAHRHAFTIGKEIT

These: Wenn alle Beteiligten ihre Wahrheit auf tiefster Ebene kommunizieren, findet ganz natürlich Co-Creation statt. Wenn wesentliche Informationen zurückgehalten werden, wird das co-creative Feld irritiert und die Beziehung geschwächt.

Co-Creation funktioniert nur zwischen Menschen, die bereit sind, sich sichtbar zu machen – mit ihren Wünschen, ihren Zweifeln, ihren Gefühlen, ihrer Verletzbarkeit. Als Kinder hatten wir kein Problem damit, uns authentisch zu zeigen. Doch viele von uns haben auf dem Weg des Erwachsenwerdens auch die Schattenseiten der Sichtbarkeit erfahren: Wir wurden ausgelacht, ignoriert oder mit Liebesentzug bestraft. In einer unserer großen Umfragen in unserem Netzwerk stand der Wunsch nach einem wahrhaftigen Leben an oberster Stelle. Wir können uns in co-creativen Räumen diese Erfahrung wieder bewusst schenken, und zwar indem wir uns gegenseitig ermutigen, uns wieder ganz zu zeigen, und dann sorgsam darauf achten, dass wir eben nicht mit negativen Konsequenzen antworten. Mich berührt es immer wieder sehr, wenn ich in unseren Seminaren und Teamprozessen erlebe, wie die Menschen langsam wieder aus ihrem Schneckenhaus hervorkommen, den Raum des Vertrauens vorsichtig austesten und dann immer mutiger werden.

Wenn du Co-Creation in deinen Beziehungen kultivieren möchtest, mach dir bitte bewusst:

 Du bist dabei sehr wichtig. Und zwar nicht nur deine netten und pflegeleichten Aspekte, sondern alles.

Co-Creation ist kein pseudoharmonischer Prozess, in dem sich alle immer anlächeln und darauf achten, dass sie sich nicht gegenseitig auf die Füße treten. Co-Creation lebt von Spannungen, vom Spiel zwischen Dunkel und Licht. Ich habe in unseren co-creativen Prozessen immer wieder erfahren, wie wir gerade dann Durchbrüche erzielten, wenn eine*r der Beteiligten den Mut aufbrachte, etwas Unangenehmes auf den Tisch zu packen. Das kann ein Wunsch sein, der dir frech erscheint. Oder das Offenbaren eines Gefühls, für das du dich schämst. Oder dir ist eine verrückte Idee gekommen und du fürchtest, die anderen lachen dich aus. Bist du bereit, dich in die Arena zu stellen und verletzbar zu machen, indem du dich wahrhaftig zeigst?

Um zu verstehen, was es bedeutet, sich wahrhaftig zu zeigen, treffen wir eine wichtige Differenzierung zwischen *der* Wahrheit, *deiner* Wahrheit, *meiner* Wahrheit und *Fakten*. Sehr wahrscheinlich liegt unserem Universum eine absolute Wahrheit zugrunde. Hat sie irgendein Mensch bis jetzt entdeckt? Sicher nicht. Uns ist nur ein begrenzter und dann auch noch verzerrter Ausschnitt auf die Wirklichkeit gewährt. Wir können uns der absoluten Wahrheit nähern, aber wir sind nicht in der Lage, sie vollständig zu erfassen. Das sollten wir nie aus den Augen verlieren. Wie viele Paare haben sich scheiden lassen, wie viele Freundschaften sind zerbrochen, ja wie viele Kriege wurden geführt, alles nur, weil sich Menschen angemaßt haben, *die* Wahrheit zu kennen? Dann gibt es Fakten: objektive, nachweisbare Phänomene, die wir beide wahrnehmen können.

Schauen wir uns das an einem Beispiel an. Wenn ich sage: »Das Wort *Liebe* besteht aus fünf Buchstaben«, können wir uns beide darauf einigen, stimmt's? Das ist ein Fakt. Wenn ich jedoch darüber spreche, was *Liebe* für mich persönlich bedeutet, und du anschließend erklärst, was *Liebe* mit dir macht, dann drücken wir unsere persönlichen, subjektiven Wahrheiten aus. Über die können wir nicht streiten, denn jede*r von uns lebt auf einer eigenen inneren Realitätsinsel und nimmt die Welt durch eigene Filter wahr. Diese sind stark geprägt von unseren individuellen Erfahrungen und Glaubenssätzen. Wir können und sollten uns wegen unserer subjektiven Wirklichkeiten nicht streiten. Dies führt *immer* in eine kommunikative Sackgasse. Jedoch ist es für den organischen Fluss der Co-Creation essenziell, dass alle Beteiligten ihre persönlichen Wahrheiten frei und möglichst genau – also wahrhaftig – ausdrücken. Im Coaching sprechen wir von der Oberflächen- und der Tiefenebene unserer Wahrheit.

Ein einfaches Beispiel: Du triffst einen Bekannten und der fragt dich: »Na, wie geht es dir?« Du antwortest: »Ganz okay«, und denkst nicht weiter drüber nach. Das ist die Oberfläche deiner aktuellen Wahrnehmung der Situation. Doch hättest du dir etwas mehr Zeit genommen und nachgespürt, hättest du vielleicht bemerkt: »Nein, ich fühle mich nicht okay. In Wahrheit bin ich seit heute Morgen traurig. Ich weiß gar nicht, warum. Doch ich spüre einen unangenehmen Druck auf der Brust.« Nun hast du schon eine tiefere Ebene deiner Wahrheit erkannt. Wenn du dir nun noch etwas mehr Zeit gibst, die Augen schließt und dich fragst, woher die Traurigkeit kommt, wird dir vielleicht bewusst, dass du dich schon seit Wochen nicht mehr wohl in einer dir wichtigen Beziehung fühlst. Du entdeckst eine noch tiefere Schicht von Wahrheit.

Vielleicht denkst du beim Lesen: »Aber wird mein Leben durch dieses Forschen nach der Tiefenebene nicht komplizierter?« Es mag am Anfang so aussehen, doch tatsächlich wird alles einfacher, weil du besser mit dir verbunden bist. Erst der Zugang zu dieser Tiefenebene ermöglicht es dir, Veränderungen einzuleiten. Außerdem wirst du feststellen, dass allein das Wahrnehmen und Ausdrücken deiner vollständigen Wahrheit zu Entspannung führt.

Noch ein Beispiel aus dem Alltag: Du bist mit mehreren Bekannten im Restaurant verabredet. Als du eintriffst, sind alle anderen bereits da. Dir wird ein leerer Platz angeboten mit der Frage »Ist es okay für dich, hier zu sitzen?« Du nimmst dir keine Zeit, in dich hineinzuspüren, und antwortest höflich: »Ja, klar.« Doch du landest so weit weg von ausgerechnet den zwei Menschen, auf die du dich besonders gefreut hattest. Bei den folgenden Gesprächen langweilst du dich. Im Laufe des Abends wirst du immer frustrierter und am Ende gehst du enttäuscht nach Hause. Was wäre gewesen, wenn du dir etwas mehr Zeit beim Antworten gelassen hättest? Wenn du aufmerksam in dich hineingefühlt und erkannt hättest: »Nein, der Platz stimmt nicht für mich. Ich fühle mich unwohl bei dem Gedanken, da zu sitzen. Mich zieht es ans andere Ende des Tisches.« Du hättest deinen Mut zusammengenommen und ehrlich gesagt: »He, Leute, ich würde sehr gern neben Otto sitzen. Wäre es okay für euch, die Plätze zu tauschen?« Nun kann es immer noch passieren, dass die Antwort »Nein« ist, aber du wirst dich in jedem Fall besser fühlen, weil du dich vollständig ausgedrückt hast.

In unserem Alltag gibt es so viele Beispiele, die uns zeigen, wie oft wir an unserer eigenen Oberfläche bleiben:

- ○ Du lästerst über eine Person, doch in Wahrheit bist du neidisch auf sie.
- ○ Du wirfst deiner Partnerin oder deinem Partner vor, dich nicht mehr zu lieben, doch in Wahrheit hast du dich selbst innerlich zurückgezogen.
- ○ Du hast eine große, scheinbar selbstbewusste Klappe, doch tatsächlich bist du unsicher.
- ○ Du reagierst mit Wut, weil du den Schmerz in der Tiefe nicht ertragen kannst.

Viele Menschen verpassen die Tiefendimension ihres gesamten Lebens, weil sie nicht gelernt haben, sich genau wahrzunehmen und ihre Wahrheit präzise auszudrücken. Das kann zu viel Frustration und Reibung führen, denn nur, weil uns etwas nicht bewusst ist, ist es nicht weg. Unerkannte und nicht ausgesprochene Wahrheiten wirken dennoch wie unsichtbare Kraftfelder auf deine Beziehungen ein. Wir spüren ihren Einfluss, aber verstehen nicht, woher er kommt.

 **Meist verbirgt sich unter der zuerst von uns geäußerten Wahrheit eine tiefere Dimension. Je wahrhaftiger wir uns ausdrücken, desto klarer kann sich das Feld der Co-Creation aufbauen.**

Je tiefer du an den Kern deiner Wahrheit kommst, umso reibungsloser funktioniert dein Leben. Du siehst klarer, was abgeht. Du bist deutlicher mit deiner Intuition verbunden. Du fühlst dich auch souveräner, denn du denkst, fühlst und handelst aus deinem authentischen Selbst heraus.

Unklarheiten und nicht ausgedrückte Wahrheiten wirken wie Sand im Getriebe der Co-Creation. Wenn ihr ein Gespräch als zäh erlebt, ist es sinnvoll, zu hinterfragen: Sind gerade alle Beteiligten mit der tiefsten Ebene ihrer Wahrheit verbunden und wird sie auch kommuniziert? Das braucht Bereitschaft und Übung. Besonders Männer haben zu Beginn oft Schwierigkeiten, sich dieser komplexeren Dimension ihres Wesens zu öffnen. Zehntausend Jahre Patriarchat haben sie darauf konditioniert, im Außen zu funktionieren. Da waren Gefühle und Zweifel eher störend. Die folgende Übung schult euch darin, euch vollständig auszudrücken:

Übung: Dich ganz ausdrücken

Diese Übung[20] trainiert euch in vollständiger Sichtbarkeit. Du kannst sie mit einer Partnerin oder einem Partner oder in einem kleinen Team durchführen.

1. Stellt euch einander gegenüber. Legt die Rollen fest: Sprecher*in und Lauscher*in.

Körperebene

2. Wenn du mit Sprechen dran bist, lokalisiere in deinem Körper eine Empfindung, etwa ein Kribbeln, Hitze oder ein Druckgefühl
3. Sag dir nun zuerst selbst (leise), dass es egal ist, dass du diese Empfindung hast. Wie fühlt sich das an?
4. Sag dir dann (auch wieder leise), dass du diese Empfindung nicht hast. Wie fühlt sich das an?
5. Nun sprich die Empfindung klar und präzise aus. Wie fühlt sich das an?

Emotionale Ebene

6. Jetzt nimm wahr, was du auf der emotionalen Ebene fühlst.
7. Sag dir wieder zuerst selbst, dass es egal ist, dass du dieses Gefühl hast. Wie fühlt sich das an?
8. Sag dir dann, dass du ein ganz anderes Gefühl hast, vielleicht das genau gegensätzliche Gefühl. Wie fühlt sich das an?
9. Sprich das Gefühl klar und präzise aus. Wie fühlt sich das an?

Eigene Wunschebene

10. Jetzt nimm einen Wunsch wahr, den du hast. Er muss nichts mit der anderen Person zu tun haben.

11. Sag dir zuerst, dass es egal ist, dass du diesen Wunsch hast. Wie fühlt sich das an?

12. Sag dir dann, dass du dir das gar nicht wünschst. Wie fühlt sich das an?

13. Dann sprich den Wunsch klar und präzise aus. Wie fühlt sich das an?

Wunschebene des Gegenübers

14. Jetzt nimm einen Wunsch wahr, den du an dein Gegenüber hast.

15. Sag dir zuerst, dass es egal ist, dass du diesen Wunsch hast. Wie fühlt sich das an?

16. Sag dir dann, dass du dir das gar nicht wünschst. Wie fühlt sich das an?

17. Sprich den Wunsch klar und präzise aus. Wie fühlt sich das an?

18. Tauscht euch über eure Erfahrungen aus. Wechselt anschließend die Rollen.

Auch wenn euch diese Übung anfangs eventuell umständlich erscheint, es lohnt sich! Denn Wahrhaftigkeit macht euer authentisches Selbst sichtbar und schafft echte Verbindung. Achte einmal darauf: Wenn sich jemand selbst nur an der Oberfläche wahrnimmt und dich von hier aus zulabert, wirst du Schwierigkeiten haben, deine Aufmerksamkeit bei diesem Menschen zu halten. Du wirst dich gelangweilt, irritiert oder sogar leicht genervt fühlen. Denn dein Bewusstsein hat einen untrüglichen Sensor für Echtheit. Sobald ein Mensch dagegen aus seinem Herzen spricht, wirst du gebannt lauschen. Faszinierenderweise können wir sogar unangenehme Botschaften viel besser annehmen, wenn sie aus der tiefsten Wahrheit heraus gesprochen werden.

 Solange ihr Widerstand und Zähigkeit in eurer Beziehung erfahrt, ist die Wahrheit noch nicht auf tiefster Ebene gesprochen.

Invasive »Wahrheit«

Lass uns noch einmal genau zwischen *meiner* und *deiner* Wahrheit differenzieren. Wir können und sollten über unsere subjektiven Wahrheiten nicht streiten. *Meine* Wahrheit kann immer nur *mich, meine* Gefühle, *meine* Gedanken betreffen. Das heißt, ich kann sie nur als Ich-Botschaften formulieren: »*Ich* denke … *Ich* fühle … *Ich* sehe die Welt so …«

Sobald ich eine Aussage über dich treffe, zum Beispiel »*Du* bist böse«, versuche ich, etwas, was ich denke, als einen Fakt darzustellen. Dein Unterbewusstsein wird auf diese Unterstellung wahrscheinlich mit Widerstand reagieren. Ich nenne solche Du-Botschaften auch invasive »Wahrheiten«, denn ich versuche, dir meine subjektive Wahrnehmung aufzudrängen.

»Du bist nicht gut genug.« »Du bist hässlich.« »Du musst mich mehr lieben.« »Du bist ein Loser.« Jedes Mal, wenn du Sätze wie diese denkst oder aussprichst, unterliegst du selbst einer Täuschung und versuchst auch noch, diese Lüge ins Bewusstsein der betroffenen Person zu pflanzen.

Genauer und wahrhaftiger wäre es zu sagen: »Ich habe mich bei dem Gedanken beobachtet, dich nicht für gut genug zu halten.«

Noch wahrer wäre es zu sagen: »Ich habe mich bei dem Gedanken beobachtet, dich nicht für gut genug zu halten. Mir ist bewusst, dass dieses Urteil über dich absurd ist. Niemand hat das Recht, über den Wert eines anderen Menschen zu entscheiden. Ich spüre bei dem Gedanken Wut in der Brust. Wenn ich tiefer hinein fühle, bemerke ich unter der Wut Schmerz. Der Verlauf unserer Beziehung enttäuscht mich. Ich hatte so große Hoffnungen und wir haben es beide bis jetzt nicht gemeinsam geschafft, diese Beziehung in einen blühenden Garten zu verwandeln. Ich bin bereit, Verantwortung für meinen Part daran zu übernehmen. Ich werde untersuchen, wo und wie ich bis jetzt unserem Glück im Weg gestanden habe. Während ich das gerade denke und sage, wird mir bewusst, dass auch meine Mutter ihren Mann oft öffentlich heruntergeputzt hat. Ich übernehme Verantwortung dafür, diese Art der Verantwortungsabgabe und diesen Glaubenssatz übernommen zu haben.«

Wenn du dich das erste Mal mit diesen Themen beschäftigst, mögen dir diese Unterscheidungen wie Korinthenkackerei erscheinen. Doch deine Kommunikation ist ein mächtiges Schwert. Invasive »Wahrheiten« führen entweder zu Manipulation (wenn der schwächere Geist sich eine »Wahrheit« aufdrängen lässt) oder Widerstand (wenn wir wach genug sind, gegen die Zumutung zu rebellieren). Sie zerstören Beziehungen und führen zu Kriegen. Denn kein Selbst wird sich auf Dauer von einem anderen Ego vorschreiben lassen, was es ist und was nicht. Auch wenn weniger selbstbewusste Menschen solche Du-Aussagen oft lange schlucken oder sie bedauerlicherweise sogar glauben, wirst du so nie eine lebendige Beziehung mit ihnen aufbauen. Stärkere Menschen werden widersprechen und irgendwann gehen, weil es einfach nicht wahr ist.

In diesen Du-Botschaften transportieren wir oft noch eine zweite Lüge, nämlich willkürlich herausgearbeitete kausale Zusammenhänge. Das Opfer in uns versucht so, die Ursache für unser Problem auf eine fremde Baustelle zu verlagern. Zum Beispiel, indem es die anderen für unsere Gefühle verantwortlich macht: »Ich bin wütend, *weil* du mich nicht verstehst.« Die erste Unterstellung ist: »Du verstehst mich nicht.« Korrekt wäre: »Ich fühle mich nicht von dir verstanden.« Die zweite Unterstellung ist: »Ich bin wütend, *weil* du ...« Wir stellen hier einen kausalen Zusammenhang her, der so nur in unserer Trance existiert. Ja, du fühlst dich nicht verstanden. Doch musst du deswegen mit Wut reagieren? Nein. Du könntest auch ruhig bleiben. Das Muster, auf so eine Erfahrung mit Wut zu reagieren, hattest du schon vor der Beziehung. Es ist deines. Also unterliegt es deiner Verantwortung. Solange du diese nicht übernimmst, gibst du der Situation und deinem Gegenüber viel Macht über dich. Außerdem zwingst du es regelrecht zum Widersprechen, denn du beschuldigst es fälschlicherweise.

Du könntest in solch einer Situation also auch sagen: »Als ich mich vorhin nicht von dir verstanden gefühlt habe, hat mein Ego mit Wut reagiert. Das kenne ich schon. Es nervt mich selbst. Ich möchte lernen, meine Wut und den wahrscheinlich darunterliegenden Schmerz selbst liebevoll zu halten und zu integrieren. Gleichzeitig möchte ich dich bitten, mir noch einmal zuzuhören, bis ich das Gefühl habe, du hast mich verstanden.«

Ursächliche Verkettungen in Beziehungen liegen immer falsch! Denn wir alle treffen nicht unbeschrieben, sondern bereits konditioniert aufeinander und jedes Ereignis in diesem Universum ist das Ergebnis einer Kette multikausaler Wechselwirkungen. Um bei unserem Beispiel zu bleiben: Für das Muster deiner Wut ist auch deine Kindheit verantwortlich. Also auch deine Eltern. Und deine Großeltern, denn die haben deine Eltern gezeugt und großgezogen. So könntest du viele Generationen zurückgehen. Wir können nicht einfach ein Glied aus der Kette nehmen und behaupten: Genau dieses Element ist jetzt schuld.

 **Du-Botschaften und kausale Verkettungen sind immer subjektive Unterstellungen. Sie führen zu geistiger Unterwerfung (»Ich akzeptiere, was du über mich behauptest«) oder zu Widerstand. Invasive »Wahrheiten« sind schleichendes Gift für Co-Creation.**

Was ist die Lösung? Lernt, eure Wahrheit präzise auszudrücken.

Die präzise Wahrheit

Vielleicht mag es dir übertrieben vorkommen, wenn ich sage: Wenn wir nicht bald den Unterschied zwischen invasiver und präziser Wahrheit verstehen und praktizieren, zerstört sich die Menschheit selbst. Vor hundert Jahren gab es kein Internet. Der kommunikative Einfluss der meisten Menschen war beschränkt. Wenn sie invasiv und falsch kommunizierten, hatte das auch damals schon tragische Konsequenzen, aber sie blieben begrenzt auf ihr kleines soziales Umfeld. Mittlerweile sind wir jedoch im postfaktischen Zeitalter angekommen. Dieser Begriff beschreibt eine politische und gesellschaftliche Entwicklung, in der Fakten und sachliche Argumente an Bedeutung verlieren. Emotionale Appelle und subjektive Überzeugungen werden oft stärker gewichtet als objektive Fakten oder wissenschaftliche Erkenntnisse. Es entstehen – potenziert durch die sozialen Medien – riesige Echokammern, in denen verzerrte Meinungen und »alternative Fakten« genauso viel oder sogar mehr Gewicht haben als nachweisbare Realitäten.

Viele Menschen wissen nicht, wie sie in diesem Wirrwarr Wahrheit noch erkennen können, und neigen dazu, jene Informationen auszuwählen, die ihre eigenen Überzeugungen und Vorurteile emotional bestätigen. Diese Tendenzen stellen eine gewaltige Herausforderung für den demokratischen Diskurs und den gesellschaftlichen Frieden dar. Wir sind dem nicht hilflos ausgeliefert. Wir können konstruktiv-kritisches Denken trainieren und uns vor allem darin üben, selbst keine Behauptungen weiterzugeben, sondern unsere Wahrheit präzise zu kommunizieren. Wir sind alle mächtig. Jeder Satz, den wir aussprechen oder schreiben, kann heilen, Visionen entzünden und Brücken bauen – oder er kann alte Wunden aufreißen, Angst schüren und Mauern errichten.

Unsere Kommunikation ist, wie gesagt, auch eine Waffe. Wenn wir das nicht verstehen, fuchteln wir achtlos damit herum und kreieren – ohne uns dessen bewusst zu sein – immer wieder Leid für uns und andere. Diese Destruktivität wird heute durch die Kombination aus Internet, Social Media und Fake News exponentiell verstärkt. Die sozialen Medien fördern mit ihren Algorithmen nachweislich aggressive, provozierende und destruktive Nachrichten. Ist das düster? Ja! Ich will das bewusst nicht beschönigen, denn ich bin überzeugt, dass die Lüge das Grab unserer Zivilisation werden kann.

Was wir dagegen tun können? Selbst die Verantwortung für unser Kommunikationsverhalten übernehmen, anstatt auf eine Regulierung von oben zu warten. Denn wenn wir ehrlich sind, fängt die Lüge eben nicht bei Donald Trump an, sondern im Kleinen: in unseren persönlichen Dialogen. Jedes Mal, wenn wir voller Überzeugung eine Du-Botschaft äußern, lügen wir. Denn auch wenn es schwer auszuhalten ist, es gibt nun mal deine *und* meine Wahrheit. Wir können den

Anfang machen, indem wir unseren eigenen Geist und unsere Zunge disziplinieren und auf dem Feld unserer Wahrheit bleiben.

 Präzise wahr ist, was sich nicht bestreiten lässt. Punkt. So einfach.

Hier ein paar Beispiele, um den Unterschied zwischen invasiver und präziser Wahrheit besser zu verstehen.

Präzise Wahrheit (lässt sich nicht bestreiten)	Invasive Wahrheit (lässt sich bestreiten)
»Die Tasse steht auf dem Tisch.«	»Immer lässt du die Tasse stehen.«
»Ich empfinde Wut.«	»Du hast mich wütend gemacht.«
»Ich wünsche mir mehr Anerkennung und Liebe.«	»Du gibst mir zu wenig Anerkennung und Liebe.«

Präzise Wahrheit sind entweder objektive Fakten oder Aussagen über dein subjektives Denken und Empfinden.

 **Wenn du das Wunder der Co-Creation in deinen Beziehungen erfahren und Frieden in die Welt bringen möchtest, dann verpflichte dich dazu, präzise wahr zu sprechen.**

Damit ihr euch sicher füreinander öffnen könnt, ist es wichtig und meines Erachtens absolut unerlässlich, dass ihr euch ein bedeutsames Versprechen gebt:

 Ihr werdet euch auf gar keinen Fall für eure Ehrlichkeit bestrafen.

Vielleicht hast du das auch in deiner Kindheit erlebt: Die Erwachsenen forderten dich auf, ehrlich zu sein. Du warst so naiv und hast dem vertraut. Doch anstatt dich für deinen Mut anzuerkennen, wurdest du bestraft. Das darf in euren co-creativen Prozessen nicht passieren. Ihr müsst euch gegenseitig das felsenfeste Versprechen geben, dass es keine strafenden Konsequenzen für Ehrlichkeit gibt. Das gilt für private Co-Creation genauso wie für berufliche. Wenn sich deine Mitarbeiter*innen endlich mal aus der Deckung wagen und vielleicht deinen Führungsstil kritisieren, musst du die Größe aufbringen, dies anzuerkennen und nicht zurückzuschießen. Natürlich wirst du manchmal Dinge hören, die dich triggern. Es ist wichtig, auch das wiederum ehrlich anzusprechen: »Ich danke dir für deine Offenheit. Das weiß ich zu schätzen. Und auch ich möchte ehrlich mit dir sein. Deine Worte haben mich getriggert. Ich fühle Angst und Enttäuschung.«

Hier ein Beispiel, das sicher viele Paare kennen. Insbesondere wenn man schon sehr lange zusammen ist, kann es vorkommen, dass einer der Partner (meist ist es der Mann) beginnt, sexuelle Fantasien in Bezug auf andere Frauen zu haben. Auch mir ging es so und ich habe mich eine ganze Weile gewunden, bei Andrea mit diesem Thema rauszurücken. Doch da Ehrlichkeit einer der Topwerte unserer Beziehung ist, habe ich ihr irgendwann gebeichtet, welche Filme besonders im Frühling manchmal in meinem Stammhirn abliefen. Natürlich war Andrea nicht begeistert. Sie kommunizierte mir offen ihren Schmerz und ihre Angst. Doch sie griff mich nicht an. Und sie verurteilte mich nicht. In der zweiten Runde konnten wir dann bereits genauer über die Natur dieser Fantasien sprechen. Andrea wollte mehr darüber erfahren, um mich besser verstehen zu können. Der coolste Move von ihr war dann, mich am nächsten Tag in einem Café einzuladen, ihr direkt zu zeigen, welche Frauen mein Brain denn anturnen. Nach der ersten Beklemmung hatten wir eine Menge Spaß, denn auch sie nahm mich mit in ihre Welt und zeigte mir, welche Männer sie anturnen. Ihr souveräner Umgang mit meiner Ehrlichkeit auf diesem Gebiet ist sicher einer der Gründe, warum ich seitdem nie in Versuchung gekommen bin, unterdrückte Lüste in heimlichen Affären auszuleben.

 Viele Gedanken bekommen erst Macht, wenn wir sie nicht offenbaren. Ein wahrhaft offener, vertrauensvoller Raum entspannt das Gehirn.

Nichts stärkt eine Beziehung mehr als ein offener, vertrauensvoller Raum. Haltet die Spannung aus. Heißt auch unangenehme Gefühle willkommen. Es ist immer das Ego, das unter Wahrheit leidet. Die Seele blüht auf.

Reflexion

- *Achte einmal darauf, wie oft du dich in deinen Aussagen auf fremde Baustellen verirrst. Was schätzt du, wie viel Prozent deiner bisherigen Kommunikation waren invasive Wahrheiten?*
- *Wie wäre es, wenn du einmal ausprobierst, eine ganze Woche nur präzise wahr zu kommunizieren?*
- *Welche Menschen in deinem Umfeld versuchen manchmal, dir ihre Wahrheiten aufzudrücken? Sind sie dir wichtig? Dann lies ihnen dieses Kapitel vor. Lade sie ein, mit dir gemeinsam zu lernen, wahrhaftig zu sprechen.*
- *Du hast »unverbesserliche« Mitmenschen in deinem Umfeld, die sich diesbezüglich nicht verändern wollen? Dann übe es, ihnen mitfühlend und wach zu lauschen und ihre invasiven Wahrheiten innerlich als das zu erkennen, was sie sind, und sie einfach nicht mehr anzunehmen.*
- *Beobachte, wie oft du im Internet Informationen glaubst oder sogar weitergibst, weil sie sich richtig anfühlen, ohne die genaue Faktenlage zu kennen.*

SÄULE 4: WERTSCHÄTZUNG

These: Wertschätzende Kommunikation ist der seelische Superdünger jeder Beziehung.

Nachdem wir uns ausgiebig mit Wahrhaftigkeit beschäftigt haben, lernen wir nun, das Schwert der Wahrheit in Milde zu führen. Denn auch Wahrheit kann verletzen. Nämlich immer dann, wenn sie ohne Herz ausgesprochen wird.

 **Wertschätzende Kommunikation ist pure Magie. Das Wirkungsprinzip dahinter ist logisch und einfach: Menschen sind Bewusstsein. Dieses zeigt und entfaltet sich, wenn es anerkannt wird. Und es verschließt sich, wenn es missachtet wird.**

Vor vielen Jahren war bei uns ein Neuseeländer zu Gast. John war ein Weltenbummler, den wir für etwa einen Monat in unserem Haus übernachten ließen. Nach einer Woche fiel mir auf, dass ihn jeder, der zu uns kam, ehrlich mochte. Alle waren regelrecht begeistert von ihm. Ich fragte mich: Wie stellt er das an? Was ist sein geheimer Zauber? Dann bemerkte ich, dass er jede Person, der er begegnete, ausgesprochen wertschätzend betrachtete und dies auch offen kommunizierte. Das war keine Masche. Er schenkte jedem ein aufrichtig gemeintes Kompliment. Das stimmte mich nachdenklich. Denn ich war zum damaligen Zeitpunkt immer noch stolz auf meine Fähigkeit, Ehrlichkeit ungeschönt und manchmal auch sehr ruppig auszudrücken. Rückblickend ist mir das peinlich, doch damals dachte ich tatsächlich, ich tue anderen einen Gefallen, wenn ich sie ungefragt mit ihren Fehlern und Schwächen konfrontiere. Nachdem ich John kennengelernt hatte, wusste ich: Das war nicht nur nervig für meine Mitmenschen. Es war auch kontraproduktiv. Sie blühten nicht auf, sondern begegneten mir eher in einer Habachthaltung. Wir Menschen lernen wesentlich leichter und freudvoller, wenn wir wertgeschätzt werden.

Selbstachtung ist für uns als soziale Wesen entscheidend. Deshalb suchen wir in jeder Kommunikation unbewusst nach Zeichen der Bestätigung. Wenn sie kommt und wir spüren, dass sie auch ehrlich gemeint ist, fühlen wir uns sicher. Wir entspannen und öffnen uns. Wertschätzende Kommunikation zahlt direkt auf das Beziehungskonto ein. Dieses treffende Konzept fand ich bei Stephen Covey.[21] Es leuchtete mir sofort ein. Du verfügst mit jedem Menschen, mit dem du in Beziehung stehst, über ein unsichtbares Konto. Ist es gefüllt, kann eure Verbindung auch mal einen Stresstest in Form eines

Streits, einer ehrlichen Ansage oder einer Enttäuschung bestehen. Ist das Konto nur dürftig gefüllt oder vielleicht sogar im Minus, reichen Kleinigkeiten aus, um das Fass zum Überlaufen zu bringen. Wir gehen dann bei jedem winzigen Anlass in den Rückzug oder den Angriff. Falls du in bestimmten Beziehungen oft Frust oder Unsicherheit erfährst, ist wahrscheinlich der Dispokredit eures Beziehungskontos erschöpft. Das gilt privat und beruflich, individuell und gesellschaftlich. So haben die drei strapaziösen Corona-Jahre nicht nur das Beziehungskonto zwischen vielen Freund*innen ausgezehrt, sondern auch das zwischen ganzen Bevölkerungsgruppen und zwischen dem Volk und der Regierung. Anstatt in so einer gewaltigen Krise gemeinsam an einem Strang zu ziehen, haben wir unsere Energien in Misstrauen und Schuldzuweisungen verschlissen.

Das führt uns konsequent zu der Frage: Was zahlt denn auf ein Beziehungskonto ein und wann findet eine Abhebung statt?

1. Geistige Nähe. Je mehr Themen und Werte wir miteinander teilen, desto stärker wird unser Bund.

2. Offenes Lauschen. Wenn du einem anderen Menschen aufrichtig zuhörst, wie wir es weiter oben besprochen haben, zahlt das ein. Aneinander vorbeizureden, nur über dich zu sprechen und den anderen zu unterbrechen, kostet.

3. Transparenz und Ehrlichkeit. Lügen und Verschleierungen heben ab. Ehrlichkeit und präzise Wahrheit zahlen ein.

4. Zuverlässigkeit. Wenn dein Gegenüber erlebt, dass es sich auf dein Wort verlassen kann, stärkt das euer Konto. Jeder Bruch einer Vereinbarung (und das fängt bei Pünktlichkeit an), kreiert Schulden.

5. Gute Momente. Unser Gehirn merkt sich sehr genau, mit wem es viele gute Augenblicke verbringt, in denen du Freude, Abwechslung, Nähe, Humor, Sinnlichkeit … erfährst. Solche Zeiten bauen ein Konto massiv auf. Fehlen sie, schmilzt das Guthaben von allein.

6. Unterstützung. Benutzen wir unser Gegenüber lediglich für unsere egoistischen Zwecke oder unterstützen wir es proaktiv

(nicht erst, wenn wir gefragt werden) in seiner Erfüllung? Nichts schwächt euer Konto mehr als Desinteresse an deinem Gegenüber oder sogar die Sabotage seiner Selbstverwirklichung.

7. Freundlichkeit und Wertschätzung sind die tägliche Sonne eurer Beziehung. Nimmst du sie zu selbstverständlich, sind sie eines Tages weg. Ständiges Meckern, Vorwürfe und Undankbarkeit sind schleichende Beziehungskiller.

Reflexion

Welche deiner Beziehungen erlebst du gerade eher im Minus? Wende die Liste auf diese Beziehung an. Welches Element habt ihr vernachlässigt?

Andrea und mir hat dieses einfache Konzept des Beziehungskontos oft den A… gerettet. Wir haben beide einen hohen Anspruch an uns selbst und den jeweils anderen. Prinzipiell ist das auch cool, denn es sorgt (wenn das Beziehungskonto gefüllt ist) für eine intensive Entwicklungsdynamik. Das muss nicht für jeden passen. Wir wollen das so. Jedoch haben wir es eben häufig auch übertrieben. Besonders ich war oft zu kritisch. Die Freude ging verloren. Andrea fühlte sich nicht mehr willkommen und zog sich zurück. In solchen Zeiten stritten wir immer heftiger. Als wir diesen Zusammenhang erkannten, richteten wir Schon- und Aufbauwochen ein, in denen folgende Regeln galten:

- 23,5 Stunden am Tag wird nur wertschätzend, dankbar und freundlich kommuniziert. In dieser Zeit ist keine Kritik erlaubt. Doch es dürfen Wünsche geäußert werden.
- Falls der Bedarf besteht, können wir einmal am Tag für maximal eine halbe Stunde zusammenkommen, um jeweils 15 Minuten über das zu sprechen, was uns stört. Der oder die andere hört während dieser 15 Minuten nur zu.
- Wir achten darauf, in dieser Woche möglichst viele positive Momente miteinander zu erschaffen.

Wie viele Liebesbeziehungen verkümmern völlig sinnlos, weil das Beziehungskonto der Liebenden durch Alltag und Unachtsamkeit langsam aufgezehrt wird? Wie viele Angestellte wechseln unnötigerweise ihren Arbeitgeber, weil sie sich nicht genug gesehen fühlen? Wie viele Möglichkeiten, die Bevölkerung für notwendige Reformen zu begeistern, verpasst unsere Regierung, weil sie oft herzlos, bürokratisch oder sogar uninteger kommuniziert? Wertschätzung ist eine so einfache und schnell wirkende Medizin. Bevor ihr euch trennt, gebt euch noch einmal eine Chance und baut für eine klar umrissene Zeit euer Beziehungskonto auf. Wertschätzung ist ein wahrer Beziehungsbooster.

Hast du schon mal vom sogenannten Pygmalion-Effekt gehört? Der Name kommt von der mythologischen Figur Pygmalion. Er beschreibt die psychologische Wirkung, dass, wenn wir an einen Menschen und seine Leistung glauben, dieser diese vorweggenommene Einschätzung höchstwahrscheinlich bestätigen wird. Dies wurde durch den Psychologen Robert Rosenthal und die Grundschulrektorin Lenore Jacobson in einem Experiment bestätigt. Sie wiesen nach, dass eine Lehrkraft, die von der Begabung ihrer Schüler*innen überzeugt ist, diese so fördert, dass sie am Ende auch tatsächlich ihre Leistungen steigern.[22] Die meisten Eltern können dies sicher bestätigen. Wenn wir fest an unsere Kids glauben und ihnen das zeigen, entwickeln sie sich selbstbewusster und erfolgreicher.

 Erfolglose Kommunikation greift den Wert eines Menschen an. Co-creative Kommunikation bestätigt den Wert eines Menschen.

Ist das nicht wunderbar? Du hast die Power, mit deiner wertschätzenden Kommunikation den Selbstwert eines jeden Menschen anzuheben, der dir begegnet – den deiner Liebsten, den deiner Kolleg*innen, den der Person an der Kasse im Supermarkt … Du kannst der Dünger für ihr Erblühen sein. Wie machst du das konkret? Wertschätzung wirkt auf vier Ebenen:

133

1. Auf der Ebene der Person. Ich wertschätze dich für die Person, die du bist. Ich erkenne dich für bestimmte Aspekte deines Seins an. Das können Charaktereigenschaften sein, aber genauso gut deine wunderschönen Augen oder die Art, wie du dich kleidest.
2. Auf der Ebene der Leistung. Ich lobe dich für das, was du getan hast, etwa: »Ich finde, du hast das großartig gemacht. Das macht einen echten Unterschied. Ich danke dir dafür.«
3. Auf der Ebene der Werte. Ich erkenne deine persönlichen Werte an, ohne sie zu bewerten, etwa: »Ich respektiere deinen Wert der Gleichberechtigung und wie du dich dafür einsetzt.«
4. Auf der Ebene der Bedürfnisse. Ich respektiere deine Bedürfnisse, ohne zu urteilen, etwa: »Ich erkenne dein Bedürfnis nach Freiheit an. Du hast das Recht, dich für seine Erfüllung einzusetzen. Ich wünsche dir, dass dein Bedürfnis erfüllt wird.«

Übung: Sei von Herzen wertschätzend

Wer auch immer dir in der kommenden Woche begegnet, finde mindestens einen Aspekt, wie du diesem Menschen deine Wertschätzung entgegenbringst. Das darf nicht gekünstelt wirken. Es muss von Herzen kommen. Du wirst erstaunt über die Wirkung sein.

Du aktivierst mit diesem Experiment ein bedeutsames Prinzip der Verhaltenstherapie. Menschen, aber auch ganze Systeme entwickeln sich in die Richtung, in der sie die meiste Anerkennung erhalten. Wenn dein Kind merkt, dass es von dir nur dann gesehen wird, wenn es Bockmist verzapft, wird es mehr davon kreieren. Wenn dein Mann nur dann deine volle Aufmerksamkeit bekommt, wenn er wieder die Socken rumliegen lässt, darfst du dreimal raten, was passiert. Eine Mitarbeiterin, die ständig kritisiert wird, wird noch mehr Fehler produzieren. Das ist so offensichtlich. Du verstehst nun, warum das so ist, und kannst das Prinzip konstruktiv nutzen.

Reflexion

o *Wie kommunizierst du mit dir selbst? Überwiegend kritisch oder wohlwollend?*
o *Wie siehst du deine Mitmenschen? Eher in ihrer Unvollkommenheit oder als Wunder?*
o *Wie oft am Tag drückst du einer anderen Person deine Wertschätzung aus?*

SÄULE 5: DEINE KLARE ABSICHT

These: Das klarste Element in einem System übernimmt die Führung.

Warum enden so viele Beziehungen, die in Freude beginnen, in Trennung und Streit? Warum gibt es so viele einsame Menschen, obwohl wir uns alle nach erfüllten Beziehungen sehnen? Warum führen wir Kriege, obwohl wir alle glücklich sein wollen? Sind wir dumm? Oder verrückt? Oder existiert in uns eine Kraft, die klarer in ihrem Drang nach Leiden ist als in ihrem Wunsch nach Glück?

Die Kybernetik befasst sich mit der Steuerung und Regelung von Systemen. Klarheit spielt eine wichtige Rolle bei der Kommunikation und Umsetzung von Informationen innerhalb dieser Systeme. Je klarer ein Element oder eine Regel innerhalb eines kybernetischen Systems definiert ist, desto größer wird sein Einfluss auf das System sein. Das bedeutet: Solange sich menschliche Systeme streiten, sind die streitenden Kräfte offenbar klarer als die vereinenden. Doch welche Kraft in uns sollte an Konflikt interessiert sein? Du ahnst es sicher schon. Es ist das vielgerühmte Ego.

Bevor wir untersuchen, wie du verhindern kannst, dass dein Ego die Erfolge eurer Co-Creation vereitelt, sollten wir es zunächst genauer definieren. Denn wir hacken gern auf ihm rum und geben ihm an allem die Schuld. Doch kaum ein Mensch nimmt sich die Zeit, es einmal in Ruhe zu untersuchen. Glaub mir, es lohnt sich. Danach wirst du verstehen, warum du manchmal Dinge tust, die dein Glück so offensichtlich sabotieren. Und du wirst wissen, wie du die noch klarere Kraft deiner Seele zu Hilfe holen kannst. Also, hier kommt ein Crashkurs ...

Wer oder was ist das Ego?

 Vorab die beste Information: Du *bist* nicht dein Ego. Du *hast* es.

Ein Part deines wesentlich größeren, freien und formlosen Bewusstseins hat eine Ich-Identität aufgebaut, damit du in diesem manchmal verwirrend komplexen Spiel des Lebens einen Bezugspunkt für deine Erfahrungen hast. Ein Baby hat noch kein Ego. Es hat Instinkte. Es schreit, wenn es Hunger hat. Es grinst, wenn es satt ist. Das Baby interpretiert seine Erfahrungen noch nicht durch die Linse eines bewussten *Ichs*. Das Ich-Bewusstsein entwickelt sich bei Kleinkindern typischerweise im Alter zwischen eineinhalb und drei Jahren. Es bezieht sich auf die Fähigkeit eines Kindes, sich als eine eigenständige Person, getrennt von anderen, zu erkennen. Um dieses erste, einfache Ich-Bewusstsein herum baut der Verstand des Kindes die eigene Identität, untermauert durch Vorstellungen, Gedanken, Gefühle und Absichten auf. Im weiteren Verlauf der Kindheit wird das Ich-Bewusstsein komplexer und differenzierter.

Wenn du das Ego verstehen willst, darfst du dich nicht von seinen vielfältigen Tricks ablenken lassen. Seine ganze Geschichte begann mit einem Gedanken: Hier bin *ich* und da sind die *anderen*. Das Ego gaukelt uns ein komplexes Drama vor. Doch wenn wir es genau betrachten, stellen wir fest: Es ist ein sich wiederholendes Programm aus immer wieder denselben Denk-, Fühl- und Verhaltensalgorithmen. Das ist ganz schön ernüchternd.

Was ist die zentrale Aufgabe dieses Programms? Der wichtigste Job des Egos ist es, unser Fleischklöpschen (den Körper) tunlichst sicher und angenehm durch das Leben zu bringen und in den Bereichen Überleben, Anerkennung und Fortpflanzung eine möglichst hohe Punktzahl zu erzielen. Dagegen ist nichts einzuwenden, denn wir brauchen unseren Körper, um in dieser Dimension überhaupt mitspielen zu können. Wir sehen also: Dein Ego-Programm ist nicht das Problem.

Wenn deine Persönlichkeitsentwicklung organisch verläuft, reift und verfeinert sich dein Ego, bis es am Zenit seiner Individualisierung angekommen ist. Bis hierher hast du entweder genug Enttäuschungen erfahren oder bemerkt, dass dich auch deine Erfolge nicht auf Dauer erfüllen. Du hast das Spiel deines Egos ausgereizt und beginnst dich zu fragen: War es das oder gibt es noch etwas anderes? Wenn du Pech hast, lässt dich das Spiel noch nicht los. Du musst noch eine Runde drehen: noch mehr arbeiten, noch mehr Sex haben, Schönheits-OPs machen lassen und vielleicht Drogen konsumieren. Manche müssen das Ego-Fahrzeug voll gegen die Wand fahren und erst alles verlieren, um dann endlich Zugang zu ihrer Seele zu gewinnen. Eine der besten Erklärungen dieser Reise liefert das Wertemodell von Richard Barrett.[23] Er unterscheidet zwischen sieben Entwicklungsstufen. Auf den ersten drei Stufen geht es ganz klar um unser Selbstinteresse: Überleben, Beziehungen, Selbstwert. Hier hat das Ego das Sagen und das ist gut so. Viele Menschen bleiben jedoch hier stehen und versuchen besessen, noch mehr aus dem Programm herauszuholen. Wenn dich die Gnade küsst, realisierst du nicht erst am Ende, sondern mitten im Spiel: Dein Ego kann zwar für die Bedürfnisse deines Fleischklößchens sorgen, aber es kann *dich* nicht glücklich machen. Das hat einen einfachen Grund: Weil du nicht dein Ego bist. So meldet sich auf der vierten Stufe – meist in der Mitte des Lebens (bei den jüngeren Generationen oft früher) – deine Seele und bittet dich, die Führung übernehmen zu dürfen. Wenn du es dir gestattest, wirst du dich nun in den weiteren drei Stufen noch einmal intensiver mit deiner wahren Berufung auseinandersetzen. Und wenn du sie gefunden hast, wirst du nach gleichgesinnten Weggefährt*innen für eine freudige Co-Creation suchen. Aber eben nicht mehr aus dem Mangel oder aus Gier heraus, sondern aus der Fülle und einem klaren inneren Ruf. Hier noch einmal die Unterschiede zwischen Ego und Seele:

Ego	**Seele**
Das Ego basiert auf Trennung.	*Die Seele ist mit allem verbunden.*
Das Ego identifiziert sich mit Widerstand.	*Die Seele dehnt sich im Fluss des Lebens aus.*
Das Ego will recht haben.	*Die Seele will glücklich sein.*
Das Ego braucht immer wieder neue Probleme, um sich getrennt fühlen zu können.	*Die Seele erfreut sich an Lösungen.*
Dem Ego fehlt immer irgendetwas, deshalb will es stets noch mehr.	*Die Seele ist Fülle pur, darum will sie sich verschenken.*
Das Ego glaubt, durch Teilen zu verlieren.	*Die Seele vermehrt durch Teilung.*
Das Ego kann bestenfalls kooperieren.	*Die Seele ist die Meisterin der Co-Creation.*

Nun wird auch ersichtlich, warum das Ego kein aufrichtiges Interesse an Co-Creation hat. Es ist ein Spiel, das es nicht beherrscht. Es hat keinen Zugang zu wahrer Co-Creation. Denn der Eintritt kostet alles, worauf es seine Identität aufbaut: Trennung, Drama, Wichtigtuerei. Viele Teams und Paare scheitern nicht an einem realen Hindernis, sondern an einer unklaren Absicht. Wenn wir nicht exakt wissen, was wir wollen, übernehmen die beteiligten Egos die Führung. Denen ist immer klar, was sie wollen: recht haben. Und Rechthaben ist das Gegenteil von Co-Creation.

Willst du recht haben oder glücklich sein?

Die kristallklare Absicht ist dein Schlüssel zur Co-Creation. Sie entspannt dein kleines, wichtigtuerisches Ego und ermöglicht es deiner Seele, mit dem gegenwärtigen Moment und deiner gesamten Umgebung zu co-creieren.

Co-Creation funktioniert zwischen Seelen, die sich darauf konzentrieren, Lösungen zu finden, die alle glücklich machen.

Das klarste Element in einem System übernimmt die Führung. Wenn du nichts von der Dimension deiner Seele weißt und sie nicht bewusst durch deine Absicht einlädst, wird das Wollen deines Egos stärker sein. Es wird sich durchsetzen. Es wird sich mit den anderen anlegen. Es wird auf seinen begrenzten Ideen beharren. Es wird, obwohl es etwas anderes behauptet, das nächste Problem kreieren.

Wenn sich deine inneren Wächter einmischen

Wir müssen uns darüber im Klaren sein, dass wirkliche Co-Creation für die meisten von uns bedeutet, weit aus ihrer Komfortzone herauszutreten. Wir werden uns ehrlicher zeigen. Wir werden sichtbarer sein. Wir werden mehr Freude und Nähe erfahren. Doch sicher werden wir uns auch manchmal verletzlich oder unsicher fühlen. In solchen Momenten treten gern unsere inneren Wächter auf den Plan. Sie fahren Schutzmauern hoch. Sie blasen zum Rückzug oder zum Angriff. Da Co-Creation uns in unbekannte Terrains menschlicher Beziehungen führt, halte ich es für wichtig, die Wirkmechanismen der alten Wächter zu verstehen. Sie meinen es gut. Doch wenn wir nicht klar in unserer Absicht sind, übernehmen sie die Führung und sperren uns für immer in den Grenzen unserer Vergangenheit ein.

Die Wächter sitzen in deinem limbischen Gehirn und heißen mit Spitznamen Alarm, Archivar und Scanner oder, um sie bei ihren anatomischen Namen zu nennen: Amygdala, Hippocampus und Thalamus. Die Amygdala ist nicht größer als ein Mandelkern. Ihre Aufgabe besteht darin, dich vor Gefahr zu beschützen. Das tut sie, indem sie negative und gefährliche Erfahrungen, die du machst, mit einem emotionalen Marker versieht. Du fasst als kleines Kind auf die heiße Herdplatte und verbrennst dir die Hand. Damit du dir das merkst, wird die Erinnerung daran mit einem unangenehmen Gefühl gekoppelt und nun im

Archiv, deinem Hippocampus, gespeichert. Der Thalamus wiederum arbeitet wie ein Wachposten. Er scannt deine Umgebung ständig nach auch nur ansatzweise ähnlichen Situationen ab. Ortet er eine Herdplatte, die heiß sein könnte, wird die Erinnerung aus dem Hippocampus wachgerufen und die Amygdala sendet ein Warnsignal aus. Da dies in den meisten Gefahrenmomenten blitzschnell gehen muss, leistet sich dein Gehirn nicht den Luxus, zuerst darüber nachzudenken. Es sendet dir – wesentlich schneller als Gedanken – Emotionen, die dich bewegen. Das kann Vorsicht bis Panik, in anderen Fällen auch Schmerz oder Wut sein. Ziel ist es, dich davon abzuhalten, dir noch einmal wehzutun. Dieser brillante Mechanismus hat unser Überleben als Spezies gesichert und unsere Evolution vorangetrieben. Ich denke, wir sind uns einig: Es macht Sinn, nur einmal auf eine heiße Herdplatte zu fassen.

Allerdings birgt dieses Warnsystem auch einige Tücken. Zum einen sucht der Thalamus, um auf Nummer sicher zu gehen, nicht nur nach exakt denselben Situationen. Er schlägt auch bei Ähnlichkeit an. Stell dir vor, du hast als Kind in einem Moment großer Offenheit Verrat oder Missbrauch erlebt. Für dich war dies damals ein existenziell bedrohliches Ereignis. Es ist gut und richtig, dass dein Unterbewusstsein damals den Entschluss fasste: »Das passiert uns nie wieder!« Also sucht dein Thalamus seitdem deine Beziehungen nach Situationen ab, in denen du dich »zu sehr« öffnest. Solche Situationen findet er zum Beispiel im nächsten Verliebtsein oder in einer besonders ehrlichen Runde von Co-Creation. Der Wächter gibt der Amygdala Bescheid. Diese wiederum sendet dir Rückzugssignale in Form von Vorsicht oder sogar Angst. Diese Gefühle wiederum versetzen den Thalamus in erhöhte Alarmbereitschaft. Du bekommst einen Tunnelblick, weil du nun verstärkt auf Beweise für einen möglichen Verrat achtest. Du ziehst dich innerlich zurück. Dein Gegenüber bemerkt dies, kann dein Verhalten aber nicht deuten. Es reagiert irritiert. Vielleicht triggert dein Rückzug wiederum eine alte Verlassenswunde bei ihm. Seine Amygdala schlägt an, Schmerz und Wut brechen sich Bahn. Das wiederum bestätigt dein Warnsystem, dass die Gefahr echt war. Du wirst Opfer einer sich selbst erfüllenden Prophezeiung. Du schützt dich, indem du die Beziehung beendest. Für den Moment scheint die Gefahr gebannt. Tragisch ist dabei nur, dass du ein altes Drama noch einmal in neuer Kulisse durchgespielt hast, ohne etwas zu lösen. Im Gegenteil. Mit jeder Wiederholung wird das Muster mächtiger.

Das zweite Problem unserer inneren Wächter ist, dass ihre Antennen Gefahren etwa siebenmal stärker wahrnehmen als positive Chancen. Auch das hat evolutionär gesehen lange Zeit Sinn gemacht. Den Säbelzahntiger frühzeitig zu entdecken, war definitiv wichtiger, als sich über die Blümchen auf der Wiese zu freuen. Die Medien haben dies vor langer Zeit erkannt und nutzen es schamlos aus. Achte einmal auf das Verhältnis von guten und schlechten Nachrichten in den meisten Zeitungen. Auch Youtube oder Facebook belohnen mit ihren Algorithmen Skandale, Beleidigungen oder Verschwörungsgeschichten mit mehr Reichweite.

Das dritte Problem ist der Archivar (der Hippocampus), der uns in Triggersituationen mit alten, negativen Erinnerungen überflutet und so unseren Tunnelblick massiv verstärkt. Vielleicht ist dir schon mal aufgefallen, dass du dich in heftigen Streits sehr lebendig an alle vergangenen Enttäuschungen erinnern kannst und dich dabei ein Gefühl großer Hoffnungslosigkeit überkommt. Kein Wunder. Du bekommst gerade von deinem Hippocampus alle bestätigenden Ereignisse der Vergangenheit vorgelegt.

Welche Relevanz besitzt dies für unser Experiment Co-Creation? Wir sollten uns bewusst sein, dass die meisten Menschen nicht vollkommen heil mit uns in Beziehung treten, sondern ihr eigenes Päckchen an Verletzungen mit sich bringen. Kooperative Beziehungen versuchen die Berührung dieser Wunden oft durch relativ starre Routinen und Regeln zu vermeiden. Co-Creation setzt wesentlich mehr Lebenskraft frei. Wir kommen hinter unserer Deckung hervor und lassen uns wieder richtig aufeinander ein. Genau das bringt diesen Boost an Nähe, Kreativität und Freude, nach dem wir uns alle sehnen. Doch die Öffnung kann alte Wunden berühren.

Ich empfehle dir nicht, von nun an angestrengt darauf zu warten. Doch du verstehst jetzt, dass es besonders dann, wenn es mal knallt oder wehtut, wichtig ist, euch auf eure wahre Absicht zu konzentrieren und nicht auf das alte Drama hereinzufallen. Du weißt jetzt, dass das, was du in so einem Triggermoment denkst und fühlst, höchstwahrscheinlich nicht die Wirklichkeit eurer Beziehung widerspiegelt, sondern ein Echo deiner Vergangenheit ist. Gerade wenn die Emotionen hochkochen, ist es wichtig, dich daran zu erinnern, wofür ihr zusammengekommen seid. Ich hoffe auch, dass du jetzt verstehst, warum es bedeutsam ist, dich bewusst auf die positiven Nachrichten eurer Beziehung zu konzentrieren. Negative Informationen bleiben siebenmal stärker hängen. Gewöhne es dir also an, mindestens 80 Prozent deiner Zeit über das zu sprechen, was gut läuft und was du schön an der anderen Person oder an der Beziehung findest.

Triff (immer wieder) bewusst eine Wahl

Ist dir schon mal aufgefallen, dass du, wenn du nicht gut aufpasst, sowohl privat als auch beruflich immer wieder in ähnlichen Beziehungskonstellationen landest? Wenn wir das bisher Besprochene darauf anwenden, wird auch klar, warum. Co-Reaktion erschafft nichts Neues, sondern wiederholt heute das Gestern mit leichten Abweichungen. Und täglich grüßt das Murmeltier.

Co-creierende Menschen konzentrieren sich deshalb immer wieder neu auf ihre gemeinsame Vision und sind bereit, sich dafür zu verändern. Sie sehen jede Begegnung als einen neuen Start. Sie achten darauf, präsent zu sein und nicht auf die alten Gespenster hereinzufallen. Co-Creation bedeutet, einen der mächtigsten schöpferischen Hebel zu nutzen, der dir anvertraut wurde: deine Wahl.

Unser Gehirn ist in gewisser Weise ein paradoxes Schöpfungsorgan. Auf der einen Seite ist es neugierig und sehr daran interessiert, die bestehenden Grenzen infrage zu stellen. Auf der anderen Seite spart es gern Energie und liebt deshalb den Status quo. Wir treffen die Wahl, welche Seite dominiert. Jeden Morgen wieder. Sobald du aufstehst, will dein Gehirn von dir wissen: Was läuft heute? Worum soll es gehen?

Wenn du es nicht mit einer klaren, frischen Absicht fütterst, greift es auf deine gewohnten Koordinaten zurück. Es erschafft dann heute eine Kopie von gestern mit leichten Variationen. Ich nenne dies den Schöpfungsmodus der reaktiven Wiederkäuer. Wir verdauen über Nacht die Wirklichkeit von gestern und rülpsen sie am nächsten Morgen wieder aus. Vorteil: Du erlebst keine großen Überraschungen und du sparst Energie. Nachteil: Es ist auf Dauer langweilig und du verblödest schleichend. Ich weiß, dass klingt nicht nett. Soll es auch nicht. Es ist nun mal so. Wenn dein Gehirn nicht gefordert wird, bildet sich der Grad der Vernetzung deiner Neuronen langsam zurück. Du wirst weniger kreativ und weniger flexibel. Denk mal drüber nach.

 **Um den stetigen Wiederholungsloop deiner Vergangenheit zu verhindern, musst du einen mächtigen geistigen Mechanismus aktivieren: deine Fähigkeit, bewusst etwas Neues zu wählen.**

Erinnerst du dich an das letzte Mal, als du etwas Neues gelernt oder getan hast? An die Aufregung währenddessen und die Freude danach? Genau das fühlen wir, wenn wir unserem Gehirn gestatten, neue Nervenbahnen auszuprobieren. Das Beste daran: Diese Fähigkeit, die sogenannte Neuroplastizität, besitzt du bis ins hohe Alter. Du bist in der Lage, immer wieder neue Impulse für dich und deine Beziehungen zu setzen. Das tust du, indem du bewusst wählst, was du heute für dich und euer Wir willst. Deine Wahl lässt sich nicht von deinen vergangenen Erfahrungen einschüchtern. Sie kommt von dem Punkt: *Heute ist ein neuer Tag. Ich lasse mein Gestern bewusst los. Ich wähle heute neu. Heute ist nicht das Ende meiner Möglichkeiten, sondern der Beginn. Ich muss auch noch nicht wissen, wie ich dieses Ziel erreichen kann. Denn jenseits meines Wissens warten Tausende von neuen Erkenntnissen, Methoden und Lösungswegen auf mich. Ich lasse meine Wahl auch nicht durch mein eigenes*

Selbstbild beschränken. Wer ich bis gestern war, sagt nichts darüber aus, wer ich heute sein kann. Ich bin ein lebendiger Prozess. Ich stecke voller Überraschungen und habe großes, noch schlummerndes Potenzial. Ich bin bereit, mich zu entdecken und über mich zu staunen. Ich kann dazulernen. Ich kann meine Komfortzone verlassen. Ich kann meine Routinen durchbrechen. Meine Vergangenheit ist vorbei. Ich konzentriere mich jetzt auf meine Absicht.

Co-Creation bringt Menschen zusammen, die bereit sind, immer wieder neu und kühn zu wählen. Eure gemeinsame Wahl erhebt euch aus den Limitierungen der Vergangenheit und schafft heute neue Möglichkeiten. Anstatt euch damit zu langweilen, euch gegenseitig daran zu erinnern, was ihr gestern alles nicht konntet, fragt euch:

- Wenn für mich noch viel mehr möglich ist, wer oder was möchte ich heute sein?
- Welche innere und äußere Grenze möchte ich heute verschieben?
- Wie möchte ich heute in meinen Beziehungen sein?
- An welche Werte will ich heute glauben und wie kann ich das durch meine Handlungen manifestieren?

Nimm es nicht persönlich, wenn nicht sofort alle in deiner Umgebung mitziehen. Die meisten kennen nichts anderes als das Wiederkäuen der alten Realität. Lade sie ein und dann lass los. Schau, wer freudig antwortet. Konzentriere dich auf deine Absicht. Sei selbst ein Leuchtturm der Inspiration und der mutigen Fragen. Trainiere deinen Geist erst einmal für dich, dann gemeinsam mit anderen, am besten täglich in klarer Absicht. Hier kommen einige einfache Übungen dazu, die erstaunliche Wirkung zeigen können.

Übung: Das Anerkennungsspiel

Spielst du dieses wundervolle Spiel regelmäßig, garantiere ich dir einen wahren Quantensprung im freudvollen Erschaffen deiner Wirklichkeit. Das Spiel funktioniert kinderleicht, doch seine Wirkung ist erstaunlich.

Trainiere dein Bewusstsein in klarer Absicht, indem du bewusst Ziele aufstellst, deren Realisierung bereits gesichert ist. Du kannst es in allen Lebenssituationen spielen und damit bereits deinen Morgen beginnen und ihm so einen intelligenten und lebendigen Kick versetzen!

Hier kommt ein Beispielablauf. Du liegst noch im Bett und denkst: »Ich nehme mir jetzt vor, aufzustehen.« Dann stehst du auf und sagst innerlich zu dir: »Wow, ich habe es geschafft! Mein nächstes Ziel ist es, mich anzuziehen … Ja, Wahnsinn, schon wieder erreicht! Ich nehme mir vor, zum Kühlschrank zu gehen und ihn zu öffnen … Wow, ich habe auch das geschafft!«

Spiele das Spiel mindestens zweimal täglich für zehn Minuten. Am Anfang wirst du dir vielleicht albern dabei vorkommen, doch ich garantiere dir: Am Ende der zehn Minuten wirst du trunken vor schöpferischer Ekstase sein.

Es ist lediglich dein begrenzter Verstand, der urteilt und denkt: »Laufen zu können, ist ein geringeres Wunder als 1 Million Euro zu verdienen.« In Wahrheit gibt es zwischen beiden Ergebnissen keinen Unterschied. Als Kind warst du auf alles stolz, was du geschaffen hast. Du hast deine Strichmännchen gemalt und wusstest, dass du gerade etwas Großes vollbringst. Dann hast du die Bewertungen deiner Umwelt übernommen und begonnen, einen Großteil deiner Leistungen wie selbstverständlich auszublenden. Mach dir bitte bewusst:

 Seit deiner Geburt hast du zu 99 Prozent alles erschaffen, was du wolltest: laufen, sprechen, lesen, schreiben, Beziehungen eingehen …

Die meisten Menschen haben gelernt, sich auf das eine Prozent zu konzentrieren, das noch fehlt. Das ist wirklich zu dumm! Jedes Mal, wenn du bewusst ein Ziel aufstellst und es erfüllst, erkenne es auch bewusst an, egal, wie klein es in deinen Augen sein mag. So übermittelst du deinem Unterbewusstsein die Botschaft: »Ich bin ein schöpferisches Wesen, das das manifestiert, was es sich vornimmt.«

Indem du all deine Ergebnisse permanent anerkennst, sendest du deinem Unterbewusstsein eine kontinuierliche, starke Botschaft. Daraufhin kooperiert es mehr mit dir und beginnt, für dich auch »große« Ziele mit Leichtigkeit zu erreichen. Also probiere das Anerkennungsspiel aus. Es wird dir viel Freude bereiten.

Um deine Absicht auch nach außen zu tragen, kann dir das folgende Spiel wertvolle Impulse liefern.

Übung: »Ich bin bereit ...« – Trainiere Absicht

Nimm dir in den kommenden Tagen vor jeder Begegnung eine bis zwei Minuten Zeit. Schließe die Augen und stell dir das Treffen vor. Frage dich: »Wenn alles möglich wäre, was würde ich in diesem Gespräch gern erreichen und wie würde ich mich gern fühlen?« Formuliere dies als eine Absicht. Das kann zum Beispiel so klingen: »Ich bin bereit, während des Frühstücks mit meinem Liebsten Nähe und Freude zu erfahren. Ich möchte diese Zeit wertschätzend und bewusst mit ihm verbringen.« Geh dann wach in die Begegnung. Beobachte, wie sich die Qualität eures Zusammenseins durch diese kleine Übung verändert.

Übung: »Ich will ...« – Trainiere Absicht und Sichtbarkeit

Diese praktische Übung[24] ist powervoll und trainiert dich darin, dich mit deiner wahren Absicht sichtbar zu zeigen. Du kannst sie im ersten Schritt allein vor einem Spiegel durchführen. Doch für den Realitätstest benötigst du mindestens eine*n Partner*in oder auch ein kleines Team. Jeder und jede von euch muss das Gefühl haben, sich ehrlich zeigen zu können. Das ist extrem wichtig. Und so geht's:

1. Sprich mehrere Male laut aus: »Ich will.« Mach dann einige Sekunden Pause und spüre nach. Was für Gedanken und Gefühle tauchen in dir auf?

2. Sprich noch einmal mehrere Male laut aus: »Ich will.« Mach dann wieder einige Sekunden Pause und spüre nach. Was für Gedanken, Gefühle oder Körperreaktionen tauchen in dir auf? Teile dies deiner Partnerin, deinem Partner oder deinem Team mit.

3. Probiere jetzt verschiedene Körperhaltungen und Stimmlagen aus, während du »Ich will« sagst. Sprich mal fordernd, mal jammernd, mal zögernd und mal mit Nachdruck. Was fällt dir auf? Was kommt dir vertraut vor?

4. Gib der anderen Person jetzt einen Gegenstand, der dir etwas bedeutet, in die offene Hand. Das kann deine Uhr sein oder ein Schmuckstück. Konzentriere dich auf den Wert des Gegenstandes für dich. Sprich nun klar aus: »Ich will«, und greife danach. Wie fühlt sich das an? Mach es mehrere Male.

5. Gib dem Gegenstand in der Hand der anderen Person eine symbolische Bedeutung. Lass ihn für etwas stehen, was dir wirklich wichtig ist. Erkläre laut, für was dieser Gegenstand steht, zum Beispiel für Liebe, für 100 000 Euro, für einen Urlaub … Sprich klar aus: »Ich will …« und greife danach. Wie fühlt sich das an? Mach es mehrere Male.

6. Konzentriere dich nun auf eure co-creative Beziehung. Schließe die Augen und frage dich: »Was will ich in dieser Beziehung? Was wünsche ich mir?« Lausche nach innen. Was steigt in dir hoch? Sprich es aus. Achtung! Es geht hier nicht darum, dass die andere Person deinem Wunsch zustimmen muss, sondern darum, dass du lernst, deinen Wunsch klar zu äußern. Sollte einer deiner Wünsche negativ fokussiert sein, versuche ihn noch einmal bewusst positiv zu formulieren. Wenn du mehrere Wünsche hast, sprich sie alle aus.

7. Besprecht, was dir klar geworden ist. Dann tauscht die Rollen.

Deine Absicht für dich leise zu denken ist das eine. Doch du wirst für ihre Erfüllung meist andere Menschen brauchen. Deshalb ist es wichtig zu lernen, klar und selbstbewusst zu wünschen. Die »Ich will«-Übung kann viel Freude bereiten. Der Sinn liegt zum einen darin, zu lernen, deine Wünsche genau zu erfassen und auch klar auszusprechen, und zum anderen, dich darin zu üben, die Wünsche deiner Mitmenschen willkommen zu heißen. Ihr seid nicht verpflichtet, dem anderen Menschen seinen Wunsch zu erfüllen. Der Fokus liegt darauf, die Größe zu entwickeln, ihm die Erfüllung zu gönnen. Du kannst diese Übung spielerisch in deinen Alltag einbauen. Du kannst deine Kids mit einbeziehen oder es mit deinen Kolleg*innen auf Arbeit spielen. Sprich immer wieder spontan, mehrmals am Tag, deine Wünsche laut aus. Sie können sich an dein Gegenüber richten oder auch nicht. Sie können sehr konkret oder eher allgemein sein, zum Beispiel: »Weißt du, was ich mir wünsche? Ich will glücklich sein.« Oder: »Weißt du, was ich mir von dir wünsche? Einen Blumenstrauß.« Wird dir ein solcher Wunsch mitgeteilt, antwortest du bestätigend: »Du wünschst dir, glücklich zu sein. Das ist dein Recht. Danke, dass du deinen Wunsch mit mir teilst.« Oder: »Du wünschst dir von mir einen Blumenstrauß. Das ist dein Recht. Danke, dass du deinen Wunsch mit mir teilst.«

Die Power eurer gemeinsamen Absicht

Es dürfte nun klar geworden sein, wie wesentlich deine klare Absicht für jede Beziehung, für jede Begegnung ist.

 Wenn (zwei) Menschen sich in einem Anliegen verbinden, werden Wunder möglich.[25]

Übung: Formuliere deine Absicht

1. Frage dich: Wenn zwischen euch viel mehr möglich ist als bisher, was wünschst du dir? Was möchtest du durch eure Co-Creation erreichen? Geh darauf ein, was du erkennen, fühlen, erfahren und erschaffen möchtest. Achte auf eine positive Formulierung, also

vermeide die Wörter *nicht, kein* ... Benutze Worte, die dich emotional berühren.

2. Schreibe eine Version dieser Absicht in der Form eines Wunsches, also etwa: »Ich will Freude mit dir erfahren.«

3. Schreibe eine zweite Version dieser Absicht in der Form der Gegenwart, als wenn sie bereits verwirklicht wäre, also zum Beispiel: »Ich erfahre Freude mit dir.«

4. Lies dir beide laut vor. Welche davon fühlt sich für dich powervoller an? Gehe nun mit dieser Absicht auf deine Partnerin, deinen Partner, dein Team zu und teile deine Absicht selbstbewusst mit.

Wenn du Glück hast, deckt sich deine Absicht mit der Absicht des Menschen, den du für diese Reise ausgewählt hast. Häufig wird es allerdings so sein, dass sich eure Wünsche voneinander unterscheiden. Wie vereint ihr das?

Mach dir bewusst: Es ist immer nur das Ego, das sich durch einen anderen Standpunkt bedroht fühlt. Aus seiner egozentrischen Perspektive ist die andere Sicht eine Bedrohung seiner Existenz. Doch in Wahrheit ist eure Verschiedenartigkeit ein Geschenk. Sie stimuliert euer Wachstum und öffnet euch für Möglichkeiten, auf die keine*r von euch allein gekommen wäre. Wir assoziieren mit Kreativität häufig vollständige Neuschöpfungen, doch tatsächlich bedeutet sie die Erschaffung von etwas bisher nicht Vorhandenem durch die neue Kombination bereits vorhandener Elemente. Das heißt, gerade in unserer Verschiedenheit liegt das Geheimnis der Schöpfung. Wir kommen zusammen, um gemeinsam etwas zu kreieren, was so noch nicht da war. Das kann ein Kind sein, eine Erfindung, eine revolutionäre Idee oder eben ein neues Level an Beziehungskultur.

Co-Creation findet statt, wenn ihr eure Verschiedenartigkeit respektiert, ja regelrecht feiert, *und* wenn ihr euch in einer gemeinsamen Absicht miteinander verbindet. Da diese gemeinsame Absicht die Keimzelle eurer Co-Creation ist, muss sie achtsam empfangen und sorgfältig formuliert sein. Sie darf keine faulen Kompromisse enthalten. Alle Beteiligten müssen im Geist und im Herz eine starke Resonanz – ein klares Ja – zu diesem Anliegen spüren.

Was, wenn deine Absicht von denen der anderen abweicht? Wer muss dann verzichten? Diese Frage stammt aus den alten Zeiten der Konkurrenz. In Co-Creation denken wir größer. Deshalb akzeptieren wir keine faulen Kompromisse. In jeder Beziehung kommen wir irgendwann in Situationen, in denen die Beteiligten verschiedene Bedürfnisse haben. Dual gedacht rutschen wir hier schnell in ein Entweder-oder-Denken: Entweder ich verzichte auf meinen Wunsch *oder* mein Gegenüber auf seinen. Entweder die Angestellten setzen sich durch *oder* die Unternehmensführung. Entweder-oder-Denken bringt uns dazu, unseren Wunsch aggressiv durchzusetzen oder ihn vorschnell zu opfern. Natürlich gibt es Alltagssituationen, in denen es uns nicht viel kostet, einen Kompromiss einzugehen, zum Beispiel bei der Wahl, in welchem Restaurant wir heute Abend essen gehen. Doch wenn wir bei wesentlichen Bedürfnissen zu früh aufgeben, schwächen wir nicht nur uns, sondern das gesamte System. Wir nehmen uns die Chance, über die kreative Spannung zwischen unseren unterschiedlichen Begehren auf überraschende Lösungen zu kommen.

In einem co-creativen System werden zuerst einmal beide Wünsche bejaht, denn sie tauchen ja beide zeitgleich im System auf. Deshalb spielen wir sie nicht gegeneinander aus. Wir stellen sie bewusst als Pole in den Raum. Wir lassen uns nicht davon verunsichern, dass wir zunächst keine Lösung für das Rätsel sehen. Denn wir wissen ja, dass unser Verstand immer nur über eine begrenzte Auswahl an Optionen verfügt. Wir gehen bewusst in die Spannung zwischen These und Antithese. Wir sind bereit, alle Gedanken und Gefühle dazu willkommen zu heißen.

 Irgendwo da draußen existiert bereits eine Lösung, die beide Bedürfnisse in einer für alle erfüllenden Synthese vereint.

Diese Lösung findet manchmal durch eine innere Wandlung statt. Ich habe zum Beispiel schon mehrere Male erfahren, wie ein Wunsch sich allein dadurch entspannte, weil er ausgesprochen und respektiert wurde. Doch oft kommen wir auch auf überraschend neue Ideen im Außen.

Übung: Keine faulen Kompromisse

1. Stell dich deiner Partnerin oder deinem Partner gegenüber und sage selbstbewusst: »Ich bin bereit, exakt das zu bekommen, was ich wirklich will. Ich will …« Pause. Spüre nach. Sag es wieder. Sag es so oft, bis es voll in dir ankommt.

2. Jetzt sagt die andere Person: »Du willst …« Sie wiederholt den Wunsch möglichst im gleichen Wortlaut. »Ich will, dass du exakt das bekommst, was du wirklich willst.« Pause. Nachspüren. Auch sie sagt es so oft, bis es voll in ihr ankommt.

3. Tauscht die Rollen und wiederholt die ersten beiden Punkte.

4. Tauscht euch nun über eure Wahrnehmungen aus.

5. Jetzt seht euch noch einmal in die Augen und sagt abwechselnd, im Brustton der Überzeugung: »Ich bin bereit, mit dir gemeinsam eine Lösung zu finden, die dich und mich glücklich macht.« Sagt euch das mehrere Male. Bis ihr beide spürt, dass ihr es auch so meint.

Es geht auch in dieser Übung nicht darum, dass du dafür verantwortlich bist, deinem Gegenüber diesen Wunsch zu erfüllen. Vielleicht wird ihm jemand anderes dabei helfen. Es geht darum, ihm seinen Wunsch zuzugestehen. Ihr müsst an dieser Stelle auch noch nicht wissen, wie die Lösung aussehen wird. Es geht darum, beide Wünsche voll in eurem gemeinsamen Bewusstseinsraum ankommen zu lassen. Lasst das wirken. Kommt später wieder zusammen. Tauscht euch über eure Erkenntnisse aus. Vielleicht hat sich bereits etwas an eurer Einstellung verändert. Überlegt euch, wie eine gemeinsame Absicht lauten müsste, in der jede*r von euch die eigene Absicht wiederfindet.

Wenn es heiße Themen gibt, die ihr im Augenblick noch sehr kontrovers diskutiert, haltet diese in der ersten Erfahrungsrunde eventuell noch raus. Dazu zwei Beispiele:

o Ihr wollt das Essen in eurer Betriebskantine als ein co-creatives Projekt angehen, doch die eine Hälfte von euch sind radikale Veganer*innen, die anderen absolut überzeugte Fleischesser-*innen. Vielleicht sucht ihr euch für den Start ein Thema aus, das nichts mit Essen zu tun hat.

o Ihr wollt als Paar co-creieren. Die heißeste Frage, die bei euch sämtliche Knöpfe drückt, lautet: Monogamie oder Polyamorie? Vielleicht startet ihr mit der Absicht: »Wir verwandeln unsere Beziehung in ein Feld, in dem wir uns beide wohlfühlen und erblühen.«

Es geht nicht darum, die kontroversen Themen zu unterdrücken. Ihr wisst, dass sie auf euch zukommen. Doch zuerst sammelt ihr positiv bestärkende Erfahrungen mit einem unverfänglicheren Thema. Je mehr Vertrauen ihr aufbaut und je mehr Erfolgserlebnisse ihr sammelt, desto anspruchsvoller können eure nächsten Ziele sein.

Wenn wir bewusst zur Co-Creation zusammenkommen, brauchen wir eine kristallklare Absicht, die alle beteiligten Menschen miteinander teilen. Diese Absicht könnte zum Beispiel lauten:

o »Wir kommen in diesem Meeting zusammen, um gemeinsam, zum Wohle aller, die beste Lösung für die Herausforderung X zu empfangen.«

o »Wir kommen zusammen, um gemeinsam mehr Freude, Nähe und Lebendigkeit zu erschaffen.«

o »Wir kommen zusammen, um uns miteinander und gegenseitig in unserer Entwicklung zu fördern und uns gutzutun.«

Achtet darauf, dass eure Absicht positiv formuliert ist. Statt »Wir werden uns in diesem Meeting nicht streiten« wählt ihr die Formulierung: »Wir werden in diesem Meeting einander lauschen und anerkennen, dass wir alle das Beste für unser Unternehmen wollen.« Der Grund: Das Unterbewusstsein übersieht Wörtchen wie »nicht« oder »kein« gern und hört nur das Thema (in dem Fall »Streiten!«). Ich empfehle euch, die folgende Formulierung zudem zu ergänzen: »Wir sind bereit, dafür unsere Egos zu entspannen, aus unserem Herzen zu sprechen und uns für neue Erkenntnisse und positive Veränderungen zu öffnen.« Passt die Wortwahl eurem gewohnten Sprachgebrauch an. Ich empfehle euch, diese Absicht tatsächlich aufzuschreiben und zu Beginn eines co-creativen Meetings auszusprechen. Am Anfang mag das seltsam erscheinen. Solange es noch Neuland ist, aus diesem Raum der Weite zu denken und zu sprechen, werden eure Egos gern dazwischenfunken. Deshalb macht es Sinn, euch immer wieder daran zu erinnern. Macht eure gemeinsame Absicht zum Zentrum eures co-creativen Feldes. Sie vereint eure Kräfte. Sie lädt eure Seelen ein, die Führung zu übernehmen und die Egos zu entspannen. Auch wenn du im Folgenden noch viele Methoden der Co-Creation kennenlernen wirst, vergiss nie: Eure gemeinsame Absicht ist das Alpha und das Omega eures guten Gelingens.

Reflexion

o *In welchen Bereichen deines Lebens bekommst du (noch) nicht das, was du eigentlich willst? Was könnte das über die unbewusste Absicht deines Egos aussagen?*

o *In welchen Situationen erlebst du deine Absicht bereits als klar und auf das ausgerichtet, was du willst?*

o *In welchen Situationen erlebst du deine Absicht als unklar oder eher auf das ausgerichtet, was du nicht willst? Wie kannst du hier Klarheit und Wirksamkeit üben?*

o *Wo und wie erlebst du, dass sich deine Absicht und die deiner Mitmenschen scheinbar widersprechen? Bist du bereit, hier nach einer neuen Synthese zu suchen?*

SÄULE 6: HINGABE

These: In erfolgreicher Kommunikation beeinflussen sich mindestens zwei Elemente gegenseitig. Sie feiern ein Paradox: Sie bringen beide ihre klare Absicht ein und sie geben sich gleichzeitig dem Prozess hin. So gehen sie verändert und bereichert aus der Begegnung heraus.

Du weißt nun, wie wichtig deine klare Absicht für eine erfolgreiche Kommunikation ist. Jetzt kommen wir zum vielleicht schönsten Paradox der Co-Creation. Damit sie ihre Magie entfalten kann, müssen wir unser Wollen loslassen und uns dem Prozess hingeben. Absicht ist nicht dasselbe wie Wollen, auch wenn die Wortwahl eine ähnliche ist. Was sich der Absicht an die Seite stellt und damit einen großen Unterschied zum Wollen des Egos macht, ist die Hingabe. Schauen wir uns das einmal im Detail an.

Das Wollen aus dem Ego heraus

Wollen kommt aus dem Ego. Es ist eine rechthaberische Haltung: »Ich will … und ich will es auf meine Weise!« Das unnachgiebige Wollen des Egos macht uns starr und unberührbar. Es verhindert Co-Creation. Das Ego denkt dual: *Entweder ich boxe meinen Willen durch oder ich gebe auf. Entweder ich gewinne oder ich verliere.* Dieses Wollen ist die Art, wie unser Ego versucht, seine Vorstellung von richtig durchzusetzen. Es ist egozentrisch: *Hier bin ich. Ich habe eine konkrete Idee von dem, was **ich** will, und diese versuche ich nun dem Universum abzutrotzen. Dafür ziehe ich alle Register. Ich strenge mich an. Ich fordere. Ich bettle. Ich manipuliere.* Willensstarke Menschen können dies auch lange Zeit erfolgreich durchziehen, doch auf Dauer ist Ego-Wollen immer anstrengend und führt zwangsläufig zur Enttäuschung. Wollen ist nicht schöpferisch, denn es entspringt den begrenzten Vorstellungen des Egos. Es führt zu Verkrampfung, Erschöpfung und Vereinsamung, denn es isoliert dich vom Gesamtgeschehen. Wenn du schon einmal versucht hast, verbissen deine Vorstellung von Erfolg durchzusetzen, dann weißt du, was ich meine. Die Präsenz eines Menschen, der stets viel will, ist auf Dauer auch für seine Umgebung nicht angenehm, denn die Anspannung überträgt sich. Ich spreche aus Erfahrung. Im Rückblick muss ich mir eingestehen, wie anstrengend ich für meine Familie oft gewesen sein muss. Ego-Wollen verhindert den Flow der Co-Creation.

Hingebungsvolles Wollen

Absicht vereint Fokus und Hingabe in einem lebendigen Paradox. Absichts- und hingebungsvolles Wollen kommt aus der Seele. Es ist die fokussierte und zugleich entspannte Haltung von »Ich will ... und ich bin bereit, dafür dazuzulernen und mich auch verändern zu lassen.« Es schließt unsere Bereitschaft mit ein, uns von unseren Mitmenschen und den Ereignissen berühren zu lassen und uns für das, was wir wirklich wollen, auch zu verändern. Da hingebungsvolles Wollen im Gegensatz zum Ego-Wollen nicht nur den Kopf, sondern unser gesamtes Wesen einbezieht, kann es intellektuell allein nicht verstanden werden. Du musst es kriegen, bis es Klick macht.

Dazu möchte ich dir eine Metapher erzählen: Stell dir einen Fluss vor. Er weiß, kristallklar, dass er zum Meer will. Er will nicht nur zum Meer, es ist seine Bestimmung. Das Wasser in ihm enthält bereits alle Informationen des Meeres und wird deshalb magisch vom Ozean angezogen. Im Grunde genommen ist der Fluss in seinem Wesen bereits da angekommen. Was er nicht weiß, ist, *wie* er dahin kommt. Doch er ist neugierig, flexibel und demütig. Er ist bereit, auf seinem Weg die Form zu wechseln. Manchmal fließt er als kleines Rinnsal, dann wie ein reißender Strom. Er gibt sich hin, lernt dazu, und doch ist er in seiner Absicht, in seinem hingebungsvollen Wollen unbeirrbar. Selbst wenn er auf eine Wüste stößt, gibt er nicht auf, sondern sich hin. Er lässt zu, dass sein Wasser verdampft, in den Himmel aufsteigt, Wolken bildet und dann als Regentropfen in den Ozean fällt. Er opfert für seine Absicht immer wieder seine bekannte Form. Das unterscheidet ihn vom Wollen des Egos. Ego beharrt auf seiner Form und will bockig seinen Willen durchsetzen. Wer anderer Meinung ist, wird als Feind angesehen. Der Fluss legt sich nicht mit den Felsen an. Er co-creiert mit ihnen. Ohne falschen Stolz verändert er Taktik und Form, doch er verrät dabei nie seine wahre Natur. Auf seinem Weg verändert und berührt er Pflanzen, Erde, Menschen. Er ist ein bedeutsamer Mitspieler in der Gesamtsinfonie der Co-Creation.

Kannst du die unwiderstehliche Macht dieses klaren, zu allem entschlossenen hingebungsvollen Wollens spüren, die der Fluss innehat? Dieselbe egolose Absicht verleiht kleinen Eicheln die Power, eine mächtige, Schatten spendende Eiche zu werden. Wir sehen diese Mischung aus Absicht und Hingabe in einem Maler, einer Balletttänzerin, einem Extremsportler oder einem spielenden Kind. Die Neurowissenschaft nennt es auch den Flow, eine besondere Erfahrung, in der wir eins werden mit unserer Absicht und uns gleichzeitig komplett führen lassen.

Wie kommen wir vom Ego-Wollen zur Hingabe?

Um aus dem Ego-Wollen in die hingebungsvolle Absicht zu wechseln, müssen wir unser Ego entspannen und unsere Seele anrufen. Auch wenn die Seele wesentlich mächtiger ist als das Ego, muss sie, besonders zu Beginn, eingeladen werden. Bitte diese Kraft, dich von innen heraus zu führen und das Spiel zu übernehmen. Lerne den Unterschied zwischen der Stimme deines Egos und dem Ruf deiner Seele kennen.

Die Meldungen des Egos sind meist von Anspannung begleitet, denn es hat immer eine Position zu verteidigen. Diese kann sich als Unsicherheit, übertriebener Eifer oder Dominanzgebaren äußern. Das Ego hält immer an etwas fest oder kämpft gegen etwas. Deshalb kann es die Dinge nicht ruhig geschehen lassen. Die Seele dagegen betrachtet das Geschehen wach und entspannt. Sie agiert aus einem Raum des Vertrauens und der Verbundenheit.

 **Wenn du dich in einem Gespräch mental, emotional oder körperlich angespannt fühlst, kannst du dir sicher sein, dass dein Ego gerade getriggert ist. Fühlst du dich wach und entspannt zugleich, bist du sehr wahrscheinlich mit deiner Seele verbunden.**

Wenn du dich noch nie mit diesen zwei Ebenen deines Daseins beschäftigt hast, mag es dir schwierig vorkommen, sie zu unterscheiden. Vielleicht steckst du diese Überlegung auch vorschnell in eine »versponnene« Schublade. Das wäre schade. Denn auch Atheist*innen verfügen über beide Modi. Vielleicht würdest du andere Worte nutzen, um sie zu beschreiben. Doch ich bin mir sicher, auch du erlebst hin und wieder Situationen, in denen du einfach lässig, freundlich und aufnahmebereit da bist, weil du gerade nichts willst und dennoch genau weißt, was zu tun ist.

Es mag zu Beginn schwerfallen zu glauben, dass wir in diesem entspannten Zustand etwas Großes erschaffen könnten. Kein Wunder, wurde uns doch von klein auf beigebracht, wie wichtig es ist, uns angestrengt zu behaupten und den Lauf der Dinge zu lenken. Die Kombination aus Absicht *und* Hingabe weist euch den elegantesten Weg hin zur weisesten Lösung.

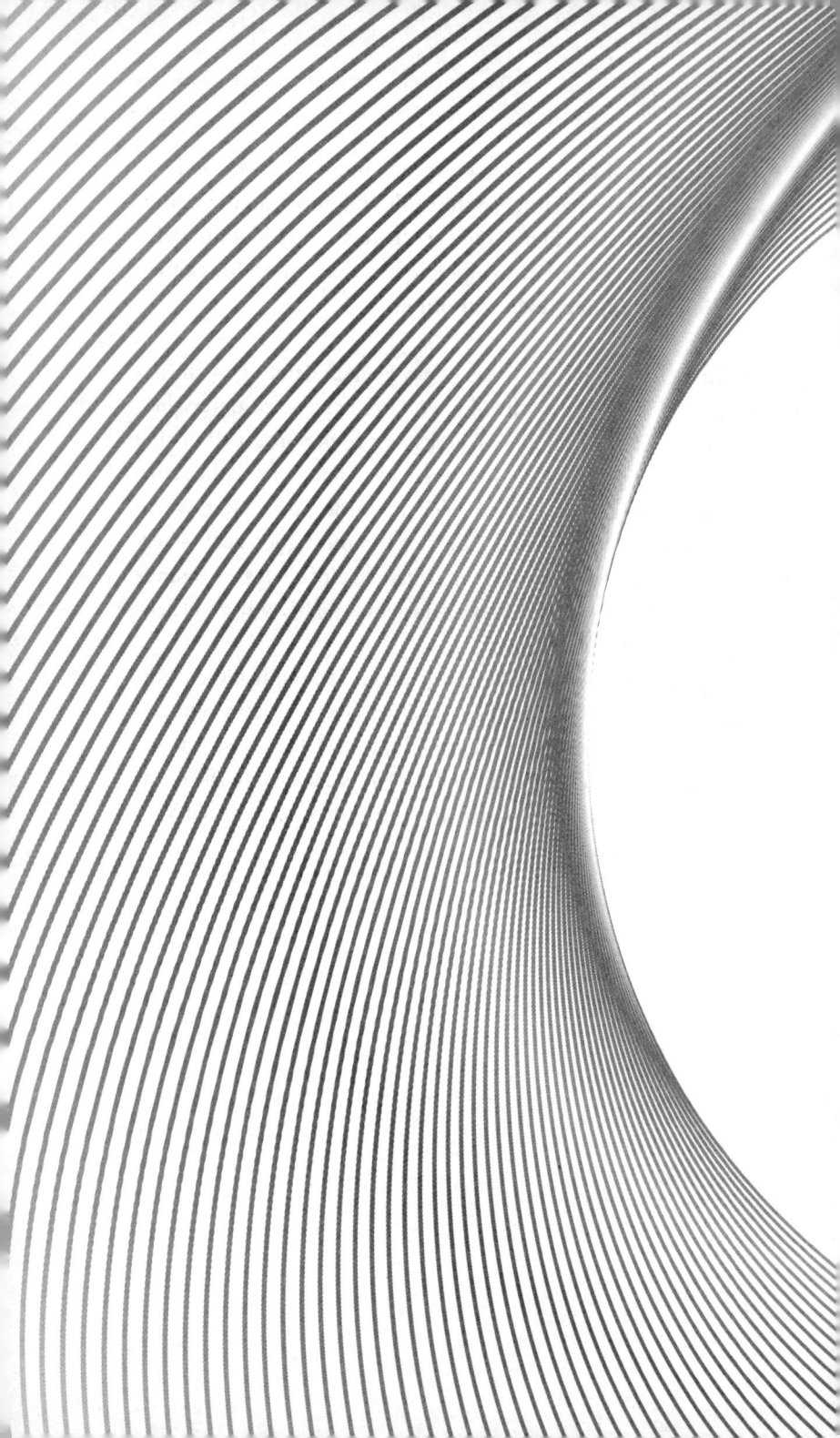

TEIL III

Schöpfung

In diesem Abschnitt erwerben wir einen tieferen Blick dafür, was in co-creativen Prozessen passiert. Wir lernen die vier Phasen einer jeden Schöpfung kennen und wie wir dieses Wissen konkret nutzen können. Dann dehnen wir unseren Geist und stellen zwei der stärksten, kollektiven Paradigmen infrage: die Zeit und unsere körperliche Begrenzung. Ja, ich weiß, du willst endlich praktisch loslegen. Doch glaub mir, es macht so viel mehr Spaß zu co-creieren, wenn du diese tieferen Dimensionen sehen und spüren kannst.

DER KREISLAUF DER SCHÖPFUNG

These: Co-Creation ist Schöpfung. Das bedeutet, euer Zusammensein gebiert eine neue Möglichkeit. Schöpfung verläuft immer in vier Phasen. Jede davon ist essenziell.

Wofür willst du Co-Creation in deinen Beziehungen und Teams nutzen? Die Anwendungsmöglichkeiten sind vielfältig, doch im Kern geht es bei Co-Creation immer um Schöpfung:

- Wir erschaffen gemeinsam eine lebendige Beziehung.
- Wir erschaffen gemeinsam die Lösung für ein Problem.
- Wir erschaffen gemeinsam die Zukunft unserer Company.

Jedes Gespräch, Date oder Meeting ist eine kostbare Chance, Freude zu teilen, euch miteinander zu entwickeln und etwas Wertvolles in die Welt zu bringen. Damit ihr diese Möglichkeit optimal nutzen könnt und nicht sinnlos Zeit verschwendet, solltet ihr euch immer darüber im Klaren sein: Worum geht es gerade? Was ist unser aktuelles Anliegen? Um dieses angemessen zu bestimmen, ist es hilfreich, zu jedem Zeitpunkt zu wissen, wo ihr euch gerade miteinander im Kreislauf der Schöpfung befindet.

SCHÖPFUNG IN VIER PHASEN

Der Kreislauf der Schöpfung ist nicht nur ein theoretisches Konzept. Dahinter verbirgt sich ein universell wirkendes Prinzip. Das zu verstehen, kann dir dabei helfen, dein eigenes Leben und deine Beziehungen harmonischer und erfolgreicher zu gestalten. So wie die Natur vier Jahreszeiten durchläuft, besteht auch jede Schöpfung aus vier Phasen. Leben ruht, kreiert, gebiert und korrigiert. Auch unsere menschliche Existenz folgt diesem Rhythmus. Nur leider erfahren wir ihn aus Nichtwissen oft unbewusst und holprig. Wir sehen unsere Schöpfungen häufig mit viel Reibung und Frust verbunden. Ich stelle dir im Folgenden die vier Phasen kurz und knackig vor.

Phase 1: Stille

Die erste Phase ist die Stille. Damit ist zum einen die akustische Stille gemeint, das heißt, es kann förderlich sein, mal alle Geräte auszumachen und die Klappe zu halten. Doch vor allem geht es hier darum, innerlich still zu werden. In der Phase der Stille entspannen wir unser Wollen und Rechthaben. Wir gestatten uns den Luxus, nichts wissen zu müssen. Wir setzen unseren Geist auf Reset und gehen auf Empfang.

Beobachte einmal, was mit deiner inneren Anspannung geschieht, wenn du dir sagst: »Ich weiß nicht, was diese Situation bedeutet, und ich muss es auch nicht wissen.« Lerne, die Phasen des Nichtwissens auszuhalten und sogar zu genießen. Das sind die Zeiten, in denen dich das Leben mit neuen Inspirationen befruchten und dich erneut mit dem tieferen Mysterium in Kontakt bringen kann. Fürchte das Nichtwissen nicht, sondern entspanne dich darin. Nichtwissen bedeutet, deinem Unterbewusstsein Zeit zum Inkubieren zu gewähren. Der Zustand des Nichtwissens ist ein kostbarer Punkt der Stille. Alles kommt zur Ruhe. Die alten Geschichten setzen sich, so wie sich aufgewirbelter Staub wieder über den Boden legen kann, wenn der Wind plötzlich nachlässt. Im Hintergrund nutzt unser Unterbewusstsein diese Phase des Nichtstuns, um Lernprozesse abzuschließen.

Der kleinste für uns erfahrbare Punkt der Stille ist die Lücke zwischen unserem letzten und dem nächsten Gedanken. Wenn du willst, lass dich kurz auf folgendes Experiment ein.

Übung: Finde deinen Punkt der Stille

Schließe deine Augen und versuche, einen deiner Gedanken bewusst wahrzunehmen. Zum Beispiel: »Ich bin … (und dann dein Name).« Sieh die drei Worte vor dir. Jetzt stell dir zwischen ihnen eine Lücke vor. Sie mag dir winzig klein erscheinen, doch sie ist das Tor in eine Welt der Freiheit und des Staunens. Stell dir vor, du kannst durch diesen Spalt in das dahinterliegende unbegrenzte innere Universum eintauchen und alles, was du glaubst über dich zu wissen darin auflösen. Am Anfang verweilst du vielleicht nur eine Sekunde in dieser Weite. Doch ein Punkt der Stille kann sich ausdehnen, je öfter du dich in ihn hinein entspannst. Atme dafür etwas sanfter und tiefer ein und aus … und lass alle Gedanken ziehen. Gestatte dir für einen Augenblick, nicht wissen zu müssen, was irgendetwas bedeutet. Erlaube dir für einige kostbare Sekunden, nichts kontrollieren zu müssen. Die Welt, so wie du sie kennst, einmal nicht zusammenhalten zu müssen. Nichts tun zu müssen. Genieße es, einfach nur zu sein. Erlaube deinem Bewusstsein, sich auszudehnen und weicher, weiter, feiner, stiller zu werden. Alles darf zur Ruhe kommen. Wie fühlt sich das an?

Vielleicht ist das Nichts für unsere geschäftige und laute Gesellschaft das größte Schreckgespenst. Wir fürchten seine unermessliche Weite und seine sanft dröhnende Stille, mit der sie unser emsiges Treiben hinterfragt. Deshalb drehen wir die Musik auf. Deshalb labern wir unnötig viel. Deshalb zücken wir in jeder noch so kleinen Pause sofort unser Handy. Stille ist die Phase im Schöpfungskreislauf, die wir am meisten ignorieren. Zu einem hohen Preis. Denn nur hier findet Regeneration und Neugeburt statt.

Andrea und ich werden manchmal gefragt, wann und warum wir beschlossen haben zu heiraten. Das war nie geplant. Doch im siebenten Jahr unserer Beziehung besuchten wir gemeinsam ein Meditationsretreat. Wir saßen getrennt – Andrea im Frauen-, ich im Männerbereich – zehn Tage in Schweigen und fühlten uns doch so verbunden. Da wurde mir klar: Ein Mensch, mit dem ich auf eine so tiefe Weise still sein kann, mit dem kann ich bis zum Ende der Welt gehen. Ohne auch nur ein Wort miteinander zu sprechen, kam in diesen Tagen bei uns beiden klar die Botschaft an, nun zu heiraten. Wenn du Menschen findest, mit denen du entspannt still sein kannst, ist dies ein sehr gutes Zeichen.

 Für das Ego ist Stille der Tod. Für die Seele ist die Stille Nektar.

Wir können uns aber auch in der Schöpfungsphase der Stille verlieren. Ich weiß aus meinen eigenen Meditationsretreats, wie verlockend es sein kann, einfach in diesem stillen Raum zu bleiben. Das Gehirn schüttet dabei jede Menge Endorphine aus. Das fühlt sich gut und richtig an. Allein die Vorstellung, sich anschließend wieder der weltlichen Reibung auszusetzen, ist anstrengend. Doch wenn dein Leben es nicht vorgesehen hat, dass du als Heiliger unter einem Bodhi-Baum landest, verschwinden deine evolutionären Hausaufgaben nicht durchs Meditieren. Sie häufen sich an. Genauso wichtig also, wie es ist, sich der Stille des Schöpfungskreislaufs hinzugeben, ist es, diese Phase auch wieder hinter sich zu lassen. Denn irgendwann werden dich nicht bezahlte Rechnungen, zerbrochene Beziehungen oder eine ungestüme Libido ohnehin dazu zwingen, wieder ins Rennen einzusteigen.

 **Systeme, die zu wenig Zeit in der Phase der Stille verbringen, brennen aus und verpassen wirkliche Erneuerung. Systeme, die zu viel Zeit in der Phase der Stille verbringen, schlafen ein. Co-creative Systeme können auch miteinander still sein.**

Phase 2: Kreativität

Wenn du dir regelmäßig Auszeiten gönnst oder meditierst, weißt du, was geschieht, wenn der Geist zur Ruhe kommt. Zuerst wird er vollständig still, doch schon bald sprudelt er über vor neuen Ideen. Du bist in der Phase der Kreativität angekommen.

 Stille bereitet den Boden. In der Kreativität findet die Befruchtung statt.

Hier geht es darum, deinen Geist von der Leine zu lassen. Gestatte ihm, zu spielen und frei zu assoziieren. Kein Einfall ist zu verrückt. Denke unverschämt. Quer. Disruptiv. In dieser Phase haben konkrete Ziele oder praktische Bedenken keinen Platz. Es ist die Zeit des Träumens: Was, wenn alles möglich wäre?!

Viele Beziehungen zermürben im tristen Alltag. Die Fantasie kommt zu kurz. Auch in den meisten Unternehmen fressen die täglichen Aufgaben und die sture Orientierung an Zahlen die Innovationskraft auf. Dabei zeigen Erfahrungen in Unternehmen wie Google oder Patagonia, dass es den nachhaltigen Erfolg fördert, wenn Mitarbeiter*innen bewusst Freiraum für eigene Projekte, Spielereien und Visionen eingeräumt wird.

 **Systeme, die zu wenig Zeit in der Phase der Kreativität verbringen, verwalten Vergangenheit. Systeme, die zu viel Zeit in der Phase der Kreativität verbringen, verzetteln sich und kreieren Schöpfungsstau. Co-creative Systeme tauchen regelmäßig in den geistigen Space der Visionen ein.**

Phase 3: Tat

Sicher kennst du sie auch: Die großen Träumer*innen, die dir ständig davon erzählen, wie sie demnächst die Welt retten werden. Erst begeistern sie dich. Doch irgendwann stellst du fest: Sie reden – aber sie tun es nicht. Durch Tagträumerei überfluten wir unser Gehirn mit Dopamin, dem Neurotransmitter mit dem wahrscheinlich stärksten Suchtpotenzial. Visionen können uns so sehr begeistern, dass wir vergessen, sie auch in die Tat umzusetzen. Aus der Perspektive unseres Gehirns macht das auch Sinn. Denn es ahnt, dass es für die nächste Phase des Kreislaufs – die Tat – die Ekstase ausnüchtern muss. Vielleicht hast du selbst schon mal so einen Moment erlebt: Du sitzt beschwingt mit Freund*innen zusammen und gemeinsam berauscht ihr euch an einer genialen Weltrettungsvision. Dann stellt ein Spielverderber plötzlich die unangenehme Frage: »Alles schön und gut, doch wie gehen wir das denn nun konkret an?« Es folgt ein kurzes, betretenes Schweigen, bis jemand den vergnüglichen Abend mit dem Einwurf rettet: »Darüber sprechen wir morgen.«

Träume können süchtig machen! Deshalb bringen viele Menschen nichts zu Ende. Sie fangen lieber immer wieder ein neues Hobby, eine neue Ausbildung oder eine neue Beziehung an. Denn zu Beginn berauschen wir uns an dem im Honeymoon freigesetzten Dopamin. Das ist übrigens auch der Grund, warum die meisten Liebesfilme da enden, wo es für viele von uns spannend wird: Wenn es um die tägliche Tat, um Ausdauer und Entschlossenheit geht.

Wenn wir es vermeiden, unsere Visionen konkret auf die Straße zu bringen, entsteht ein großer innerer Schöpfungsstau. Der ist nicht nur frustrierend. Er schwächt unseren Selbstwert. Denn wir können unser Unterbewusstsein nicht überlisten. Das registriert sehr genau die Diskrepanz zwischen Traum und Wirklichkeit. Und das gilt genauso für das gesamte Team. Es ist cool und wichtig, immer wieder miteinander abzuheben. Doch wenn dann keine Umsetzung erfolgt, glaubt ihr irgendwann nicht mehr an die Kraft eures eigenen Unterfangens.

Für dich und dein Team ist also Folgendes unglaublich wichtig: Bringt eure Vision auf die Erde, indem ihr ausnüchtert und sie in konkrete Ziele, Meilensteine und eine sinnvolle Strategie herunterbrecht. Gewöhnt euch an, täglich, konkret, messbar und verbindlich für euer

Ziel zu handeln. Schöpfung braucht einen kontinuierlichen Handlungsstrom, um sich aus der Cloud der Träume in die Welt der Form hinein zu manifestieren.

Systeme, die zu wenig Zeit in der Phase der Tat verbringen, kreieren leidvollen Schöpfungsstau. Systeme, die zu viel Zeit in der Phase der Tat verbringen, verrennen sich in Aktionismus. Co-creative Systeme verfügen über eine klare Vision, sinnvolle Meilensteine und eine intelligente, machbare Strategie. Sie handeln täglich für ihre Vision.

Phase 4: Korrektur

Wenn Stille die gefürchtetste Phase des Kreislaufs ist, dann ist Korrektur die am meisten unterschätzte. Wenn wir eine Vision verfolgen und nun für sie handeln, produzieren wir sofort Resultate. Es ist smart, in regelmäßigen Abständen innezuhalten und die Ergebnisse zu überprüfen:

- Was haben wir durch unsere Handlungen erreicht?
- Entsprechen die Wirkungen unseren Erwartungen?
- Müssen wir die Richtung korrigieren?
- Haben wir eventuell einen Blindspot?
- Oder ist durch die Dynamik unserer Handlungen eventuell eine alte Wunde aufgebrochen, die nun nach Heilung ruft?

Systeme, die zu wenig Zeit in der Phase der Korrektur verbringen, lernen nicht dazu und verschwenden enorm viel Zeit und Energie auf falschen Wegen. Systeme, die zu viel Zeit in der Phase der Korrektur verbringen, verstricken sich in Selbstzweifeln, Sorgen und eventuell in Nabelschau. Co-creative Systeme nehmen sich ausreichend Zeit, um ihre Erfolge und Fehler zu analysieren und daraus Schlüsse zu ziehen.

Je bewusster wir erschaffen, desto mehr Zyklen des Schöpfungskreislaufs werden wir bewusster durchleben. Ein einziges Gespräch kann einen vollständigen Kreislauf darstellen, ebenso ein wach durchlaufener Tag, ein in sich abgeschlossenes berufliches Projekt, ein Kunstwerk oder eine Beziehung.

Die meisten Menschen tendieren dazu, sich auf ein oder zwei der vier Phasen zu spezialisieren. Wir haben die Visionär*innen, die Menschen der Tat, die Analytiker*innen oder die Liebhaber*innen der Stille. Wenn wir einen Abschnitt meiden, wird er zu unserem Schatten. Das Rad der Schöpfung läuft nicht mehr rund. Wir hängen fest, wiederholen dieselben Fehler, verrennen uns in Aktionismus oder versacken in Grübelei. Es macht also Sinn, sich die vier Phasen wirklich bewusst zu machen und zu erkennen, in welcher man sich gerade befindet. Diskutiere dafür mit deinem Partner, deiner Partnerin oder deinem Team euer Verständnis der vier Phasen und analysiert anschließend gemeinsam eure Beziehung oder euer Team:

o Welche der Phasen sind euch vertraut?
o In welchen fühlt ihr euch wohl?
o Wo hängt ihr fest?
o Was habt ihr bis jetzt übersprungen?
o Wo seht ihr Nachholbedarf?
o Wie könntet ihr die einzelnen Phasen ausgewogener durchleben?

Jede Phase erfordert ein anderes Mindset. Wenn alle wissen, worum es gerade geht, könnt ihr zusammen auf diese Wellenlänge gehen und sabotiert euch nicht gegenseitig. Die Phasen des Schöpfungskreislaufs lassen sich wunderbar auf die Co-Creation-Circles übertragen, die konkreten Settings, in denen du die Prinzipien der Co-Creation anwenden kannst. Wenn ihr ein paar grundlegende Regeln beachtet, wird sich eure Schaffenskraft im Vergleich zu vorher potenzieren. In Teil IV »Co-Creation« stelle ich dir für jede Phase konkrete Anwendungsmöglichkeiten vor. Doch zuvor möchte ich noch mit zwei Mythen aufräumen, die uns in unserer Schöpferkraft zurückhalten: dem Mythos der linearen Zeit und dem Mythos, dass wir unser Körper seien.

DAS ENDE ZWEIER MYTHEN

Eine der sicher faszinierendsten Möglichkeiten der Co-Creation ist das Erschaffen eurer Wirklichkeit aus der Zukunft heraus. Klingt erst einmal verrückt, oder? Ist es andererseits jedoch nicht noch verrückter, der Zukunft ständig hinterherzurennen, wie wir es derzeit kollektiv tun? Hinter der oben genannten These steckt ein vernünftiger, physikalisch und psychologisch fundierter Ansatz. Egal, woran du glaubst, er ist auch für dich praktikabel und du wirst verblüfft über die Ergebnisse sein. Ich bitte dich, diesen Abschnitt mit einem offenen, wachen Geist zu lesen. Er kann dein Leben für immer radikal und positiv transformieren.

Ich lade dich ein, dich spielerisch auf folgende Hypothese einzulassen: Denke an dein gegenwärtig größtes Problem. Im Augenblick kennst du noch nicht die Lösung, stimmt's? Ich weiß, das ist manchmal ätzend. Doch nun kommt ein eher ungewöhnlicher Gedanke: Da sich Leben stetig weiterentwickelt und du unendlich viele Informationen und Möglichkeiten noch nicht kennst, besteht eine sehr hohe Wahrscheinlichkeit, dass es eine Lösung für dein Problem gibt. Korrekt? Wenn das so ist, besteht die hohe Wahrscheinlichkeit, dass du oder ein anderer Mensch sie in der Zukunft gefunden haben wirst. Richtig? Das bedeutet, die Lösung existiert bereits in einer anderen Dimension der Wirklichkeit. Was dich davon abhält, diese zu erkennen, ist dein kleines, bekanntes Ich mit seinen begrenzenden Glaubenssätzen in Bezug auf die Zeit, nämlich wenn du denkst, du wärest noch nicht an dem Punkt, an dem die Lösung bereits existiert. Mal angenommen, es wäre dir möglich, dich aus dem Einfluss der Zeit zu befreien und deine Bewusstseinsfrequenz proaktiv auf das Level deiner zukünftigen Version (die die Lösung bereits gefunden hat) anzuheben. Dann müsste es dir doch möglich sein, überraschende Einsichten aus der Zukunft zu empfangen.

Klingt das spannend für dich? Dann habe ich gute Neuigkeiten. Es gibt tatsächlich eine Möglichkeit, dies zu tun. Wir nennen diesen Prozess Elevation. Eine konkrete Schritt-für-Schritt-Anleitung erhältst du später. Damit die Elevation ihre Wirkung zeigt, ist allerdings eine gewisse geistige Vorbereitung erforderlich. Wir müssen jene mächtige Instanz in uns enttarnen, die uns die Grenzen unserer Realität vorschreibt.

Reflexion

o *Auf welcher Basis triffst du deine täglichen Entscheidungen? Wo ziehst du die Linie zwischen möglich und unmöglich?*

o *Hast du schon einmal ernsthaft darüber nachgedacht, woher du diese Gewissheit nimmst und wie viel Macht sie über deine Pläne hat?*

o *Wann hast du das letzte Mal einen »verrückten« Wunsch aufgegeben, weil du »wusstest«, dass er für dich nicht realisierbar ist?*

Wenn es um die Verwirklichung deiner Träume geht, existieren in deinem Verstand drei Grundkräfte: der träumende, der realistische und der umsetzende Geist. Der träumende Part hält prinzipiell alles für möglich. Kinder haben einen freien Zugang zu ihm. Bei den meisten Erwachsenen ist er im Namen der Vernunft in den Untergrund verbannt worden. Er bricht manchmal in unseren nächtlichen Träumen aus oder zeigt sich in unserer Bewunderung für das großartige Leben unserer Vorbilder. Der umsetzende Geist hat einen einfachen Job: Er setzt das, was der Realist als *machbar* einstuft, um.

Der Realist ist nicht kreativ. Er arbeitet ähnlich wie eine Suchmaschine. Sobald du einen großen Traum träumst, sucht der Realist in Windeseile dein Unterbewusstsein nach bestätigenden Erfahrungen und bekannten Lösungen ab. Wenn du bis jetzt an ähnlicher Stelle bereits mehrere Male gescheitert bist, wird dir der Realist in dir also zuflüstern: »Netter Traum. Aber vergiss ihn, das ist eine Nummer zu groß für dich.« Wenn er in seiner Erinnerung keine bekannte Lösung findet, wird er melden: »Vergiss es. Das ist unmöglich.« Wenn wir dazu erzogen wurden, »vernünftig zu sein«, glauben wir dieser Stimme. Oft ist der Realist in uns so mächtig, dass unsere Wünsche und Träume gar nicht erst an die Oberfläche kommen. Wir lachen die Verrückten aus. Wir freuen uns, wenn sie scheitern, denn insgeheim sind wir schon auch neidisch, wenn eine Person etwas wagt, was unser Realist als verrückt einstuft, und diese Person damit dann Erfolg hat.

Die Stimme des Realismus klingt so überzeugend, dass wir ihr gehorsam folgen und unser gesamtes Leben in ihren vorgegebenen Grenzen verbringen. Das ist ja auch klug, oder? Schließlich hat diese Stimme doch alle Fakten auf ihrer Seite. Aber Moment mal! Woher stammen diese Fakten eigentlich? Der realistische Verstand zieht seine Fakten zum einen aus der Vergangenheit und unserem begrenzten Verstand und zum anderen aus gesellschaftlichen Paradigmen. Das heißt, indem er ausschließlich unsere Vergangenheit anzapft, hat er niemals Zugriff auf das, was in Zukunft für uns möglich sein wird, und auch nicht auf die unendlich vielen Informationen, die wir im Augenblick noch nicht kennen. Mit anderen Worten: Der realistische Geist blufft! Er kann sich gar nicht sicher sein. Er hat gar keine »Fakten«. Er weiß nie, was noch alles möglich ist und was du noch alles kannst.

 **Da die meisten Menschen ihrer Vernunft blindlings vertrauen, können sie heute lediglich leicht veränderte Kopien ihres Gestern erschaffen. Realistisch operierende Teams verwalten die Vergangenheit.**

Dagegen ist nichts einzuwenden, wenn die Lösungen von gestern ausreichen, um das Heute einigermaßen zufriedenstellend zu bewältigen. Doch was, wenn uns die Gegenwart Herausforderungen auf einem neuen Komplexitätsniveau präsentiert? Dann wäre es, sinnge-mäß nach Einstein, dumm, sie mit den Antworten der Vergangenheit lösen zu wollen.

 **Lass dir niemals von dem Realisten in dir oder anderen die kreativen Flügel stutzen. Egal, wie verrückt dein Traum ist, wie frech deine Frage oder wie mächtig dein Problem – die Lösung existiert bereits.**

Entweder ist irgendein anderer Mensch bereits darauf gekommen oder sie wird auf jeden Fall in der Zukunft gefunden. Um uns für diese uns (noch) unbekannte Möglichkeit zu öffnen, müssen wir unsere Arroganz loslassen, Bescheid zu wissen. Wir müssen uns aus den Begrenzungen unserer Vergangenheit befreien. Die andere Quelle der schier unerschütterlichen Selbstsicherheit unseres inneren Realisten sind wie gesagt gesellschaftliche Paradigmen. Das sind Überzeugungen, auf die sich Millionen, manchmal Milliarden Menschen kollektiv geeinigt haben. Und wenn so viele von uns daran glauben, dann muss es doch wohl stimmen. Oder?

Paradigmen sind geistige Mythen

Ich habe eine Frage an dich: Bist du gerade wach oder träumst du? Falls du denkst, du bist wach, erhebe ich Einspruch! Du träumst. Dein Gehirn träumt nämlich nicht nur nachts. Es träumt immer. Der einzige Unterschied ist, dass dein Tagtraum nach festen Regeln konstruiert ist und sich deshalb für dich so stabil anfühlt, dass du ihn für die Wirklichkeit hältst. Unser Gehirn sieht niemals *die* Wirklichkeit, sondern immer nur eine stark reduzierte und verzerrte interne Version der Realität. Wir nehmen einen minimalen Bruchteil aller uns umgebender Informationen wahr. Diese setzen wir nach unserem individuellen Programmiercode (basierend auf unseren Überzeugungen) zu unserer persönlichen Tagtraumrealität zusammen. Übrigens bestätigt das inzwischen sogar die Neurowissenschaft.[26]

Das bedeutet, jedes Mal, wenn du darauf beharrst, recht zu haben, verteidigst du einen Traum. Jedes Mal, wenn du dich streitest oder leidest, tust du dies in deinem persönlichen Traum. Jedes Mal, wenn du glaubst, genau zu wissen, was geht und was nicht, verteidigst du die Grenzen dieses Traums. Das ist in gewisser Weise auch verständlich. Denn dein Gehirn braucht die Illusion dieser Stabilität, der Kohärenz, um ohne Stress und mit minimalem Energieaufwand funktionieren zu können. Deswegen sucht es nach gesellschaftlich weit anerkannten Regeln, denn diese beruhigen uns und lassen unsere Gehirne gut miteinander interagieren.

Doch woher kommen diese Regeln, auf die wir uns geeinigt haben? Als Baby wussten wir davon noch nichts. Wir werden mit einem nicht wissenden und somit nicht begrenzten Bewusstsein geboren. Das, was wir bei unseren Kindern als Unschuld wahrnehmen, ist ein nicht bewertender Geist, der noch keinen Regeln folgt. Unsere Eltern und andere wichtige Bezugspersonen wie Großeltern oder Lehrer*innen führen uns in die Grundregeln des Traumes ein, den die gesamte Gesellschaft träumt. Wir nennen das Erziehung. Unsere Bezugspersonen erklären uns mit Worten und demonstrieren durch ihr Handeln, wo oben und unten liegt, was richtig und was falsch ist und wo die Linie zwischen möglich und unmöglich verläuft. In Kleinkindern existiert keine kritische Instanz, die es ihnen ermöglicht, die ihnen angebotenen Regeln zu prüfen. Sie vertrauen den Halbgöttern in ihrer Umgebung blind. Also glauben sie ihnen. So wurden wir alle in den Traum unserer Familie, den Traum der Schule und irgendwann in den großen Traum einer ganzen Gesellschaft eingeführt. Wir lernen, was ein Mann und was eine Frau ist. Wir lernen, was der Sinn von Arbeit ist und wie der Wert eines Individuums bemessen wird. All diese Überzeugungen werden so früh in unseren Geist eingepflanzt, dass sie uns später nicht mehr bewusst sind. Doch sie wirken permanent aus dem Unterbewusstsein auf unsere Wahrnehmung der »Realität« ein. Willkommen in der Matrix!

Je tiefer bestimmte Überzeugungen mit unserem Identitätsgefühl verbunden sind, desto vehementer werden wir sie verteidigen. Menschen waren noch nie gut darin, mit dem beklemmenden Gefühl der Inkohärenz umzugehen, wenn andere nur durch ihr Sein unsere Grundglaubenssätze infrage stellten. Wir haben sie auf Scheiterhaufen verbrannt, ans Kreuz genagelt, aus unseren Familien verdammt, uns von ihnen scheiden lassen. Wenn es um die tiefsten Regeln unseres persönlichen Traumes geht, werden die meisten von uns zu Fundamentalist*innen. Es entbehrt nicht einer schwarzen Ironie, dass so viele furchtbare Taten im Namen von Gott durchgeführt wurden.

Mal angenommen, du bist überzeugte*r Katholik*in. Du glaubst felsenfest an die Bibel und ihre großen Namen – Abraham, Moses, Jesus … Dann fühlt sich das sicher an, stimmt's? Nun sei so mutig und stell dir vor, du wärest nicht in einer bayrischen Familie aufgewachsen, sondern in Indien, unter Hindus. Du hättest von klein auf Shiva, Ganesha, Kali und der ganzen Gang Opfer gebracht. Du hättest nicht das Testament, sondern die Bhagavad Gita gelesen. Du hättest das öffentliche Verbrennen deiner verstorbenen Verwandten gefeiert und für ihre glückliche Wiedergeburt gebetet. Und nun frage dich einmal: Wärest du dann nicht auch absolut sicher gewesen? Welches Leben wäre das realere gewesen? Welcher Gott der wahre?

So mächtig wirken die Trauminduktionen unseres Umfeldes.

Reflexion

Für welchen Glauben streitest du dich manchmal? Wegen welcher Überzeugung leidest du? Und bist du dir da wirklich sicher?

Je mehr Menschen an eine Regel glauben, desto schwieriger wird es, sie infrage zu stellen. Sie erzeugt eine Art von geistiger Anziehungskraft, die unsere Gedanken wie ein Magnetfeld in der Norm anordnet. Ein Paradigma steht für eine Regel, auf die sich viele Millionen Menschen geeinigt haben und die deshalb so gut wie gar nicht infrage gestellt wird. Dennoch unterliegen auch Paradigmen einem Verfallsdatum. Die Sklaverei, die Götter des Olymps, das geozentrische Weltbild, das Patriarchat oder wachstumsorientierter Kapitalismus sind Beispiele für Paradigmen, die Millionen von Menschen mit der Muttermilch aufgenommen und oft ihr Leben lang ungefragt ausgelebt haben – bis jemand »Verrücktes« kam und sie infrage stellte.

 »Zuerst ignorieren sie dich, dann lachen sie über dich, dann bekämpfen sie dich und dann gewinnst du«, wusste schon Mahatma Gandhi.

Nun, da du hoffentlich auf eine gesunde Weise am Zweifeln bist, würde ich gern mit dir zwei der am weitesten verbreiteten Paradigmen oder Mythen vom Thron stoßen: den Glauben an die lineare Zeit und die zwanghafte Identifikation mit unserem Fleischklöpschen. Bitte einmal tief durchatmen und dann folge mir tiefer in den Kaninchenbau.

Mythos 1: Die lineare Zeit

Denke für einen Moment an alle großen Fragen und Wünsche, die für dich gerade offen sind. Mal angenommen, dein Leben verläuft in den kommenden Jahren glücklich und erfolgreich. Wann werden dann diese Fragen beantwortet und die Wünsche erfüllt sein? In der Zukunft, korrekt? Bitte versuche nun, die folgenden Gedanken nicht nur zu denken, sondern auch zu spüren:

- Jedes Problem, das dich gerade nervt, ist in der optimalen Version deiner Zukunft bereits gelöst.
- Jedes Bedürfnis, das dir am Herzen liegt, ist in der Zukunft bereits erfüllt.
- Alles, was du noch werden willst, bist du in der besten Version deiner Zukunft schon.
- Jede Sorge, die dich heute belastet, hat sich in deiner Zukunft erledigt.
- In der Zukunft existiert eine Version von dir, die wesentlich weiser und freier ist als dein aktuelles Ich.

Was macht diese Vorstellung mit dir? Stell dir vor, du könntest in diese bestmögliche Zukunft reisen und dich dort umschauen. Würde dich das nicht entspannen? Könntest du den Weg dahin anschließend nicht viel mehr genießen, weil du weißt, wo du ankommst? Und würdest du nicht mit vielen wertvollen Hinweisen aus dieser Zukunft wieder hierher zurückkehren? Nun denkst du vielleicht: Ja, das wäre schön, aber Zeitmaschinen sind leider noch nicht erfunden. Was, wenn ich dir sage, dass dein Bewusstsein bereits eine Zeitmaschine ist? Um sie smart bedienen zu können, müssen wir allerdings erst das Paradigma der linearen Zeit stürzen.

Zeit, so wie sie uns beigebracht wurde, beeinflusst alles. Sie kreiert Sorgen und Bedauern. Sie reguliert unseren gesamten Alltag. Sie diktiert uns sinnvolle und sinnlose Routinen. Sie macht uns berechenbar. Sie nimmt uns oft den Genuss an diesem Moment. Sie fördert die Angst vor dem Tod. Sie lässt uns hetzen. Sie macht uns zur einzigen bekannten Spezies, die ihre Kinder weckt und nicht natürlich wach werden lässt.

Reflexion

- *Was bedeutet Zeit für dich?*
- *Wie erlebst du sie?*
- *Wo und wie diktiert sie dir dein Leben?*
- *Wo und wie stresst sie dich?*
- *Wie beeinflusst deine Vergangenheit deine Gegenwart?*
- *Wie viele Sorgen über deine Zukunft hast du dir schon gemacht und was Gutes hat dir das gebracht?*

Hast du Lust auf ein kleines Experiment? Schließe dafür kurz deine Augen, entspanne dich mit einigen tiefen Atemzügen und stell dir deinen inneren Bewusstseinsraum vor. Frage dich: Wenn Zeit in diesem Raum an einer Linie angeordnet wäre, wo genau würdest du deine Vergangenheit verorten? Hinter dir? Unter dir? Rechts? Links? Und wohin schaust du innerlich, wenn du nach deiner Zukunft suchst? Jetzt verbinde Vergangenheit und Zukunft in Gedanken durch eine Linie. Siehst du dann eine Art Zeitstrahl? Von wo kommt er und wohin verläuft er?

Bis auf seltene Ausnahmen erleben Menschen Zeit innerlich linear. Wir wandern in unserem Erleben an einem Zeitstrahl entlang. Hinter uns liegt die Vergangenheit. Wir stehen auf der Gegenwart. Vor uns erwartet uns die Zukunft. Die lineare Wahrnehmung von Zeit hat massive Auswirkungen auf unsere Lebensqualität und unsere Kreativität.

Lineare Zeit verhindert Wunder

Unser Glaube an lineare Zeit hält uns im Gefängnis unserer vergangenen Erfahrungen fest und verhindert so Wunder, also Ereignisse, die wir bis eben nicht für möglich gehalten haben. Mit dem Glauben an die lineare Zeit sind wir nämlich überzeugt, die einzig wahrhaft stattgefundene Wirklichkeit wäre unsere Vergangenheit. Also scannen wir bei jeder kühnen Idee den Zeitstrahl rückwärts ab, um Beweise für die Möglichkeit seiner Umsetzung zu finden. Sind sie nicht da – und bei großen Visionen sind diese Beweise nie da –, sorgt der bereits erwähnte realistische Part in uns dafür, dass wir die Idee loslassen. Lineare Zeit schafft so ständige Replikationen der Vergangenheit und verhindert Innovation. Leider geschieht das auch in unseren Beziehungen, wenn wir nicht aufpassen. Im Zustand des Verliebtseins löst sich der Zeitstrahl im Dopaminrausch auf. Wir tanzen und vögeln miteinander im Moment. Alles scheint möglich. Doch sobald unser Gehirn ausreichend Referenzerfahrungen mit dem anderen Menschen gesammelt hat, schaltet es um auf den »Ich kenne dich«-Modus. Es hat nun eine Vergangenheit mit dem Liebsten und prognostiziert daraus die Zukunft. Und täglich grüßt das Murmeltier.

Lineare Zeit vermittelt uns die Illusion, nie wirklich angekommen zu sein

Die Illusion des Zeitstrahls verführt uns dazu, unsere Gegenwart zu verpassen, indem sie uns permanent auf Ziele in der Zukunft fixiert.

Achte einmal darauf, wie oft du nicht wirklich voll präsent bist, sondern dich mit dem beschäftigst, was als Nächstes kommt. Lineare Zeit bringt uns dazu, an einem eingebildeten Zeitstrahl entlangzuhetzen. So verhindern wir Co-Creation und die dadurch möglichen Wunder.

Lineare Zeit blockiert Vergebung

Wenn wir ein Ereignis unserer Vergangenheit nicht vergeben können oder wollen, binden wir einen Teil unseres Bewusstseins an diese Erinnerung. Das führt zum einen dazu, dass wir die für uns schmerzhafte Situation immer wieder durchfühlen. Außerdem erlauben wir den Schlussfolgerungen, die wir damals über uns und die Welt getroffen haben, uns auch heute noch massiv zu beeinflussen. Der tragikomische Witz ist: Was auch immer dir geschehen ist, ist vorbei. Wenn du es in deiner Erinnerung wieder und wieder restimulierst, schafft dies keine karmische Gerechtigkeit. Du bestrafst lediglich immer wieder dich selbst und hältst dich in einem Vergangenheits-Loop gefangen.

Es gibt also mindestens drei gute Gründe, aus dem Paradigma der linearen Zeit auszubrechen. Vielleicht möchtest du an dieser Stelle einwenden: »Ja, aber Zeit verläuft doch nun mal linear.« Das ist der Realist in dir. Was, wenn ich dir sage, dass du Zeit nur linear wahrnimmst, weil du diese Sicht von deinen Eltern übernommen hast und die wiederum von ihren Großeltern …? Auch die Physik ist sich mittlerweile einig, dass Zeit auf gar keinen Fall linear verläuft.[27] Bereits in der speziellen Relativitätstheorie von Albert Einstein wurde erkannt, dass Zeit relativ ist und von der Bewegung des Beobachters abhängt. Es gibt weitere Theorien, die die Zeit als eine Art Schleife oder Kurve darstellen, Konzepte von simultaner Zeit oder mehreren gleichzeitig verlaufenden Zeitsträngen (Multiversen). Nichts davon ist bewiesen, doch es ist auf jeden Fall sicher, dass das lineare Zeitparadigma falsch ist.

Die für mich plausibelste Erklärung ist, dass alles, was wir je erfahren haben und noch erfahren werden, zeitgleich, jetzt und hier (in unzähligen Varianten) existiert. Unser stark limitierter Verstand trennt die

Erfahrungen in einzelne Momente (Bilder) auf und speichert sie in dem ihn bekannten Zeitkontext ab, weil er es einfach nicht besser weiß.[28]

Mir geht es hier nicht darum, dich von irgendeiner neuen Theorie zu überzeugen. Ich möchte vielmehr deinen Geist lockern, damit du freier über deine Zukunft nachdenken kannst. Denn deine Vergangenheit existiert nicht mehr. Sie ist nur eine Erinnerung in deinem Geist. Auch deine Zukunft gibt es nicht. Sie ist nur eine Idee in deinem Verstand. Alles, was du je erleben wirst, wird immer hier und jetzt stattfinden.

Hier ein paar verrückende Fragen. Lass sie gern meditativ wirken.

Reflexion

o *Verstehst du, dass Zeit, so wie du sie erfährst, ein Konstrukt in deinem Verstand ist?*

o *Ist dir bewusst, dass sie sich nur deshalb so echt anfühlt, weil du so stark daran glaubst?*

o *Kannst du erahnen, wie sehr dieses Konstrukt beeinflusst, wie du Wirklichkeit erfährst?*

o *Was, wenn du nicht wüsstest, dass du etwas nicht kannst, weil du keine Erinnerung an irgendein Versagen diesbezüglich hättest? Würdest du immer noch glauben, dass es nicht möglich ist?*

o *Wenn du nicht glauben würdest, dass etwas unmöglich ist, würdest du es dann nicht voller Neugier und mit viel Selbstvertrauen angehen?*

o *Woher weißt du, dass deine Vergangenheit exakt so stattgefunden hat, wie du dich an sie erinnerst?*

o *Woher weißt du, dass die Schlussfolgerungen, die du aus deiner Vergangenheit gezogen hast, richtig waren?*

o *Was, wenn es möglich wäre, in deine Vergangenheit zu reisen, sich deine Erinnerungen noch einmal anzuschauen und sie konstruktiver, intelligenter zu deuten? Sie so zu deuten, dass du andere Schlüsse über dich und dein Leben daraus ziehst? Würde sich das positiv auf deine Gegenwart und deine Zukunft auswirken?*

o Du hast heute viele Probleme gelöst, für die du in deiner Vergangenheit keine Lösung hattest. Bedeutet das nicht, dass du dir damals umsonst Sorgen gemacht hast?

o Und bedeutet es nicht auch, dass du damals falschlagst, als du geglaubt hast, dass es nicht möglich ist?

o Wäre es nicht fantastisch gewesen, wenn du dir damals eine Nachricht aus der Zukunft hättest senden können?

o Ist dir klar, dass du für jedes derzeit ungelöste Problem in deiner Zukunft die Lösung finden wirst, wenn du es dir jetzt erlaubst?

o Macht es dann Sinn, sich heute Sorgen zu machen?

o Macht es Sinn zu glauben, dass du etwas nicht kannst?

o Wenn es einen Weg gäbe, mit der besten Version deiner Zukunft zu sprechen, würdest du ihn gern nutzen?

 Der Prozess der Elevation hilft dir, in deinem Geist das alte Zeitparadigma zu verlassen und dich jetzt und hier von der Zukunft inspirieren und führen zu lassen.

Mythos 2: Du bist dein Körper

Lass uns das zweite Paradigma neugierig wie Forscher*innen sezieren. Wenn du in den Spiegel schaust, was siehst du? Siehst du dich oder deinen Körper? Deine ehrliche Antwort darauf bedeutet einen bemerkenswerten Unterschied. Im ersten Fall glaubst du, dein Körper zu *sein*, im zweiten glaubst du, deinen Körper zu *haben*. Unser Leben können wir auf zwei völlig verschiedenen Levels erfahren. Deine Überzeugung bezüglich deiner Identität entscheidet maßgeblich, auf welchem. Der Glaube, du *seist* dein Körper, führt zwangsläufig zu einer obsessiven Beschäftigung mit deinem Fleischklöpschen – wie ich das Wunderwerk unseres Körpers gern augenzwinkernd nenne. Du wirst einen großen Teil deiner schöpferischen Energie in das Vermeiden von Falten und das Bekämpfen von Speckröllchen investieren, anstatt in Freude und Innovation. Du wirst es persönlich nehmen, wenn andere nicht auf deinen Körper abfahren. Schmerz, Krankheit und Altern werden deine Feinde. Die größte narzisstische Kränkung jedoch ist der Tod. Denn egal, wie zwanghaft du deinen Körper optimierst, er wird am Ende zu Staub zerfallen.

Der Glaube, du *hättest* einen Körper, entledigt dich nicht der Verantwortung, deinen Körper gut zu warten. Denn solange du ihn hast, ist die Qualität deiner Erlebnisse natürlich eng mit seinem Wohlbefinden verbunden. Doch wahrscheinlich gehst du es etwas gechillter an. Falten sind keine Schmach, sondern ein Ausdruck deiner Lebenserfahrungen. Du beobachtest den Wandel deiner physischen Form im Lauf der Zeit eher interessiert. Du wirst weniger Energie in die Vermeidung des Unvermeidlichen stecken und dich intensiver mit der Frage beschäftigen: Wenn ich zwar einen Körper *habe*, aber nicht mein Körper *bin*, wer bin ich dann?

Mir geht es nicht darum, dich von irgendeiner Wahrheit überzeugen zu wollen. Doch ich möchte dich ermutigen, nicht einfach irgendetwas zu glauben, sondern dich mutig auf die Suche nach deiner Antwort zu begeben. Bitte denke für einen Moment über die folgenden Fragen nach:

Reflexion

Woran glaubst du bezüglich dieses Themas? Bist du nur dein Körper? Wenn ja, woher weißt du, dass du nur dein Körper bist? Kannst du dir felsenfest sicher sein, dass du nur dein Body bist? Woher weißt du (ganz sicher), was nach dem Tod passiert?

Ich finde es absolut erstaunlich, dass wir gigantische Summen an Geld, enorm viel Zeit und Energie in die Entwicklung neuer Technologien investieren, doch den wahrhaft existenziellen Fragen so wenig Aufmerksamkeit zukommen lassen: Wer sind wir? Was ist Bewusstsein? Was passiert nach dem Tod?

Wir verfügen bis heute über keine allgemeingültige Definition von Bewusstsein. Wir wissen nicht, wo genau die Trennung zwischen Körper und Geist verläuft. Es existiert bis heute kein eindeutiger, allgemein anerkannter, wissenschaftlicher Beweis für eine weiterführende Existenz nach dem Tod. Aber eben auch nicht dafür, dass mit dem letzten Atemzug alles zu Ende geht. In *Genesis* habe ich beschrieben, warum ich aufgrund einiger für mich außerordentlichen Erfahrungen zutiefst an die Existenz eines Bewusstseins glaube, das den Körper nutzt und ihn gleichzeitig transzendiert. Ich würde mich am ehesten bei den Agnostiker*innen einordnen. Ich versuche, so zu leben, dass ich meine Entscheidungen nicht bereuen werde, falls der Tod das große Finale oder nur eine weitere Etappe ist.

Warum ich dieses Thema hier anspreche? Es ist schwierig bis unmöglich, mit anderen Lebewesen zu co-creieren, wenn du dich fix mit deinem Fleischklöpschen identifizierst. Die dem entspringende Egozentrik (»Hier bin *ich* und da ist alles andere.«) führt fast zwangsläufig zu einer geistig-emotionalen Haltung von Vorsicht (»Bist du gefährlich für *mich*?«) und Bedürftigkeit (»Wie kann *ich* dich für *mich* nutzen?«). Außerdem blockieren wir durch die übermäßige Konzentration auf die körperliche Daseinsebene den Kanal unserer Intuition.

Natürlich musst du nicht an deine Existenz als Bewusstsein glauben, damit Co-Creation funktioniert. Doch es ist förderlich, einfach mal so zu tun, als ob. Bitte lass dich nur mal hypothetisch auf das folgende Gedankenspiel ein: Stell dir vor, du bist nicht ein Körper mit Bewusstsein, sondern Bewusstsein mit einem Körper. Ich möchte dir dafür eine einfache Landkarte anbieten. Sie spiegelt natürlich nicht die tatsächliche Weite und Komplexität deines Bewusstseins wider. Dies ist im Kontext unserer Sprache gar nicht möglich. Sieh sie nur als annähernde Verständnishilfe für den Prozess der Elevation. Stell dir dein Bewusstsein wie ein riesiges, schier unbegrenztes Energiefeld vor. Darin schwimmt ein kleiner Eisberg – dein Egobewusstsein. Dieser Part hat die Aufgabe übernommen, deinen Körper möglichst sicher über die Runden zu bringen. Er besteht aus einer winzigen, aus dem Wasser ragenden Spitze – deinem Tagesbewusstsein. Das sind all die Gedanken, die dir durch den Kopf gehen, wenn du wach bist. Das Tagesbewusstsein nimmt nur einen sehr begrenzten Ausschnitt der dich umgebenen Wirklichkeit wahr und reagiert relativ langsam. Es ist deshalb nicht in der Lage, dich wohlbehalten durch das komplexe Abenteuer des Lebens zu führen. Du bemerkst seine Überforderung manchmal, wenn du versuchst, dir auf einmal viele neue Dinge bewusst zu merken, oder wenn du in einer schwierigen Herausforderung schnell reagieren musst. Für solche Situationen brauchst du einen wesentlich stärkeren und schnelleren Rechner – dein Unterbewusstsein. Das ist der größere Teil des Eisbergs, der sich unter Wasser befindet. Hier sind all deine Erfahrungen und Überzeugungen gespeichert. Von hier aus werden all deine Körperfunktionen gesteuert und die meisten deiner Entscheidungen gefällt. Bis hierher würden die meisten Psycholog*innen hoffentlich dieser, wenn auch frech vereinfachten, Metapher zustimmen.

Das Ego existiert jedoch in einem weitaus größeren Bewusstseinsraum – unserem bereits erwähnten Selbst, unserer Seele. Wenn wir mit unserer Wahrnehmung hier sind, erfahren wir uns immer noch als ein Individuum, aber unendlich viel freier, weiter und vollständiger als im Ego. Das Selbst ist nicht mehr gebunden an Zeit und Raum. Es kann sich frei ausdehnen. So hat es Zugang zum kollektiven Bewusstsein, einem noch viel größeren Bewusstseinsraum. In unserem Bild wäre das der große, unbegrenzte Ozean. Hier sind alle Erfahrungen und Gedanken der Menschheit, aber auch Archetypen und Symbole gespeichert, die in allen Kulturen und Gesellschaften wiederkehren. C. G. Jung ging davon aus, dass das kollektive Bewusstsein im Laufe der Geschichte und der Kultur durch Mythen, Legenden, Religionen und künstlerische Ausdrucksformen wie Malerei, Musik und Literatur ausgedrückt wird. Das könnte erklären, …

- o wie zeitgleich ähnliche Erfindungen von unabhängig agierenden Wissenschaftler*innen gemacht werden.
- o wie sich plötzlich neue Trends und Sichtweisen auf der ganzen Welt durchsetzen.

- warum wir vom Tod eines geliebten Menschen träumen und am nächsten Tag erfahren, dass ihm etwas zugestoßen ist.
- warum wir manchmal in unseren Träumen oder in schamanischen Ritualen archetypische Symbole oder Situationen erleben, ohne vorher von ihnen gewusst zu haben.

Denke nun noch etwas weiter und stell dir vor, dass dieses kollektive Bewusstsein der Menschheit wiederum eingebettet ist in ein kosmisches Bewusstseinsfeld, in dem alle Informationen des gesamten Kosmos enthalten sind, und zwar – Achtung, wir schlagen nun einen geistigen Salto! – nicht nur die aus der Vergangenheit, sondern auch aus möglichen Zukünften. Jetzt geh davon aus, du hättest eine innere Antenne für diese kosmische Datenbank und könntest sie jederzeit in Träumen, Meditationen und co-creativen Settings anzapfen. Ahnst du die weitreichenden, atemberaubenden Implikationen?

Mir ist bewusst, dass ich dir damit eine ziemliche Tour de Force durch sehr verschiedene Themen zumute. Doch wenn wir uns für Co-Creation in all ihren Dimensionen öffnen wollen, müssen wir bereit sein, alte Perspektiven infrage zu stellen. Co-Creation ist Pionierarbeit. Denn nichts von alldem können wir Stand heute beweisen. Gleichzeitig existiert auch kein wissenschaftlicher Gegenbeweis. Co-Creation bedeutet, den Mut aufzubringen und sich nicht nur von seiner Ratio, sondern auch von seiner Intuition führen zu lassen. Die meisten Menschen, mit denen ich über diese Fragen spreche, bestätigen, dass sie bereits Erfahrungen hatten, die Form und Zeit transzendierten. Die Erkenntnisse der Quantenphysik bestätigen, dass es wesentlich logischer ist, davon auszugehen, dass alle Informationen in einem großen Quantenfeld gespeichert sind und wir sie anzapfen können, als das Gegenteil zu behaupten.[29] Auch wenn du nur an deine physische Existenz glaubst, macht es Sinn, einmal darüber zu nachzudenken, dass dein scheinbar so fester Körper zu 99,99 Prozent aus Leerraum und auf der kleinsten Ebene aus Quanten besteht, die ständig zwischen Form- und Wellencharakter wechseln. Um dies in Perspektive zu setzen: Wenn wir ein Atom deines Körpers auf die Größe eines Fuß-ballstadions vergrößern würden, wäre der Kern etwa so groß wie ein Sandkorn in der Mitte, während die Elektronen wie winzige Punkte in den Tribünen kreisen würden. Der überwiegende Teil des Volumens des Atoms wäre leerer Raum zwischen dem Kern und den Elektronen.

Nichts ist in diesem Universum, wie es uns Menschen auf den ersten Blick erscheint. Und definitiv ist nichts in diesem Universum wirklich von irgendetwas anderem getrennt. Alles ist miteinander verbunden. Auch du bist auf Ebenen, die dir bis hierher vielleicht noch nicht bewusst zugänglich sind, mit jeder Information in diesem Universum verbunden. Natürlich sind unsere Antennen bis jetzt für den Zugang zu diesem Wissensfeld nur rudimentär entwickelt. Wie sollte es auch anders sein? Unsere stark materialistische und körper-zentrierte Sicht hat uns bis jetzt davon abgehalten, in die Erforschung und Verfeinerung dieses sechsten Sinnes zu investieren. Doch auf unserer begrenzten Wahrnehmung der Isolation zu beharren, ist ver-gleichbar mit unseren Urgroßeltern, die sich weigern, das Internet für ihre Fragen zu verwenden, sondern sich stattdessen auf das Wissen beziehen, das sie vor 80 Jahren in der Schule lernten.

 **Co-Creation entfaltet seine volle Magie, wenn alle Be-teiligten wenigstens so tun, als ob sie einen sechsten Sinn haben, und sich während der Begegnung darin üben, damit auf Empfang zu gehen.**

Hier kommt deshalb eine Einladung: Gehe in den Co-Creation-Circ-les, die ich dir in Teil IV vorstellen werde, zumindest spielerisch davon aus, dass …

- Zeit nicht linear verläuft und es möglich ist, mit der Zukunft zu korrespondieren,
- du dein Ego entspannen und über dein freies Selbst Zugang zum kollektiven Bewusstsein aufbauen und von hier wertvolle Informationen herunterladen kannst, und

o die Menschen, mit denen du co-creierst, und du auf einer tieferen Ebene eins seid. Eine Welle des Ozeans spricht mit einer anderen Welle. An der Oberfläche seid ihr individuell sehr verschieden. In der Tiefe seid ihr dasselbe Meer.

Wenn du und deine Weggefährt*innen stark rational veranlagte Menschen seid oder euch davor fürchtet, ausgelacht zu werden, müsst ihr diese verrückenden Überlegungen niemandem erzählen. Probiert es einfach aus. Gebt den spielerischen Versuchen mehrere Wochen Zeit. Der intuitive Kanal muss sich aufbauen und geschult werden. Wenn ihr dann bemerkt, dass die empfangenen Einsichten durchaus wertvoll sind, könnt ihr euch ja eine für euch passende Erklärung basteln. Ansonsten vergesst es wieder und macht an anderer Stelle weiter.

Doch kommen wir nun zu der praktischen Frage: Wie lädst du denn nun kollektives Bewusstsein herunter und wie öffnest du dich für die Ebene der Verbundenheit? Indem du dein Gehirn auf die richtige Frequenz einstellst.

Betrachte dein Gehirn wie einen Radioempfänger

Was für ein Zauberding ist bitte ein Radio! Alle Sender sind permanent im Äther vorhanden, doch du hörst nur den einen, dessen Frequenz du einstellst. Das Radio ist eine wunderbare Analogie für unser Gehirn und seine verschiedenen Frequenzen. Seine Neuronen kommunizieren durch chemische und elektrische Signale miteinander. Diese Signale können an der Oberfläche des Kopfes mit einem Elektroenzephalogramm (EEG) gemessen werden. Die Messungen zeigen, dass die Gehirnaktivität in verschiedenen Frequenzbereichen stattfindet, die von der langsameren Delta-Frequenz (1 bis 4 Hertz) bis zur schnelleren Gamma-Frequenz (25 bis 100 Hertz) reichen. Unser Gehirn befindet sich nie nur auf einer Frequenz, doch meist ist ein Bereich besonders dominant vertreten. Spannend ist nun, dass jede Gehirnfrequenz mit einem bestimmten Bewusstseinszustand und verschiedenen geistigen Fähigkeiten verbunden ist.

Der Bereich Beta (12 bis 30 Hertz) fokussiert uns. Er fördert logisches, lineares Denken und hilft uns, Dinge zielgerichtet umzusetzen. Da wir eine sehr auf Leistung ausgerichtete Gesellschaft sind, verwundert es nicht, dass sich die meisten Menschen tagsüber fast nur in Beta aufhalten. Das Problem daran ist der daraus resultierende Tunnelblick. Beta hält uns im eher angestrengten, individuellen Tagesbewusstsein fest. Intuitive Einsichten oder kreative Durchbrüche sind hier eher nicht zu erwarten.

Dafür brauchen wir Alpha (8 bis 12 Hertz). Diese Frequenz aktivieren wir durch Spiel, Tanz, Visualisierung und Humor. Sie entspannt unser Ego, öffnet uns für die Genialität unseres Unterbewusstseins und lässt uns frei assoziieren. Da wir in Alpha mehr für möglich halten und flexibler denken, können wir hier auch Zugang zum kollektiven Bewusstsein erfahren. Sicher hast du schon einmal eine der Geschichten gehört, in denen berühmte Wissenschaftler*innen wochenlang angestrengt (Beta) über ein Problem nachdachten und dann plötzlich unter der Dusche, vor dem Kamin oder im Wald die Lösung empfingen. Wir können den Fokus von Beta nutzen, um eine Frage über unser Tagesbewusstsein in unserem Unterbewusstsein zu platzieren. Doch dann müssen wir loslassen, indem wir entweder gar nicht mehr daran denken oder uns erlauben, verspielt zu assoziieren. Ein zusätzlicher positiver Effekt von Alpha ist die Freisetzung von Neurotransmittern, die Freude auslösen.

Die Pforte zu unserem Unterbewusstsein und zum kollektiven Bewusstsein geht in Theta (4 bis 8 Hertz) noch weiter auf. Diese stimulieren wir beispielsweise durch stille und geführte Meditationen. Bildhaft gesprochen: Das Ego entspannt sich in Theta und ermöglicht so eine freie Korrespondenz zwischen Selbst, Unterbewusstsein und kollektivem Bewusstsein. Wir sind hier sehr offen für tiefe und heilsame Einsichten. Geniale, wegweisende Visionen, oft durchwoben mit archetypischen Bildern, kommen von hier. Traumatherapie arbeitet viel auf der Theta-Ebene. Je meditationserfahrener wir sind, desto leichter wird es uns fallen, uns auch tagsüber in Theta zu versenken.

Übrigens durchlaufen wir alle mindestens zweimal am Tag Theta. Nämlich immer dann, wenn wir einschlafen und unser Bewusstsein von Beta zunächst auf Alpha und dann über Theta ins stille Delta sinkt und wenn wir am Morgen langsam wieder auftauchen. Deshalb hier ein kostbarer Tipp: Leg dir ein Tagebuch ans Bett. Beauftrage dein Unterbewusstsein in den letzten Minuten des Eindämmerns mit einem Auftrag, zum Beispiel einer wichtigen Frage. Versuche, wenn es möglich ist, ohne Wecker wach zu werden. Bleibe zehn Minuten länger im Dämmerzustand liegen und beobachte deine Gedanken und Gefühle. Schreibe dann alles auf, auch wenn es zuerst keinen Sinn ergibt. Nach einer Weile lernt dein Unterbewusstsein, diese Zeiten zu nutzen, um euch zu lehren. Ich habe so übrigens die Schlüsselvision des brennenden Thrones empfangen, die letztendlich zu *Genesis*, dem ersten Buch in dieser Trilogie, geführt hat.

So kannst du gezielt Alpha- und Thetawellen in deinem Gehirn stimulieren:

Übung: So stimulierst du Alpha

Wann immer wir uns entspannen und den Geist frei assoziieren lassen, stellt sich meist schnell Alpha ein. Folgende Techniken können hierbei unterstützend wirken. Es ist wichtig anzumerken, dass die individuelle Reaktion auf diese Techniken variieren kann. Es erfordert möglicherweise etwas Übung und Experimentieren, um herauszufinden, welche Methoden für dich am effektivsten sind. Die Erfahrung zeigt: Je öfter alle Beteiligten den Alphazustand aufsuchen, desto leichter wird es euch auch in der Gruppe fallen.

Meditation: Eine regelmäßige Meditationspraxis kann dazu beitragen, den Geist zu beruhigen und die Entstehung von Alphawellen zu fördern. Fokussierte Aufmerksamkeitsmeditation (auf bestimmte Objekte wie eine Kerze), Achtsamkeitsmeditation oder geführte Meditationen (siehe die homodea-Meditations-App) können dabei helfen, den Alphazustand zu erreichen.

Entspannungstechniken: Entspannungsmethoden wie progressive Muskelentspannung, autogenes Training oder Atemübungen können helfen, den Körper zu entspannen und den Geist in einen Zustand erhöhter Alphawellenaktivität zu versetzen.

Musik und Klang: Das Hören von beruhigender Musik oder Klängen, die speziell für die Stimulation von Alphawellen entwickelt wurden, kann helfen, den Geist zu beruhigen und den Alphazustand zu fördern. Es gibt spezielle Alphawellenmusik oder Klangschwingungen, die dazu dienen können, den Geist in den gewünschten Frequenzbereich zu führen. Aber auch das ausgelassene Tanzen zu deiner Lieblingsmusik kann bereits Alpha stimulieren.

Visualisierung und Vorstellungskraft: Das bewusste Visualisieren oder Vorstellen von entspannenden Szenarien, wie einem ruhigen Strand, einer friedlichen Naturumgebung oder eurer gemeinsamen Vision, kann dabei helfen, Alphawellen zu stimulieren. Das gemeinsame, verspielte Assoziieren (»Wenn du ein Tier wärst, welches wärst du und warum?«), Humor und Gruppenspiele jeder Art können dich ebenfalls in den Alphazustand versetzen.

Übung: So stimulierst du Theta

Da Theta in eine sehr tiefe Entspannung führt, ist hier ein geschützter Raum, in dem du ungestört bist, wichtig. Wenn du die folgenden Techniken in einer Gruppe durchführst, ist zudem ein großes Vertrauen ineinander sehr wichtig. Menschen, die gerade wieder aus Theta auftauchen, wollen meist noch eine Weile still sein. Respektiere das.

Meditation: Bestimmte Formen der Meditation, beispielsweise die sogenannte Theta-Meditation oder Theta-Wellen-Meditation, zielen darauf ab, den Geist in den Theta-Zustand zu versetzen. Diese Meditationstechniken verwenden oft Visualisierungen, wiederholte Mantras oder bestimmte Atemtechniken, um die Gehirnwellenaktivität in den Theta-Bereich zu lenken. Eine dieser Meditationen findest du auf unserer homodea-Meditations-App.

Klangschwingungen und Musik: Es gibt spezielle Klangaufnahmen und Musikstücke, die darauf abzielen, Theta-Wellen im Gehirn zu stimulieren. Diese können binaurale Beats verwenden, bei denen unterschiedliche Frequenzen an jedes Ohr gesendet werden, um eine Resonanz im Gehirn zu erzeugen und die Produktion von Theta-Wellen anzuregen. In unserer App findest du auch solche Sounds.

Hypnose: In einem hypnotischen Zustand treten oft verstärkt Theta-Wellen auf. Indem man sich von einer qualifizierten Hypnotherapeutin oder einem qualifizierten Hypnotherapeuten in einen Zustand der Trance oder hypnotischen Entspannung versetzen lässt, kann man die Gehirnwellenaktivität in den Theta-Bereich lenken.

Tiefes Atmen und Entspannungstechniken: Durch tiefe Atmung, progressive Muskelentspannung, autogenes Training oder andere Entspannungstechniken kann man den Körper in einen entspannten Zustand versetzen und so die Wahrscheinlichkeit erhöhen, dass Theta-Wellen auftreten.

Naturerlebnisse: Das Verweilen in einer natürlichen Umgebung wie in einem Wald, am Meer oder in den Bergen kann dazu beitragen, den Geist in einen entspannten Zustand zu versetzen und die Produktion von Theta-Wellen zu fördern. Der Anblick, die Geräusche und die Atmosphäre der Natur können den Theta-Zustand unterstützen.

Trance-Tanz: Ich schätze sehr die uralte Technik des Trance-Tanzes. Tatsächlich setze ich Trance-Tanz in unseren Teams gern ein, um schnell und tief in den intuitiven Raum reisen zu können. Hier bedarf es einer guten Vorbereitung und einer professionellen Begleitung.

Nun ist dein Geist hoffentlich weit gedehnt. Das lineare Zeitpradigma wankt und du bist – zumindest auf einer spielerischen Ebene – bereit, dich und dein Gegenüber eher als geistige Felder als als feste Formen zu betrachten. Du bist bereit für konkrete Experimente der Co-Creation.

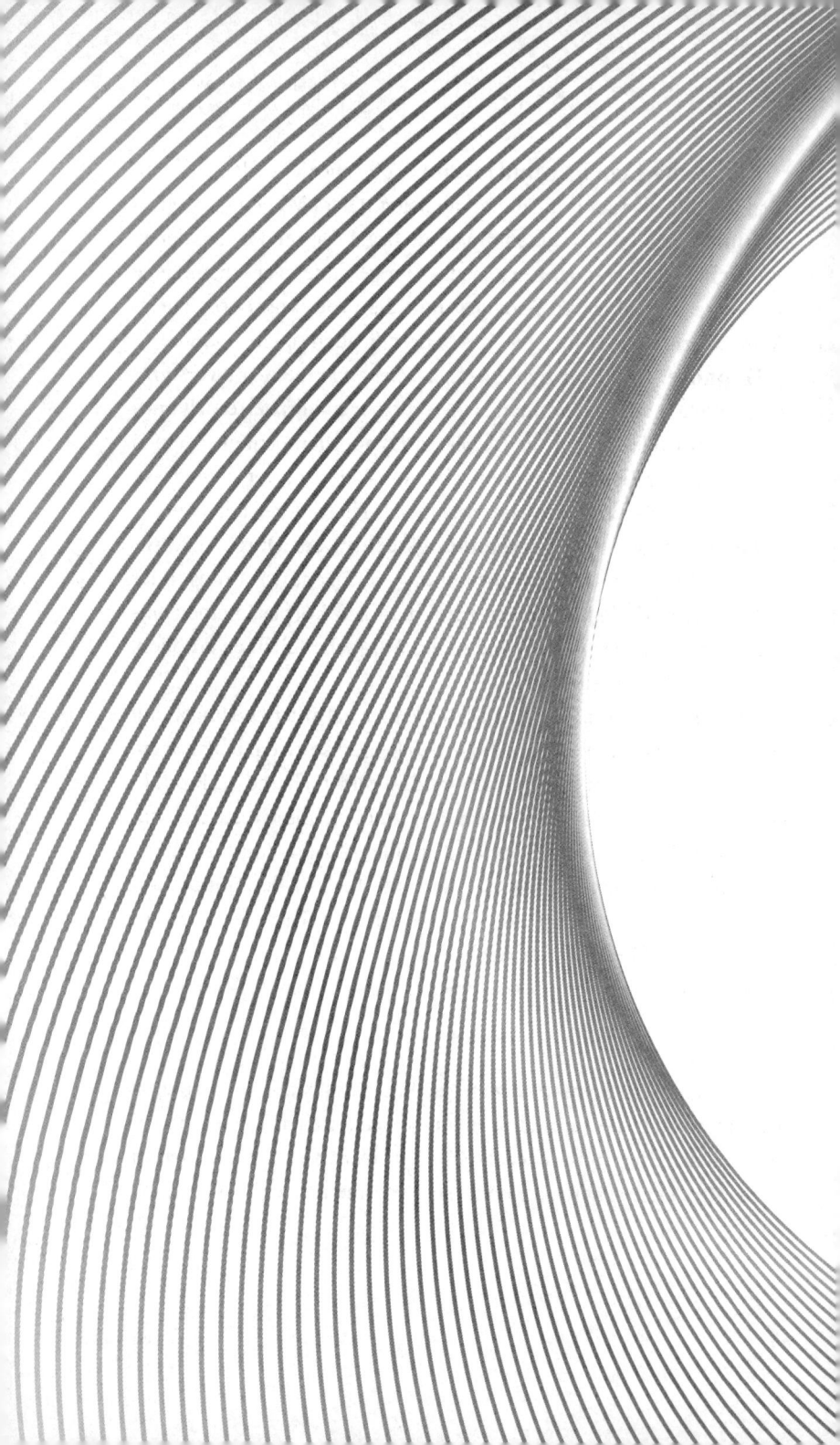

TEIL IV

Co-Creation

DIE CO-CREATION-CIRCLES

These: Auch wenn Co-Creation eine natürliche Lebenskraft ist, liebt sie es, bewusst eingeladen zu werden. Seit Tausenden von Jahren kommen Menschen in Kreisen zusammen, um ihr Bewusstsein zu synchronisieren und auf spezielle Themen oder Energien einzuschwingen. Mit dem richtigen Setting können wir jede Alltagsbegegnung in ein co-creatives Happening verwandeln.

Hast du schon einmal darüber nachgedacht, wie viele Stunden deines Lebens du in Gesprächen mit anderen Menschen und in Meetings verbringst? Lass uns gering veranschlagen und davon ausgehen, dass du zwei private und ein berufliches Treffen à jeweils eine Stunde jeden Tag hast. Wenn wir die Kindheit weglassen, dann sind das ab dem Alter von 18 Jahren bis zum Alter von 80 Jahren etwa 70 000 Stunden. Das sind circa 3000 Tage oder anders ausgedrückt acht Jahre. Das heißt, du erlebst mindestens ein Zehntel deines kostbaren Lebens in Gesprächen.

Reflexion

- *Lass uns kurz erforschen, was du bis jetzt mit Meetings assoziierst. Was löst die Vorstellung in dir aus, dich mit anderen Menschen privat oder professionell zu treffen? Vorfreude und Neugier? Oder eher Unlust, vielleicht sogar Stress?*
- *Unterhalten dich die Gespräche, die du bisher kennst, ausreichend?*
- *Regen sie dein Wachstum an?*
- *Beschäftigen sie sich mit fremden Baustellen oder für dich relevanten Themen? Konzentrieren sie sich eher auf die Wiederholung von Problemen oder das Erschaffen neuer Lösungen?*
- *Kannst du in allen Begegnungen in deinem authentischem Selbst sein? Oder musst du dich manchmal verstellen?*

Diese Fragen sind existenziell. Denn die Qualität deiner Gespräche beeinflusst maßgeblich, ob und wie weit du dein Potenzial erkennst und entfaltest. Viele Menschen empfinden berufliche Zusammenkünfte als belanglos, zäh oder sogar negativ. Sie erleben sie als Zeitverschwendung. Sie denken an stickige Büroräume oder steife Onlinemeetings, an ein oder zwei Personen, die eine langweilige Agenda herunterrasseln, und an das Gefühl, nicht ganz sie selbst sein zu können. Im privaten Umfeld können wir uns meist lockerer geben. Doch auch hier erzeugen nicht alle Gespräche die stimulierende Lebendigkeit und nahrhafte Nähe, nach der wir uns sehnen. Einer der Gründe: Vielen von uns ist beigebracht worden, faule Kompromisse im Namen der Höflichkeit oder aus der Pflicht der Verwandtschaft gegenüber auszusitzen.

Mach dir noch einmal bewusst: Es gibt keine neutrale Kommunikation. Gespräche stimulieren oder blockieren Neurotransmitter und wirken so maßgeblich auf deine Gefühle ein. Sie sind Echokammern des Geistes aller Beteiligten. Sie dehnen oder begrenzen die eigenen Vorstellungen. Sie wecken oder sedieren.

Ich habe in meinen jungen Jahren oft Langweile und Frust in Gesprächen gespürt und wusste nicht, warum. Seitdem ich mich mit Grundbedürfnissen und Neurowissenschaft beschäftige, wundere ich mich nicht mehr. Wir können noch so sehr auf bestimmte soziale Normen konditioniert worden sein, unser Bewusstsein sendet uns sofort Zeichen, wenn es nicht die richtige Nahrung bekommt. Seitdem ich mir dessen bewusst bin, bin ich nicht mehr gewillt, meine wertvolle Lebenszeit in belanglosen Konversationen zu vergeuden. Ich weiß, das klingt radikal. Aber sieh es mal so: Es ist dein kostbares Leben, und deine Konversationen entscheiden darüber, wie du dich fühlst und wohin du gelangst. Es ist also dein gutes Recht, ehrlich und weise zu wählen.

 **Der aktuelle Zustand der Menschheit ist das Resultat aller jemals auf diesem Planeten geführten Gespräche. Dein heutiges Leben ist das Ergebnis aller Gespräche, die du bis heute geführt hast.**

Deshalb ist die Frage so mächtig: Mit wem triffst du dich, warum und in welcher Qualität? Ich möchte mit diesem Buch dazu beitragen, dass du die Prinzipien von Co-Creation so verinnerlichst, dass du überall und unter allen Umständen co-creierst. Ich möchte, dass sich der Prozess der Co-Creation so tief in deinem Unterbewusstsein verankert, dass du nicht mehr darüber nachdenken musst, zu co-creieren, sondern es einfach tust. Um das zu erreichen, macht es Sinn, die Prinzipien in einer Art Übungs- und Forschungslabor zu trainieren. Hierfür nutzt du am besten verschiedene Begegnungsformate. Ich nenne sie Co-Creation-Circles. Gut ist es, stets klar zu benennen, was das Anliegen der aktuellen Begegnung ist. Denn jede Begegnung erfordert ein anderes Mindset.

Betrachte die Regeln, die ich dir für die Co-Creation-Circles vorstelle, nicht als in Stein gemeißelt. Lediglich für den Beginn lege ich dir ans Herz, sie genauso einzuhalten. Sie beruhen auf dreißig Jahren Erfahrung und dienen einem einzigen Zweck: deine kostbare Lebenszeit zu ehren, indem du deine Meetings in transformierende, den Geist beflügelnde Zeremonien verwandelst. Auch wenn es sich am Anfang künstlich anfühlen mag, deinen Gesprächen eine feste Form zu geben, wirst du den Sinn schnell erkennen. Du verhinderst so, dass antrainierte Verhaltensmuster dich und dein Gegenüber in alte Gesprächsbahnen lenken. Ihr werdet viel Zeit gewinnen, wesentlich schneller zum Punkt kommen und euch vor allem oft in einem angenehmen Flow erleben. Außerdem tragt ihr so zu einem Wandel der Gesprächskultur der Menschheit bei.

DIE ESSENZIELLEN REGELN

Ein Co-Creation-Circle ist eine Begegnung, die euer Leben für immer verändern wird. Ihr kommt zusammen, um starke Lösungen für eure Herausforderungen und Wünsche zu finden. Zeugt dieser Möglichkeit gebührenden Respekt, indem ihr das Treffen wie ein Ritual behandelt. Prinzipiell können wir jede Sequenz unseres Alltags – das

Aufstehen, das Abwaschen, das Zähneputzen – in ein Ritual verwandeln. Dafür braucht es Respekt, ein klares Anliegen und Präsenz.

Wie bereits besprochen, bedeutet Respekt, nicht nur der Tätigkeit selbst mit Achtung zu begegnen, sondern der ihr innewohnenden Möglichkeit, etwas Entscheidendes über uns und die Geheimnisse des Lebens zu erfahren. Wir müssen nicht auf einen heiligen Berg in Indien reisen, um Erleuchtung zu erlangen. Die Erleuchtung wartet in unserer Küche oder unter der Dusche auf uns. Wenn wir dem gegenwärtigen Moment mit der Haltung begegnen, dass er der einzige ist und alles enthält, wonach wir suchen, dann werden wir wieder und wieder staunen, wie reich uns ein Spaziergang oder eben ein Gespräch mit Erkenntnis und Erfüllung belohnen kann.

Das zweite Element – das klare Anliegen – haben wir auch schon ausführlich beleuchtet. Unsere Absicht wirkt wie ein magischer Schlüssel, der uns viele verborgene Dimensionen einer scheinbar einfachen Angelegenheit erschließen kann.

Das dritte Element ist der Grad unserer Präsenz. Asiatische Kulturen schätzen den Weg und seinen Wert mehr als unsere stark auf das Ziel ausgerichtete Gesellschaft. Sie sagen: 80 Prozent der Wirkung einer Sache kommt aus der Intensität, mit der wir sie ausführen. So kannst du jedes Gespräch in einen intensiven Co-Creation-Circle verwandeln. Begegne deinem Gegenüber und eurer Zusammenkunft mit Respekt.

 Hab stets ein klares Anliegen und sei wirklich da.

Auch wenn die Co-Creation-Circles andere Anliegen verfolgen und unterschiedlich lange dauern können, wirken die folgenden Regeln für alle Versionen unterstützend.

Regel 1: Legt ein klares Anliegen fest

Finde zusammen mit deinem Gegenüber ein gemeinsames Anliegen und macht euch dieses immer wieder bewusst. Folgende Fragen helfen dabei:

1. Was ist das zentrale Anliegen eurer Beziehung? Was ist eure gemeinsame, übergeordnete Vision?
2. Warum kommt ihr zusammen? Was ist das spezielle Anliegen, die Frage, der Wunsch für dieses Treffen?

Du oder dein Gegenüber solltet diese beiden Punkte zu Beginn eurer Begegnung kurz ansprechen, damit ihr euch darauf einstimmen könnt. Prinzipiell gibt es zwei große Ausrichtungen für eine bewusste Co-Creation. Die erste lautet:

 Ihr kommt zusammen, um euch gegenseitig in eurem Erblühen zu unterstützen.

Hier begegnen sich Menschen mit verschiedenen Themen in einem Co-Creation-Circle. Der eine will sein Business erfolgreich starten. Die nächste möchte ihren ersten Marathon laufen. Die dritte ist gerade allgemein an ihrer persönlichen Weiterentwicklung interessiert. Ihr findet euch in co-creativen Settings zusammen, um voneinander zu erfahren, wonach ihr euch sehnt, und um euch gegenseitig in eurem Erblühen und den spezifischen Zielen zu unterstützen. Die konkreten Ziele können sich ändern. Ihr kommt zusammen, um euch gutzutun und miteinander zu wachsen. Das gemeinsame Anliegen könnte also lauten: »Wir kommen zusammen, um Freude und Inspiration zu teilen und uns wirksam in unserem Wachstum und in unseren konkreten Herausforderungen zu unterstützen.«

Die zweite Ausrichtung für Co-Creation lautet:

 Ihr manifestiert gemeinsam ein konkretes Ziel.

Ihr kommt zusammen, weil ihr ein konkretes Projekt angehen wollt. Vielleicht wollt ihr gemeinsam ein Business starten, euer Business auf New Work umstellen, eure Beziehung auf die nächste Ebene bringen, die besten Eltern für eure Kids sein oder das nächste Produkt für eure

Kunden entwickeln. Natürlich kann es auch eine Kombination beider Varianten sein. Ihr nutzt die Prinzipien der Co-Creation, um kontinuierlich eure Beziehung zu vertiefen und aktuell anstehende Herausforderungen und Projekte zu boosten.

Warum auch immer ihr zusammenkommt, euer erster Schritt sollte es sein, eure gemeinsame Absicht zu formulieren und abzugleichen. Hier ein paar Tipps dafür:

- Formuliert eure Absicht schriftlich. Sie kann aus einem einzigen Satz bestehen oder eine halbe Seite lang sein.
- Formuliert sie positiv, das heißt, schreibt auf, was ihr wollt, und nicht, was ihr nicht wollt.
- Formuliert sie in der Gegenwart, also zum Beispiel »Wir erschaffen ...« (statt »Wir werden ... erschaffen«).
- Kommt von dem Punkt, dass alles möglich ist.
- Denkt groß und formuliert eure Absicht so emotional, dass sie euch allen unter die Haut geht. Statt also neutral zu beschließen: »Wir kreieren eine App«, wählt ihr absolut leidenschaftliche Worte und entscheidet: »Wir kreieren eine App, die in ihrer Art einzigartig smart und sexy ist. Sie reißt unsere Kund*innen vom Hocker und verbessert das Leben von mindestens 100 000 Menschen positiv.«
- Die Formulierung muss in allen Beteiligten ein starkes, positives Gefühl auslösen.
- Nehmt ebenfalls mit auf, welchen Nutzen die Welt von eurer Co-Creation hat. Denn denkt daran: Ein co-creatives System wird durch die Verbundenheit mit allem inspiriert und unterstützt. In der Beziehung kann das zum Beispiel sein: »Wir bringen unsere Liebesbeziehung durch Co-Creation zum Erblühen. Dadurch wird unsere Beziehung zu einer Oase der Freude für all unsere Bekannten. Auch unsere Arbeitskolleg*innen profitieren von unserer neuen Lebendigkeit. Wir sind für die Welt ein inspirierendes Vorbildpaar.« Fragt euch: Was wird durch euer Unterfangen besser, schöner auf der Welt? Was haben die

anderen davon? Diesen Aspekt mit aufzunehmen, wird euch zusätzlich motivieren. Zudem verhindert es, dass ihr euch in einer Bubble abkapselt.

Wenn ihr eure Absicht schriftlich auf eine Weise verfasst habt, dass ihr alle Begeisterung fühlt, wenn ihr sie lest, fehlt jetzt noch ein bedeutendes Element. Worte sind gut. Doch Bilder berühren unser Unterbewusstsein wesentlich stärker. Unser Gehirn ist ständig dabei, Bilder zu kreieren, und es kann kaum unterscheiden, ob das Bild nur in seiner Vorstellung oder real existiert. (Wenn du es testen willst, stoppe kurz das Lesen, schließe deine Augen, visualisiere eine Zitrone und stell dir vor, wie du hineinbeißt.) Dieses Phänomen könnt ihr euch zunutze machen, indem ihr ein Schlüsselbild für eure Vision entwickelt. Stellt euch dafür eine spezielle, besonders schöne Situation vor, die ihr so oder so ähnlich erleben werdet, wenn eure Pläne in Erfüllung gegangen sind. Wenn es in eurer Co-Creation-Vision um das Erblühen eurer Paarbeziehung geht, könnte das Schlüsselbild sein, wie ihr euch an einem besonderen Ort noch einmal frisch verliebt das Ja-Wort gebt. Wenn es in eurer Co-Creation-Vision um die Entwicklung eines innovativen Produktes für eure Kund*innen geht, könnte das Schlüsselbild sein, wie ihr von einer für euer Business spannenden Institution eine renommierte Auszeichnung für das Produkt erhaltet.

Es sollte eine Situation sein, die euch alle positiv erregt und die ihr euch alle vorstellen könnt. Beschreibt sie in Details. Wo genau seid ihr? Welches Datum habt ihr? Wer ist alles dabei? Was wird getan? Was ist zu hören, zu schmecken, zu spüren? Was fühlt jede*r von euch? Beschreibt das Bild schriftlich. Vielleicht findet ihr auch Fotos, die dazu passen. Legt euch eventuell ein richtiges Visionboard dafür an. Packt da alles drauf, was euch dabei hilft, in diese Situation einzutauchen.

Als Nächstes verankert ihr diese Zielkoordinaten von eurem bewussten Verstand in euer Unterbewusstsein. Das passiert aus der Kombination Visualisierung – Fühlen – Wiederholung. Je öfter ihr das Anliegen visualisiert, fühlt und mit Energie verseht, desto schneller wird euer Unterbewusstsein die neue Wahl als Zielvorgabe akzeptieren. Jede*r von euch kann dies als eigenen Beitrag zum positiven Gelingen für sich allein tun. Ich empfehle, das mindestens einmal täglich zu tun: Lies dir dafür euer Anliegen laut vor. Schließe dann deine Augen. Fühle dich in die Schlüsselsituation hinein. Stell dir vor, dass du sie bereits erlebst. Verleih dem Ganzen noch mehr Energie, indem du etwas intensiver atmest und/oder dabei eine Musik hörst, die dich elektrisiert und erhebt. Du findest im Onlinekurs (s. Anhang) die dazu passende Visualisierungsmeditation »Das Licht der Co-Creation« dafür.

Ihr könnt euer Anliegen aber auch gemeinsam zu Beginn eurer co-creativen Meetings visualisieren. Eine Person liest die Vision vor, eventuell auch eine Beschreibung des Schlüsselbildes. Sie kann mit den Worten beginnen: »Stellt euch vor, wie wir …« Die anderen tauchen in die Situation ein. Ihr könnt den Prozess durch ein passendes Musikstück verstärken.

Je intensiver und öfter ihr euch eurem Anliegen widmet, desto besser. Wenn ihr das in eurem Team noch nie gemacht habt, kann sich das zu Beginn merkwürdig anfühlen. Nicht weil es verrückt ist, sondern weil ihr es nicht gewohnt seid, Gesprächen bewusst Tiefe und Ausrichtung zu geben. Ihr müsst nicht in pseudoheiliger Ernsthaftigkeit erstarren. Es darf gelacht werden. Nach einer Weile wird diese Einstimmung zu einer geschätzten Routine, denn ihr werdet den Qualitätsunterschied in euren Begegnungen wahrnehmen. Ihr steigt tiefer, fokussierter und zuversichtlicher ins Gespräch ein.

Mein Tipp: Verleiht in jeder Begegnung einer Person von euch die Rolle des Visionkeepers. Diese Person kann, wenn ihr euch mal in Ego-Hickhack verrannt habt, ein Time-out beantragen und euch alle an das gemeinsame Anliegen erinnern.

Regel 2: Haltet euch an genaue Zeiten
Natürlich wäre es unsexy, auf einer Grillparty eine genaue Start- und Endzeit festzulegen. Doch wenn ihr offiziell zu einem Co-Creation-Circle zusammenkommt, ist dies meine eindeutige Empfehlung.

Wenn ihr wisst, ihr habt nur diese eine Stunde, werdet ihr euch auf das Wesentliche konzentrieren, flotter zum Punkt kommen und unnötige Wiederholungen vermeiden. Meetings sind vor allem deshalb oft nervig, weil unkonzentrierte Geister dazu neigen, offenen Spielraum mit Bullshit zu füllen, und so allen Beteiligten wertvolle Lebenszeit rauben.

Klare Zeitangaben machen auch eine faire Verteilung der Gesprächszeit möglich. Legt also Folgendes fest:

1. Wie lange soll das gesamte Meeting dauern?
2. Wie lang sollen die Abschnitte und Pausen sein?
3. Wie viel Sprechzeit bekommt jede*r in den einzelnen Runden?

Mein Tipp: Ernennt, wenn ihr mehr als zwei Personen seid, eine*n von euch als Timekeeper. Diese Person gibt ein klares Zeichen, wenn ein zeitliches Limit überschritten wurde. Wenn sie Stopp oder Wechsel sagt, haben sich alle anderen daran zu halten. Zu zweit empfehle ich euch, mit einem Timer zu arbeiten.

Regel 3: Besprecht nur ein Thema auf einmal

Wenn euer Co-Creation-Circle kurz ist, beschränkt euch auf ein Thema. Trefft ihr euch für einen mehrstündigen Workshop, definiert für jeden Abschnitt immer eine Fragestellung. Achtet darauf, dass niemand das Thema wechselt.

Mein Tipp: Ernennt eine Person als Themenkeeper. Das kann die oder der Timekeeper sein; seid ihr mehr als drei Personen, kann auch jemand anderes diese Rolle übernehmen.

Regel 4: Bettelt und fordert nicht

Wie bereits erwähnt, funktioniert Co-Creation nur auf der Basis absoluter Freiwilligkeit. Betteln setzt dich energetisch herab. Aus dieser Position der Bedürftigkeit kannst du nicht mehr frei co-creieren. Fordern setzt die andere Person unter Druck und kommt von der falschen Annahme, sie schulde dir etwas. Es gibt kein großes, kosmisches Schuldenbuch, in dem geschrieben steht, dass dir irgendjemand irgendetwas zu geben hätte. Lasst euch frei.

Paradoxerweise braucht diese erwachsene Haltung als Grundlage die Bereitschaft aller, diese Regel einzuhalten. Besprecht sie im Vorfeld ausführlich. Stimmt ihr einmal deutlich zu. Danach gilt sie. Punkt!

Regel 5: Seid verbindlich

Habt ihr einmal Spielregeln oder Zeiten festgelegt, haltet euch daran. Nein, es ist kein Ausdruck von Freiheit, zu spät zu kommen oder ein Treffen ohne triftigen Grund ausfallen zu lassen. Es ist ein Zeichen von Unreife und bucht massiv von eurem Beziehungskonto ab.

Regel 6: Sprecht zur rechten Zeit

Es gibt einen Unterschied zwischen einfach so drauflos zu reden und zu sprechen, wenn es wirklich dran ist. Egos nehmen sich gern wichtig. Besonders wenn eine Person unsicher ist, versucht sie das eventuell zu kompensieren, indem sie viel redet oder unbedingt das letzte Wort haben muss. Substanzlose Wortäußerungen kosten nicht nur Zeit, sie irritieren den co-creativen Flow. In eurem Co-Creation-Circle darf es nicht um Machtgerangel und Aufmerksamkeitsheischerei gehen.

 Ihr seid alle Channel einer größeren, gemeinsamen Wahrheit.

Es braucht eine innere, souveräne Haltung von Vertrauen, um warten zu können, bis du spürst, dass du tatsächlich etwas Relevantes zu sagen hast. Bei den Native Americans gibt es dafür die Tradition des Redestabs. Wenn ein Mitglied in der Runde spricht, basteln die anderen nicht bereits an ihrer eigenen Rede. Sie schenken der Person mit dem Redestab die volle Aufmerksamkeit. Sie verstehen: Diese Person empfängt gerade eine wichtige Wahrheit für uns alle. Wenn du an der Reihe bist, sprich, wenn du etwas zu sagen hast. Wenn gerade nichts

Relevantes in dir ankommt, hab den Mut zu schweigen. Erinnere dich an den Wert der Stille-Phase im schöpferischen Kreislauf.

Wenn ihr alle eine Portion Selbstreflexion und Feldfeeling mitbringt, wird es schnell offensichtlich, was aus einer tiefen Quelle der Inspiration kommt und was einfach nur unnötig ist. Genauso bedeutsam ist es auch, dass sich die, die normalerweise still bleiben, aus ihrem Schneckenhaus herauswagen, denn jede Stimme zählt! Ermutigt die Leisen, sich zu zeigen. Sie beobachten oft sehr fein und können wertvolle Einsichten einbringen.

Wir stellen uns in unseren Teams gern die Frage: Auf wem liegt gerade das Spotlight des Kreises? Damit ist kein äußerer Scheinwerfer gemeint, sondern die natürliche Dynamik des Feldes. Wer hat gerade etwas zu sagen? Wer ist für diese Fragestellung kompetent? In wem kommt gerade eine wesentliche Information an, die mit allen geteilt werden will? Wenn ihr für diese Perspektive offen seid, werdet ihr so manche Überraschung erleben. Denn es sind eben nicht immer die lauten Anführer*innen, die Bescheid wissen. Manchmal ist es der Hausmeister oder die Auszubildende, die mit ihrem Beitrag zum entscheidenden Durchbruch beitragen.

Auch oder besonders für Paare ist dies eine zentrale Herausforderung. Seid ihr in der Lage, der oder dem anderen Raum und Rückenwind zu geben, wenn das Spotlight auf ihm oder ihr liegt? Oder sabotiert ihr euch gegenseitig mit subtilen Machtkämpfen? Während meiner Vorträge unterstützt mich Andrea aus dem Hintergrund bedingungslos. Ich wiederum gebe ihr gern Raum und energetischen Support, wenn sie in Business-Meetings voll in Fahrt kommt. Wir kennen unsere Stärken und Schwächen und wir wissen, dass jeder Download authentischer Kraft immer allen zugutekommt, egal, in wem er ankommt.

Regel 7: Seid ehrlich

Wir haben bereits ausführlich über die Bedeutung von Wahrheit gesprochen. Doch ich möchte dich noch einmal dafür sensibilisieren, dass Ehrlichkeit *das* große Tabu der meisten Beziehungen ist. Die meisten von uns haben diesbezüglich verwirrende Signale in der Kindheit erfahren. Unsere Eltern haben uns aufgefordert, ehrlich zu sein – oft auch aus dem Bedürfnis heraus, uns zu kontrollieren. Doch wenn wir dann offen gezeigt haben, was wir denken und fühlen, wurden wir bestraft. Das war und ist eine Katastrophe. Denn es ist mittlerweile nachgewiesen, dass Liebesentzug dieselben Regionen in unserem Hirn aktiviert wie physischer Schmerz. Zudem verhalten wir uns deshalb oft auch noch als Erwachsene widersprüchlich in Bezug auf Wahrheit. Wir bestätigen sie offiziell als wertvollen Wert. Doch kommunizieren wir auch wahr? Und wie reagieren wir, wenn uns jemand anderes mit einer unangenehmen Wahrheit konfrontiert?

Wir müssen diesbezüglich noch ein weiteres Thema aufmachen, um die volle Problematik von Ehrlichkeit zu erfassen: das Privileg der Macht. Es braucht ein waches Bewusstsein und Schaulogik, um die eigenen Machtprivilegien nicht auszunutzen. Unsere gesamte Gesellschaft ist von Machtmissbrauch durchzogen:

- Eltern vs. Kinder: Eltern haben gegenüber ihren Kindern auf vielen Ebenen Macht. Es braucht Größe, diesen Hebel nicht einzusetzen, wenn dein Kind dir gegenüber auf eine schmerzhaft radikale Weise ehrlich ist.

- Männer vs. Frauen: Selbst nach über 100 Jahren Feminismus existieren in vielen Ehen immer noch starke ökonomische Abhängigkeiten. Diese Macht auszuspielen, bedarf oft nicht einmal Worte. Ich weiß aus vielen Coachings, dass die Drohung des Geldentzugs unausgesprochen im Raum schweben und dafür sorgen kann, dass sich nicht jede Frau traut, alles zu denken, zu sagen oder zu tun. Männern ist häufig nicht bewusst, dass allein das wütende Erheben unserer Stimme eine Machtdemonstration ist, die in vielen Frauen – evolutionär bedingt – Furchtreflexe auslöst. Frauen wiederum nutzen oft emotionale Abhängigkeiten und Sex, um Macht auszuüben.

- Vorgesetzte vs. Angestellte: Besonders heikel wird es, wenn ihr in einem Businesskontext einen Co-Creation-Circle eröffnet, in dem sich Angestellte und Vorgesetzte auf Augenhöhe begegnen sollen. Hier braucht es einen hohen Grad an Bewusstheit für existierende Machtverhältnisse und die Bereitschaft der jeweils Mächtigeren, diesen Trumpf auf gar keinen Fall auszuspielen. Es gibt einen Grund, warum in so vielen Unternehmen der Wert Transparenz gelobt, aber nicht gelebt wird. Ich kann aus eigener Erfahrung sagen, dass die Mitarbeiter*innen eines Unternehmens zu Beginn meist zu Recht Wortbekundungen der Chef*innen misstrauen. Sie brauchen die reale Erfahrung, dass die Führungsetage Ehrlichkeit willkommen heißt und keine strafenden Konsequenzen folgen lässt.

Ich empfehle euch, den Themenkomplex Ehrlichkeit – Macht – Angst relativ früh zu einem Thema in einem eurer Co-Creation-Circles zu machen. Sprecht offen über die folgenden Fragen:

- Wie seid ihr bis jetzt mit Ehrlichkeit umgegangen?
- In welchen Situationen fürchtet ihr euch davor, ganz ehrlich zu sein? Was ist die konkrete Angst?
- Wo erlebt ihr Machtstrukturen und Abhängigkeiten, die euch bis jetzt davon abgehalten haben, vollständig ehrlich zu sein?
- Wie könnt ihr gemeinsam ein Feld des Vertrauens aufbauen? Welche schriftlich festgehaltenen Regeln braucht es dafür?

Selbst wenn klar ist, dass nichts Schlimmes passieren wird, halten viele Menschen ihre Wahrheit zurück. Die Erklärung, die ich am häufigsten höre, lautet: »Ich wollte den anderen nicht verletzen.« Da müssen wir ehrlich und genau mit uns selbst sein. Erstens schaden wir unserem Gegenüber und der Beziehung langfristig durch Unehrlichkeit viel mehr. Zweitens verbirgt sich hinter der scheinbar altruistischen Argumentation oft ein banaler, egoistischer Grund: Wir fürchten uns einfach vor Disharmonie und den damit verbundenen negativen Gefühlen. Kurzfristig gewinnen wir durch Unehrlichkeit. Es bleibt (scheinbar) sicher und harmonisch. Wir verprellen niemanden. Langfristig verlieren wir.

Unausgesprochene Wahrheiten sind nicht weg. Sie sind für alle im Feld spürbar. Sie schwächen die Beziehung. Sie zerstören Nähe. Sie irritieren den Flow. Ich habe zahlreiche Paare in Coachings und Seminaren getroffen, die nicht an der Unmöglichkeit ihrer Verbindung gescheitert sind, sondern an kleinen Lügen, die sich oft schleichend zu einer unsichtbaren Mauer der Distanz aufbauen. Deshalb rate ich dir:

 **Wenn dir jemand wichtig ist, sei ehrlich. Deine wahren Weggefährt*innen werden dir noch mehr vertrauen und näher rücken. Und die, die nie wirklich zu dir gehört haben, werden verschwinden.**

Ich würde sogar so weit gehen und behaupten: Unehrlichkeit, um eine andere Person zu schonen, ist unterlassene Hilfeleistung. Denn wir brauchen das Feedback der anderen, um uns entwickeln zu können. Wir haben alle Blindspots, die wir vielleicht ein Leben lang übersehen, wenn uns niemand aus Liebe darauf hinweist.

»Muss ich wirklich alles mit dem anderen teilen?« ist eine Frage, die mir häufig gestellt wird. Erst mal: Es gibt kein Muss. Wie radikal ehrlich du sein willst, hängt von drei Fragen ab:

1. Was ist der zentrale Sinn deines Lebens? Wenn es dir darum geht, möglichst sicher und bequem durchzukommen, wirst du oft lügen müssen. Wenn du hier bist, um möglichst viel über dich zu erkennen und frei zu sein, dann ist radikale Ehrlichkeit der Turbokatalysator für deine Entwicklung.

2. Was ist das zentrale Anliegen eurer Beziehung? Geht es um eine behagliche Ehe oder um eine eher oberflächliche Businessbeziehung? Oder kommt ihr zusammen, um euch optimal in eurem Erblühen zu unterstützen?

3. Welche Wahrheit ist für diese Beziehung relevant? Ich teile zum Beispiel mit unserem Company-Team nicht all meine privaten Details. Nicht, weil ich ein Problem damit hätte. Sie sind einfach an dieser Stelle nicht relevant. Wenn Andrea und ich jedoch einen

fetten Streit haben (kommt manchmal vor), dann kommunizieren wir dies unseren Mitarbeiter*innen. Ansonsten wundern sie sich über die dicke Luft und glauben eventuell, es hätte etwas mit ihnen zu tun.

Wenn wir über Ehrlichkeit sprechen, müssen wir verstehen, dass wir nicht nur Worte zurückhalten oder verdrehen können. Wir können die Wahrheit auf vielen Ebenen zurückhalten: Gedanken über dich, Gedanken über eure Beziehung; Fantasien, Sorgen, Wünsche; etwas, was dir peinlich ist; Gefühle, die eure Beziehung betreffen; das Bedürfnis nach mehr Nähe oder nach mehr Distanz; eine angemessene Entschuldigung, die du aus Stolz zurückhältst.

All diese Elemente sind im Feld wirkende Informationen. Wenn wir sie nicht offenbaren, beeinflussen sie das Feld dennoch, und zwar sogar mächtiger, weil sie ins Unterbewusstsein verschoben werden. Das Feld wird zäher. Wir können uns nicht mehr frei in die Augen blicken. Jede*r nimmt die Spannung wahr. Wir fangen an, still zu mindfucken: »Was ist los? Hat er was gegen mich? Warum fühlt es sich heute so zäh an?« Die Irritation ohne Namen bringt den Flow ins Stocken. Ich bin mir sicher, du kennst das. Auf Dauer kreieren zurückhaltende Informationen für Individuen und Gruppen angstbesetzte, lebensfeindliche Situationen. Diese Heimlichkeiten im Denken beginnen meist unscheinbar, doch sie wirken wie ein Sandkorn im Getriebe. Ein Teil unserer geistigen Energie ist nicht mehr in der präsenten Beziehung, sondern kreist um unsere Zweifel und Vorbehalte. Die anderen spüren das, wir fangen an, uns zu misstrauen. Dadurch halten wir noch mehr zurück. Ein Kreislauf aus immer mehr Vorsicht, Zurückhaltung und Distanz setzt ein. Der einst lebendige Fluss unseres Wirs verwandelt sich in einen spannungsgeladenen Sumpf. Freude und Kreativität werden von ihm geschluckt.

Wie viele Liebesbeziehungen und wie viele vielversprechende Teams sind nicht an realen Hindernissen, sondern an zurückgehaltener Wahrheit gescheitert? Mein Rat: Wenn du souverän leben möchtest und wissen willst, wer wahrhaft zu dir gehört, sei radikal ehrlich. Für mich ist dies eines der schönsten Geschenke, die wir uns gegenseitig durch Co-Creation machen können: Wir lernen gemeinsam, dass lebendige Beziehungen Wahrheit nicht nur aushalten, sondern sogar genießen können. Kann Wahrheit manchmal wehtun? Na klar! Sie tut immer auf Ego-Ebene und aus drei Gründen weh:

1. Die Wahrheit berührt eine alte, nicht geheilte Wunde.
2. Die Wahrheit ent-täuscht eine Erwartungshaltung von uns.
3. Die Wahrheit erschüttert eine Überzeugung.

In allen drei Fällen haben wir die Wahl, die Überbringerin oder den Überbringer der Medizin zu bekämpfen, uns im Verteidigungsmodus zurückzuziehen oder so smart zu sein, Danke zu sagen und brav die Medizin zu schlucken. Und wenn wir uns für Letzteres entscheiden, dann haben wir die Chance,

- den Eiter der alten Wunde endlich abfließen zu lassen, sie zu säubern und zu heilen.
- unsere offenbar falsche Erwartung freiwillig smashen zu lassen und dem Leben nüchterner und freier zu begegnen.
- unsere offenbar zu begrenzte Überzeugung aufzugeben und unseren Geist dehnen zu lassen.

Ich möchte an dieser Stelle eine Warnung aussprechen. Weil Ehrlichkeit ein scharfes Schwert ist, sollte es niemals achtlos und ohne Mitgefühl ausgepackt werden. Es geht nicht darum, all deinen Mitmenschen jederzeit und ohne Herz deine Wahrheiten vor den Latz zu knallen. Warte auf den richtigen Moment. Sorge für Ruhe und Zeit. Mach *immer* vorher klar, dass es dir nicht darum geht, die andere Person zu verletzen oder herabzusetzen, sondern darum, dass du deine Wahrheit teilst, weil du die andere Person wertschätzt und weil du an einer aufrichtigen, tiefen Beziehung interessiert bist. Übe dich darin, auch harte Wahrheiten wohlwollend zu äußern. Wenn du in Ausnahmefällen das Gefühl hast, die andere Person kann mit dieser Wahrheit nicht umgehen, etwa weil sie schwer krank ist oder massiv in der Krise steckt, kann es angebracht sein, aus Mitgefühl zu schweigen.

Übung: Radikal ehrlich

Du findest im Onlinebereich (s. Anhang) die Übung »Radikal ehrlich«, mit der du deine Wahrheit ins Fließen bringen kannst. Sie ist für Andrea und mich eine der mit Abstand wirksamsten und wertvollsten Methoden, die wir in 30 Jahren Beziehungsforschung kennengelernt haben.

Zu Ehrlichkeit gehört auch, deine Aussagen immer an den Menschen zu richten, den sie betreffen. Wir haben wahrscheinlich alle bereits einmal erfahren, wie unangenehm es ist, wenn wir herausfinden, dass unsere »Freund*innen« hinter unserem Rücken über uns getratscht haben. Wenn wir ehrlich sind, fühlt es sich auch nicht gut an, wenn wir selbst über andere lästern. Dieses Verhalten kreiert eine subtile Atmosphäre von Misstrauen und ändert nichts. Frage dich bei allem, was du zu sagen hast: Wen betrifft diese Information? An wen ist dieses Feedback eigentlich adressiert? Wer kann etwas verändern?

Gossip ist ein Ausdruck mangelnder Achtung und Integrität. Bitte toleriere es auch nicht bei anderen. Erlaube ihnen nicht, dich zur stillen Mitwisserin oder zum stillen Mitwisser zu machen. Spiegele ihnen freundlich, was sie gerade tun, und setze eine Grenze, indem du zum Beispiel sagst: »Bitte besprich mit mir keine Angelegenheiten, die … betreffen.«

Im Folgenden gehe ich nun auf einige der gängigsten Formate der Co-Creation-Circles im Detail ein und stelle dir Möglichkeiten vor, wie du die Co-Creation-Circles umsetzen kannst. Ich möchte dich ermutigen, die Ideen selbst mit einer Person oder einem Team deiner Wahl auszuprobieren und an eure Bedürfnisse anzupassen.

CO-CREATION-CIRCLE FÜR SICHERHEIT UND VERTRAUEN

These: Sicherheit ist das elementare Grundbedürfnis eines jeden Menschen. Um uns füreinander zu öffnen, miteinander Großes zu erschaffen und Herausforderungen zu überwinden, brauchen wir ein Fundament von Sicherheit und Vertrauen.

Ich bin ein generell eher ungeduldiger Mensch. Deshalb habe ich oft den Fehler begangen, in Beziehungen sofort ein Ziel oder eine Herausforderung auf den Tisch zu bringen, anstatt erst einmal für ein Klima von Vertrauen und Wohlwollen zu sorgen. Seid smarter. Macht es von Anfang an richtig. Investiert nicht nur zu Beginn eurer Beziehung, sondern immer wieder zwischendurch, besonders in schwierigen Phasen in die Stärkung eurer Verbindung, ohne etwas voneinander zu wollen. Es lohnt sich, denn ihr werdet so viel mehr miteinander erreichen können und euch auch wohler fühlen.

Hier sind einige vertrauensbildende Faktoren und Ideen, wie ihr sie in einem Co-Creation-Circle einbringen könnt:

1. **Kommuniziert offen und ehrlich.** Nehmt euch Zeit, frei und authentisch über eure Gefühle und Gedanken zu sprechen. Das kann ganz generell geschehen, indem ihr teilt, was gerade in euch vorgeht. Oder ihr könnt spezifischer werden und teilen, was euch zu einem bestimmten Thema bewegt. Achtet darauf, euch aktiv und offen zuzuhören und die Perspektiven der anderen voll zu respektieren.

2. **Verbindet euch.** Längerer Augenkontakt, miteinander tanzen, eine bewusste Berührung, eine intensivere Umarmung – auch wenn es sich zuerst ungewöhnlich anfühlen mag, diese Gesten stimulieren die Ausschüttung von Oxytocin. Dieser Neurotransmitter lässt uns sicher und verbunden fühlen. Wir öffnen uns mehr füreinander.

3. **Zollt euch gegenseitig Wertschätzung.** Dieses Wunderelixier habe ich bereits ausführlich als vierte Säule erfolgreicher Kommunikation vorgestellt (s. Seite 129). Ihr werdet staunen, wie ihr die Energie allein dadurch anheben könnt, jeden von euch für fünf bis zehn Minuten in den Mittelpunkt der Aufmerksamkeit zu stellen und mit wertschätzenden Komplimenten zu beschenken.

4. **Lernt euch besser kennen.** Je mehr wir über die Geschichte eines Menschen wissen, desto tiefer können wir uns mit ihm verbinden. Wir lassen manchmal eine unserer Mitarbeiterinnen oder einen unserer Mitarbeiter zehn Minuten lang über ein Thema sprechen, was sie oder ihn berührt. Das können die Familie, ein Hobby oder eine Reiseerfahrung sein.

5. **Seid verlässlich.** Vertrauen basiert auf der Erfahrung, dass Menschen ihre Versprechen einhalten und zu ihrem Wort stehen. Besprecht, welche Regeln ihr braucht, um euch sicher zu fühlen.

6. **Lernt euch auf der Bedürfnisebene kennen.** Was braucht jede*r von euch, um sich wohlzufühlen? Wie könnt ihr euch das gegenseitig geben? Schaut euch hierfür noch einmal das Eisbergmodell an (s. Seite 96).

7. **Bringt Zeit, Geduld und Freude auf.** Vertrauen entsteht nicht über Nacht. Es erfordert Zeit, um eine Beziehung aufzubauen und die Zuverlässigkeit und Integrität einer Person zu beobachten. Geduld ist erforderlich, um Vertrauen allmählich aufzubauen. Je mehr freudvolle Momente ihr miteinander erlebt, desto stärker wird das Band.

Übung: Heißer Stuhl

Wenn bereits ein grundsätzliches Vertrauen vorhanden ist, probiert doch einmal Folgendes aus: Eine Person setzt sich auf den »heißen Stuhl«. Die anderen können nun fünf bis zehn Minuten lang alles fragen, was sie schon immer über diesen Menschen wissen wollten. Das können humorvolle, tiefe oder überraschende Fragen sein. Die befragte Person darf natürlich auch die Antwort verweigern, wenn es ihr zu intim wird. Doch ihr werdet staunen, wie viel besser ihr den Menschen auf dem heißen Stuhl nach dieser Übung sehen und verstehen werdet. Am Ende belohnt ihr ihn mit einer Runde aufrichtiger Komplimente.

CO-CREATION-CIRCLE IN STILLE

> **These:** Stille ist nicht Nichts. Stille ist eine generative und kreative Phase der Co-Creation.

Hier einige Beispiele, wie ihr Stille implementieren könnt:
- Führt eine tägliche Meditationszeit ein, in der ihr gemeinsam in Stille sitzt.
- Beginnt eure Meetings mit fünf bis zehn Minuten Stille oder einer geführten Meditation.
- Kreiert mehrtägige Retreats, in denen sich stille Phasen und Austausch abwechseln.
- Wenn ihr miteinander lebt oder arbeitet, vereinbart Zeiten, in denen nicht gesprochen wird. Immer mal wieder als Paar einen ganzen Tag in Stille miteinander zu verbringen, ist ein intensives und erfrischendes Erlebnis.

CO-CREATION-CIRCLE ZUR KLÄRUNG UND VERTIEFUNG DER BEZIEHUNG

> **These:** Beziehungen sind das Aufeinandertreffen hochkomplexer Wesen und verschiedener Geschichten. Reibungen und Konflikte sind natürlich. Wenn wir sie ignorieren, gewinnen sie an Macht. Wenn wir sie bewusst anerkennen und neugie-

rig erforschen, halten wir die Beziehung frisch und stark und alle Beteiligten reifen.

Das Anliegen dieser Co-Creation-Circles ist es, einen Raum zu schaffen, in dem zurückgehaltene Wahrheiten kommuniziert werden und sich alle Beteiligten authentisch zeigen können, um sich so tiefer kennenzulernen. Das Buch *Liebe macht stark – Von der Abhängigkeit zur engagierten Partnerschaft* von Gay und Kathlyn Hendricks (Goldmann Verlag, 2004) ist für mich eines der besten Beziehungsbücher, die ich je gelesen habe. Du findest darin viele einfache Übungen, um mehr Vertrauen und Lebendigkeit in deinen Beziehungen zu schaffen.

Folgende Übungen eignen sich für Co-Creation-Circles zur Klärung und Vertiefung der Beziehung:

- Die Übung »Heißer Stuhl« (s. Seite 210) hilft euch dabei, euch besser kennenzulernen.
- Schaut euch noch einmal das Eisbergmodell an (s. Seite 96), um euch auf einer tieferen Bedürfnisebene zu verstehen.
- Mithilfe der Übung »Dich ganz ausdrücken« (s. Seite 121) werdet ihr lernen, sichtbar zu sein.
- Die Übung »Ich will …« (s. Seite 146), hilft euch dabei zu lernen, dem Gegenüber die eigene klare Absicht zu zeigen.
- Die Übung »Radikal ehrlich« ist sehr wirkmächtig und braucht die Einhaltung klarer Regeln. Sie wirkt Wunder, wenn ihr als Paar oder Team fühlt, dass die Stimmung angestaut ist, weil nicht alles ehrlich kommuniziert wird. Du findest die Anleitung im Onlinebereich (s. Anhang).

Übung: »Erzähle mir etwas Wahrhaftiges von dir«

Die Wahrhaftigkeitsübung empfiehlt sich, wenn bereits ein Grundmaß an Vertrauen vorhanden ist. Setzt euch paarweise einander gegenüber und stellt einen Timer auf fünf Minuten. Bestimmt, wer von euch Person A und wer Person B ist. Person A schaut Person B ruhig in die Augen und äußert dann freundlich die Aufforderung: »Erzähle mir etwas Wahrhaftiges von dir.« Person B bleibt im Augenkontakt (das ist sehr wichtig, denn so können wir uns keinen Bullshit ausdenken) und spricht wahrhaftig über das, was sie gerade bewegt. Person B kommentiert weder zustimmend noch urteilend, sondern hält mit ruhiger Präsenz den Raum und lauscht mit dem Herzen. Falls Person B allerdings spürt, dass Person A nicht mehr ganz authentisch spricht, sondern sich in Geschichten und Konzepten verliert, wiederholt sie liebevoll die Aufforderung: »Erzähle mir etwas Wahrhaftiges von dir.« Nach fünf Minuten werden die Rollen getauscht. Am Ende nehmt ihr euch noch einmal Zeit, um euch darüber auszutauschen, wie ihr die Übung erlebt habt.

CO-CREATION-CIRCLE, UM SICH GEGENSEITIG IN DER UMSETZUNG VON ZIELEN ZU UNTERSTÜTZEN

These: Eine der schönsten Funktionen einer lebendigen Beziehung besteht darin, euch gegenseitig im Erreichen eurer Herzensziele zu unterstützen.

Dies ist sicher eines der gängigsten und wirkungsvollsten Formate der Co-Creation-Circles, deshalb gehe ich etwas tiefer darauf ein. Das Prinzip, sich mit kreativen, gleichgesinnten Menschen zu umgeben, wird seit Jahrtausenden angewendet. Wir finden hocheffektive, auf ein Anliegen eingeschworene Teams in vielen Legenden wieder, zum Beispiel in der Artus-Sage und bei den Rittern der Tafelrunde. In Politik, Wirtschaft und Wissenschaft ist es völlig selbstverständlich, sich für bestimmte Themen und Aufgaben zum Brainstorming zu treffen.

Napoleon Hill widmete in seinen Erfolgsgesetzen ein ganzes Kapitel der Notwendigkeit solcher Teams. Hill schrieb, dass ein Team die wesentliche Voraussetzung für langfristigen Erfolg sei und dass es den direkten Zugang zu den Ideen, Talenten, Ressourcen oder Fähigkeiten biete, die wir benötigen, um unsere Ziele zu erreichen und das Leben zu führen, das wir wirklichen wollen.[30] Ein entsprechender Co-Creation-Circle ermöglicht dir den unmittelbaren Zugriff auf einen schier unbegrenzten Pool von Ressourcen, Wissen, Erfahrung, Talenten und Kontakten – mehr als du jemals nutzen kannst. Für diesen Co-Creation-Circle empfehle ich eine Größe von drei bis maximal acht Personen. Regelmäßige Treffen mindestens einmal im Monat sind wichtig. Jedes Teammitglied sollte von den übrigen Mitgliedern geistig und emotional unterstützt werden. Mit anderen Worten: Wenn ein anderer Mensch spricht, schenke ihm deine volle Aufmerksamkeit. Beschäftige dich nicht innerlich mit anderen Themen, sondern widme deinem Gegenüber deine Ideen, deine Ermutigung und dein Mitgefühl.

Ich möchte dir an einem Beispiel zeigen, wie solch ein Co-Creation-Circle konkret aussehen könnte: Jemand wünscht sich ein neues Haus. Die anderen nehmen sich die Zeit, sich in diesen Wunsch hineinzuversetzen. Vielleicht äußern sie sich hierzu wie folgt: »Ich kann mir gut vorstellen, wie du vor deinem Prachthaus vorfährst. Ich sehe klar, wie du dich am Sonntagnachmittag im Whirlpool erholst.« Es geht dabei nicht um Lippenbekenntnisse! Es geht darum, dass wir uns für einen Augenblick genauso intensiv mit dem Wunsch unseres Gegenüber verbinden, als ginge es um uns selbst. So beauftragst du deine schöpferische Intelligenz, nach einer Lösung für dein Gegenüber zu suchen.

Achtet darauf, dass die Begegnung konzentriert, quasi »wie am Schnürchen« abläuft. Das heißt, dass Zeitvorgaben zuverlässig einzuhalten sind. Falls ihr euch zum Beispiel für eine einstündige Konferenz versammelt habt, solltet ihr nach exakt einer Stunde auch aufhören. Besteht dann bei einzelnen Teilnehmenden noch Bedarf für einen lockeren Austausch, bleiben sie einfach in der Leitung oder im Raum.

Bevor ihr euch zum ersten Mal für diesen Co-Creation-Circle begegnet, macht euch klar, worum es wirklich geht. Du lädst nicht bloß

Bekannte oder Freund*innen zum Kaffeekränzchen ein, sondern baust gemeinsam mit deinen Partner*innen ein kraftvolles Feld auf, das auf Dauer bestehen bleiben soll. Das bedeutet nicht, dass alles verbissen ernst ablaufen muss. Bleibt lässig und effizient. Euer Ziel ist es, durch die regelmäßigen Begegnungen Zeit und Energie zu gewinnen und echte Veränderung zu initiieren.

Nutzt euer erstes Gespräch, um herauszufinden, was jede*r von euch wirklich-wirklich durch eure Meetings erreichen möchte. Es gibt verschiedene Möglichkeiten:

- Ihr habt ein gemeinsames Ziel.
- Ihr habt ähnlich geartete Ziele (etwa im Hinblick auf geschäftlichen Erfolg).
- Ihr nutzt das Team, um jedes Teammitglied in seinem wichtigsten Ziel zu unterstützen, selbst wenn sie aus verschiedenen Bereichen kommen (etwa Liebesbeziehung, Geldziel).

Hier noch ein paar Vorschläge für die konkrete Umsetzung dieser Co-Creation-Circles:

- **Unterschiede versus Gemeinsamkeiten.** Konzentriert euch nicht auf die Unterschiede, sondern auf das, was euch verbindet. Natürlich ist es toll, wenn sich alle mögen. Doch wenn mal eine Person dabei ist, die sämtliche Knöpfe bei dir drückt, bleib mit deinem Fokus bei dem, was ihr euch wünscht, und nicht bei dem, was euch stört.
- **Leitung.** Jeder Co-Creation-Circle braucht eine Leitung, damit ein reibungsloser Ablauf gewährleistet ist. Diese Rolle kann auch rotierend übernommen werden. Die Leiterin oder der Leiter übernimmt die zeitliche und räumliche Koordination und bereitet die Meetings vor. Ich empfehle, am Ende des letzten Treffens die Leitung des nächsten Treffens festzulegen. So hat sie ausreichend Zeit, sich vorzubereiten.
- **Timekeeper.** Vergebt auch die Funktion einer oder eines Timekeepers. Diese Person sollte die Zeit der Beiträge der

einzelnen Teammitglieder messen, damit alle zu ihrem Recht kommen.

- **Vorbereitung.** Sei es dir selbst wert, dich auf jedes Treffen gut vorzubereiten. Du kannst dir zum Beispiel vorher darüber klar werden, welches Thema, welchen Wunsch oder welche Frage du ansprechen möchtest.

- **Start.** Die Leitung sollte zum Beginn eure Co-Creation-Circle-Regeln zur kollektiven Einstimmung vorlesen. Besprecht zu Beginn, um was es bei diesem Treffen genau gehen wird. Welche Wünsche gibt es? Welche Themen sollen besprochen werden? Welche offenen Fragen sollen beantwortet werden? Je klarer ihr beginnt, desto erfüllender wird die Begegnung verlaufen.

- **Check-in.** Jedes Teammitglied spricht eine bis zwei Minuten darüber, wie es ihm geht.

- **Zeit für jede*n.** Beginne, wenn du an der Reihe bist, damit, kurz aufzuzählen, was für dich seit dem letzten Treffen bezüglich deines Themas geschehen ist. Konzentriere dich auf Erfolge und Learnings. Dann nimm dir Zeit, dein aktuelles Problem, deine aktuelle Frage oder deinen aktuellen Wunsch zu kommunizieren. Wofür möchtest du heute die Gruppe nutzen? Zum Ermutigen, zum Sammeln von guten Ideen, als Zeugnis für einen wichtigen Schritt? Nachdem du gesprochen hast, sind die anderen für einen festgelegten Zeitraum eingeladen, Ideen, Impulse und Inspirationen für dein Anliegen in die Runde zu geben.

- **Reihenfolge und Zeitlimit.** Die Leitung kann jedes Teammitglied namentlich aufrufen oder sogar eine Nummer vergeben, um zu bestimmen, wer wann spricht. So werden unnötige Wartezeiten vermieden. Die Reihenfolge sollte jedes Mal wieder verändert werden, damit nicht immer dieselbe Person als Erstes spricht. Legt fest, wie viel Zeit jeder von euch für sein Anliegen bekommt.

- ○ **Anerkennung.** Alles, was wir anerkennen, wird mehr. Deshalb empfiehlt es sich, am Ende noch einmal kurz zu erwähnen, was dir an dieser Begegnung gefallen hat. Erkenne den Wert dieser Begegnung an. Es macht einen Unterschied, ob du dies nur denkst oder auch aussprichst.
- ○ **Abschluss.** Es ist schön, am Ende noch einmal die Begegnung und eure Erfahrung zusammenzufassen. Was habt ihr erkannt? Was habt ihr erfahren? Mit welchem Vorsatz geht ihr aus der Begegnung? Vergesst nicht, euch für das nächste Mal zu verabreden und eine Leitung dafür festzulegen.
- ○ **Abhängen, Genießen, Chillen.** Wenn der Arbeitsteil eurer Begegnung beendet ist, sprecht dies offiziell aus. So ist allen Anwesenden klar, dass nun Raum für eventuelles Genießen, Schwatzen, Essen ist. Auch diese Aspekte einer menschlichen Beziehung sollten nicht zu kurz kommen. Es macht aber Sinn, dies klar voneinander zu trennen.

Es macht Sinn, Prinzipien für eure Co-Creation-Circles zu formulieren und sie zu Beginn eurer Begegnung jedes Mal laut vorzulesen. Das kommt euch zuerst vielleicht komisch vor, aber die Erinnerung tut gut. Die folgenden Pinzipien sind nur ein Vorschlag. Wandelt sie für eure Bedürfnisse ab.

1. Wir kommen zusammen, um uns gegenseitig zu unterstützen.
2. Ich öffne mich dieser Gruppe, weil ich stärker werde, wenn andere mich unterstützen.
3. Ich glaube, dass die gebündelte Intelligenz dieser Gruppe mehr Weisheit erzeugt als nur meine eigene.
4. Ich verstehe, dass positive Ergebnisse rascher in mein Leben treten, wenn ich meine Probleme und Chancen aus der Sicht anderer Menschen sehe.
5. Ich weiß, dass noch viel mehr möglich ist, als ich denke.
6. Ich wähle, dem Potenzial unserer Gruppe zu vertrauen, und bin für neue Möglichkeiten offen.

7. Ich vergebe mir meine eigenen Fehler. Ich vergebe auch anderen, die mich verletzt haben, damit ich in der Gegenwart ankommen und frei in die Zukunft blicken kann.

8. Ich bitte die Gruppe, meine Ziele, Träume und Wünsche anzuhören.

9. Ich entspanne mein Ego und öffne mich für die co-creative Weisheit des Lebens. Möge sie uns alle inspirieren und führen.

10. Ich widme unsere Begegnung dem Wohlergehen aller Lebewesen. Möge unsere Begegnung dem Wahren, dem Guten und dem Schönen dienen.

11. Ich öffne mich für Erfolg und Freude.

12. Wenn es passt: Ich bin bereit für ein Wunder.

CO-CREATION-CIRCLE, UM AUS DER ZUKUNFT HERAUS ZU ERSCHAFFEN

These: Die zentrale Annahme von Co-Creation ist, dass die Lösung für jede unserer Herausforderungen, egal, wie groß, in der Zukunft bereits existiert. Es geht nicht darum, diese angestrengt zu erreichen, sondern sie offen zu empfangen.

Diese Form der Co-Creation-Circles ist für mich persönlich die spannendste, denn ich glaube, dass wir geistig in die Zukunft reisen müssen, um die Herausforderungen der Gegenwart zu lösen. Ich hoffe, mir ist es im Kapitel »Das Ende zweier Mythen« (s. Seite 168) gelungen, deine Vorstellung von Zeit zumindest aufzuweichen. Wie versprochen, stelle ich dir nun eine Schritt-für-Schritt-Anleitung vor, um überraschende Einsichten aus der Zukunft zu empfangen. Der Prozess der Elevation basiert auf der Annahme, dass dein Bewusstsein nicht auf deinen Körper begrenzt ist und du dich aus der geistig begrenzten Frequenz deines kleinen, gegenwärtigen Ichs erhebst, dich mit deiner zukünftigen, weiseren Version deiner selbst verbinden und so Antworten aus dem Möglichkeitenraum deiner Zukunft empfangen kannst.

Musst du dafür an nonlineare Zeit, Quantenfelder und Multiversen glauben? Nein! Selbst wenn du den gesamten Prozess lediglich als ein kurioses Gedankenspiel betrachtest und so tust, als ob, wird er dich kreativer und kühner denken lassen. Wenn ihr zum ersten Mal für diesen Prozess der Elevation zusammenkommt, empfehle ich euch, mit einem kleineren, unwichtigeren Thema zu starten. So überlastet ihr den ersten Versuch nicht mit zu großen Erwartungen. Ihr könnt erste Erfolgserlebnisse sammeln und euch dann, im Vertrauen gestärkt, höheren Fragen widmen.

Schritt 1: Komme in deiner Gegenwart an

Die meisten Meetings verlaufen ineffizient und frustrierend, weil die Beteiligten unvorbereitet hineinstolpern. Sie sind zwar körperlich anwesend, aber geistig nicht voll präsent. Wir tanzen auf tausend Hochzeiten. Bis kurz vor Meeting-Beginn werden noch E-Mails gecheckt, Nachrichten abgehört und andere Gespräche geführt. Wir bringen so störende Gedanken und Gefühle mit in die Runde, die hier nichts zu suchen haben. Unser Verstand gleicht einem aufgewühlten Gewässer und wir verschwenden die Hälfte des Meetings, um ihn zu beruhigen und dazu zu bringen, sich auf das Thema zu fokussieren.

Der einzige Zeitpunkt und Ort, an dem du dich für deine Zukunft öffnen kannst, ist jetzt und hier. Wir müssen uns freimachen von Erinnerungen an unsere Vergangenheit (auch die letzten Stunden) und unsere Sorgen vor der Zukunft. Finde deshalb für dich eine Möglichkeit, bereits im Vorfeld, also bevor du den Meeting-Raum betrittst, zu entschleunigen und in der Gegenwart anzukommen. Geh vielleicht noch einmal spazieren oder setze dich an einen ruhigen Platz. Nimm dir Zeit, deine Gedanken und Gefühle zu sortieren und dich zu spüren. Die folgenden Fragen können dir dabei helfen:

- *Was hast du heute schon erlebt?*
- *Was beschäftigt dich innerlich?*

o *Was fühlst du?*

o *Wie fühlt sich dein Körper an?*

o *Welche Gedanken gehen dir in Bezug auf das Treffen durch den Kopf?*

Wenn es dir schwerfällt, dich auf dich und den gegenwärtigen Moment zu konzentrieren, nutze die kurze, geführte Meditation »Ankommen in der Gegenwart«, die ich dir im Onlinebereich zur Verfügung stelle. Ich empfehle, mindestens 15 Minuten vor Meeting-Beginn an nichts anderem mehr zu arbeiten, das Handy wegzulegen und zur Ruhe zu kommen. Natürlich ist die Versuchung groß zu denken: »Die Zeit könnte ich noch sinnvoll nutzen.« Doch glaub mir, ihr werdet so viel Zeit sparen. Denn wenn alle Beteiligten gut eingestimmt sind, verlaufen Co-Creation-Circles erheblich effizienter und die Ergebnisse sind wegweisender und nachhaltiger. Sieh diese Vorbereitungsphase als einen Akt des Respekts für euer gemeinsames Anliegen.

Bestimmt zudem einen Menschen, das Setting für den Co-Creation-Circle vorzubereiten: eine gemütliche Sitzrunde, gutes Licht, ein Blumenstrauß, eine kleine Leckerei auf jedem Platz, eine Kerze, eine meditative Musik, warum nicht auch einmal ein verführerischer Duft … Kleine Dinge wie diese können euch helfen, euch schnell und freudvoll einzustimmen.

Schritt 2: Synchronisiert eure Gegenwart

In diesem Schritt geht es darum, eine gemeinsame Gegenwartserfahrung aufzubauen: Ihr seid zusammengekommen und bringt nun eure gesamte Bewusstheit ins Hier und Jetzt. Unser urteilender Geist kann sich schwer für neue Erfahrungen öffnen. Er hat eine Geschichte mit den anderen Personen, die in diesem Moment bei uns sind. Er glaubt zu wissen, wer die anderen sind und was mit ihnen möglich ist. Besonders, wenn es in der Vergangenheit eurer Beziehung bereits Enttäuschung und Frustration gab, können diese Erinnerungen den Empfang neuer Möglichkeiten blockieren. Wir suchen deshalb zu Beginn nach einer Geisteshaltung, die im Buddhismus Anfängergeist genannt wird. Diese ist von Offenheit und Neugier geprägt; man ist frei von Vorurteilen. Es geht darum, den Geist quasi auf Anfang zu resetten, sodass er bereit ist, neue Erfahrungen zu machen, ohne sich von Vorannahmen oder vorgefassten Meinungen beeinflussen zu lassen. Diese Haltung ermöglicht es, den gegenwärtigen Moment mit frischer Aufmerksamkeit und unvoreingenommenem Geist zu betrachten.

Was es dafür braucht, ist die Haltung aller Beteiligten, mit der ganzen Präsenz hierher in den Moment zu kommen und euch auf die Vorstellung einzulassen, dass ihr heute im Grunde genommen neu beginnt. Die Vergangenheit ist die Vergangenheit. Heute ist ein neuer Start. Eure Erinnerungen sind Erinnerungen an das, was bis gestern möglich war. Sie sagen nichts darüber aus, was heute sein kann. Eure Vorstellungen von dem anderen Menschen und euch selbst drücken niemals die vollständige Wahrheit aus. Jede*r von euch steckt noch voller Überraschungen. Seid ihr bereit zu staunen und euch neu zu entdecken?

Es gibt verschiedene Möglichkeiten, euch zu synchronisieren:

- Wenn eure Gruppe nicht zu groß ist, empfiehlt sich zum Einfliegen eine kurze Check-in-Runde. Jeder spricht maximal zwei Minuten über seine aktuelle Wahrnehmung: *Welche Gedanken gehen mir durch den Kopf? Was spüre ich in meinem Körper? Welche Emotionen fühle ich? Was wünsche ich mir für unser heutiges Meeting?*

- Bei größeren Gruppen funktioniert ein kurzer, geführter Check-in, der alle Beteiligten für einige Minuten nach innen führt. Ihr könnt die Vorlage »In der Gegenwart ankommen« aus dem Onlinebereich abspielen (s. Anhang) oder eine*r spricht sie laut vor. Ihr könnt diesen Check-in dann mit einer schnellen Runde abschließen, in der jede*r nur einen Satz sagt, etwa: »Mein Wunsch für unser Treffen ist …« »Wenn alles möglich wäre, wünsche ich mir für unser Treffen …« »Ich bin jetzt hier und lasse mich voll ein.«

- Ihr könnt eine überraschende Frage vorgeben, über die alle Anwesenden kurz sprechen. Zum Beispiel: »Wenn ich einen Wunsch frei hätte, dann würde ich mir wünschen …« »Wenn ich für eine Woche alle Plakate der Welt für eine Botschaft nutzen könnte, dann würde diese lauten …«

- Eine*r von euch fasst die Ergebnisse der letzten Begegnung zusammen und stimmt die Gruppe auf das Anliegen ein.
- Eine wirkungsvolle, allerdings intime Methode und deshalb besonders für Paare und gute Freund*innen geeignet, besteht darin, sich still zwei bis fünf Minuten in die Augen zu schauen, den Atem dabei möglichst sanft fließen zu lassen und immer mehr in diesem nonverbalen Kontakt anzukommen.

Schritt 3: Sorge für einen stillen Geist

In diesem Schritt gilt es, das Ego und seine Bedürfnisse zu entspannen, in einem offenen, nichtwissenden Zustand anzukommen und euch bewusst für euren intuitiven Kanal zu öffnen. Meditationsprofis können sich mit geschlossenen Augen in den inneren, stillen Raum versenken. Es funktioniert aber auch, die geführte Meditation »Stiller Geist« zu verwenden. Du findest sie im Onlinebereich (s. Anhang).

Schritt 4: Stimme dich ein

Nun ist es an der Zeit, eure geistigen Kräfte zu bündeln, indem ihr euch auf euer gemeinsames Anliegen einstimmt. Dieser Schritt besteht aus drei Teilschritten.

Formuliert euer Anliegen

Hier geht es darum, euer Anliegen zu formulieren: *Was genau ist unsere Frage? Für welche Herausforderung suchen wir eine Lösung? Zu welchem Thema wollen wir einen Blick in die Zukunft werfen?* Nehmt euch kurz Zeit, einen Konsens zu finden. Habt ihr eure Absicht bereits im Vorfeld besprochen, dann könnt ihr sie jetzt noch einmal vorlesen.

Bittet um Führung

Verbindet euer Anliegen mit dem Anrufen eurer intuitiven Weisheit und der Öffnung für das kollektive Bewusstsein. Ich empfehle euch, dafür Begriffe zu finden, die zu eurem kulturellen Kontext passen. Manche meiner Klient*innen rufen die Seele an, andere (mit christlichem Hintergrund) den heiligen Geist. Seid ihr physikorientiert, bittet ihr vielleicht um Zugang zum Quantenfeld. Für rational veranlagte Menschen kann es die Bitte um Öffnung für das kollektive Bewusstsein sein. Hier einige Formulierungsvorschläge: »Wir öffnen unseren sechsten Sinn für unsere Zukunft.« »Wir aktivieren unsere innere Weisheit, um …« »Wir bitten unser höheres Selbst um Führung für …« »Wir öffnen uns verspielt für die Möglichkeit, einen Blick in die Zukunft zu werfen.«

Vielleicht fragst du dich, wie so unterschiedliche Formulierungen die gleiche Wirkung erzielen können. Das liegt daran, dass wir die Wahrheit auf diesen tieferen Dimensionen (noch) nicht exakt kennen. Alle Konzepte (auch die in diesem Buch) sind Umschreibungen. Doch wenn es unser freies Selbst und von dort einen Zugang ins kollektive Bewusstsein gibt, dann ist es ihm – sorry für den saloppen Ausdruck – sehr wahrscheinlich sch…egal, wie wir *es* nennen. *Es* wartet ungeduldig darauf, dass wir es endlich ansprechen.

Handelt zum Wohle aller

Dies ist einer der bedeutsamsten Unterschiede zwischen Co-Creation und den vergangenen Beziehungsformen. Wir wollen Lösungen empfangen und manifestieren, die dem Wohle aller dienen. Deshalb unterstützt es euer Anliegen, wenn ihr euch noch einmal daran erinnert. Eine Beispielformulierung *könnte lauten*: »Wir kommen heute zusammen, um eine Vision für die bestmögliche Zukunft zu empfangen, in der unser Unternehmen komplett nachhaltig ausgerichtet und gleichzeitig ökonomisch noch erfolgreicher dasteht als jetzt. Wir bitten unsere Intuition, uns in diese bestmögliche Zukunft zu führen und uns hier Ideen und Lösungen zum Wohle aller Lebewesen zu präsentieren.« Es ist wichtig, zu betonen, dass ihr in der *bestmöglichen* Zukunft landen wollt, denn natürlich existieren im Möglichkeitenraum auch Versionen, in denen alles schiefgelaufen ist. Je klarer eure Intention ist, desto einleuchtender und deutlicher werden die Antworten sein.

Schritt 5: Reise in die Zukunft

In diesem Schritt versetzt ihr euch nun in die von euch gewünschte Zukunft. Dafür schlage ich euch mehrere Varianten vor. Achtung: Nicht jeder Mensch sieht innere Bilder. Das ist auch nicht notwendig. Wichtig ist, dass du dich in diese Zukunft mit möglichst vielen Sinnen hineinversetzt. Vielleicht spürst du sie körperlich (Bewegung, Berührung, Wärme ...). Eventuell hörst du Geräusche (Umgebung, Gespräche ...) oder riechst Düfte. Wichtig ist, dass ihr euch auf eine angepeilte Zielsituation in der Zukunft einigt. Je konkreter die Details, desto besser.

Leitet diese Zukunftssituation ein, zum Beispiel mit den Worten: »Heute versetzen wir uns in die Zukunft unseres Unternehmens, exakt zwei Jahre von heute. Wir stellen uns vor, dass es ein sonniger Tag ist, an dem wir zusammenkommen, um die Erfolge zu feiern, die sich eingestellt haben, seitdem wir uns vor exakt zwei Jahren in einem Co-Creation-Circle diese Zukunft vorgestellt haben. Wir sind in der bestmöglichen Zukunftsversion. Wir haben in diesen zwei Jahren wesentliche Prinzipien von New Work und Nachhaltigkeit umgesetzt. Wir haben unser Unternehmen an die Anforderungen der Zeit optimal angepasst. Es ist erblüht. Wir stehen von allen wichtigen Kennzahlen her sehr gut da.«

Damit das Empfangen dieser Zukunftssituation gut funktioniert, solltet ihr euch vorher noch einmal bewusst machen, dass es jetzt noch nicht wichtig ist, den Weg dahin zu kennen. Kommt von dem Punkt, dass alles möglich ist. Ich stelle dir nun verschiedene Möglichkeiten vor, euch in die Zukunft hineinzuversetzen.

Methode 1: Zukunftsfragen

Stellt euch im Gespräch Fragen zu dieser Zukunft, etwa: »*Wenn alles möglich ist und wir gemeinsam in dieser Wunschzukunft ankommen ...*

- *wer werden wir dann wohl sein?*
- *wie werden wir uns fühlen?*
- *was werden wir tun?*
- *unter welchen Umständen werden wir dann leben?*
- *welche Details werden wichtig sein?*
- *welchen Rat können uns unsere zukünftigen Ichs geben?«*

Methode 2: Eine geführte Meditation

Entweder ihr hört gemeinsam die Meditation »Sprich mit deiner Zukunft«, die ich euch im Onlinebereich anbiete (s. Anhang), oder eine*r von euch spricht selbst eine kurze geführte Meditation. Diese kann sehr einfach sein, etwa: »Schließt eure Augen. Atmet einige Male tief durch. Stellt euch vor, dass beim Ausatmen die Gegenwart und all ihre Begrenzungen von euch abfallen. Nun stellt euch vor, dass euer Bewusstsein wie auf einem Lichtstrahl in unsere gemeinsame Zukunft reisen kann. Und zwar an einen Tag … (Hier wird die Zielsituation beschrieben.) Es ist nicht wichtig, zu wissen, wie wir dahin gekommen sind. Den Weg werden wir später erkennen. Heute machen wir uns bewusst, dass alles möglich ist und dass diese Zukunft bereits irgendwo da draußen existiert.« Auch in der Meditation können die Zukunftsfragen gestellt werden.

Methode 3: Die Zukunft aufstellen

Vielleicht kennt ihr diese Methode von Familienaufstellungen. Für unseren Zweck habe ich sie leicht adaptiert. Wählt einen großen Raum oder, wenn es das Wetter zulässt, einen Platz draußen aus. Legt hier zwei Bereiche fest. Einer steht für eure Gegenwart, der andere für die Zukunft. Kennzeichnet sie mit einem großen Blatt auf dem Boden oder der Wand, auf dem »Gegenwart« beziehungsweise »Wunschzukunft« steht.

Zuerst führt ihr am Platz der Gegenwart eure Einstimmung aus. Verbindet euch dafür mit eurer Absicht und kommt ganz im Hier und Jetzt an. Dann wechselt ihr zum zweiten Bereich. Bewegt euch langsam dahin und stellt euch dabei vor, ihr reist gerade in eure Zukunft. Wenn ihr dort angekommen seid, schließt die Augen. Vielleicht spricht jemand noch einmal eine Einstimmung, etwa: »Wir sind jetzt in unserer gewünschten Zukunft angekommen, und zwar an einem Tag … (Hier wird die Zielsituation beschrieben.) Es ist nicht wichtig, zu wissen, wie wir dahin gekommen sind. Den Weg werden wir später erkennen. Heute machen wir uns bewusst, dass alles möglich ist und dass diese Zukunft bereits irgendwo da draußen existiert.«

Jetzt gehen alle auf Empfang. Ihr werdet überrascht sein, wie Stimmung und Gedanken wechseln. Ihr könnt euch auch in dieser Methode die Zukunftsfragen stellen. Vielleicht liest eine Person die Fragen vor oder ihr habt sie im Vorfeld in euren Notizbüchern notiert. Ich empfehle, euch erst einmal Zeit zu nehmen, in der alle Beteiligten für sich ihre Antworten aufschreiben, bevor ihr in den Austausch geht. Ein praktischer Tipp: Lasst ein Aufnahmegerät mitlaufen, damit ihr wirklich voll eintauchen könnt und nicht befürchten müsst, eine brillante Idee zu vergessen. Bleibt nach dem Austausch ruhig noch eine Weile »in der Zukunft« stehen und beschreibt spielerisch, was ihr gerade miteinander in der Zukunft erlebt. Entspannt eure Ratio. Denkt intuitiv. Auch ungewöhnliche Ideen sind willkommen. Es darf auch witzig sein.

Zum Abschluss könnt ihr euch von dort noch einmal dem Platz der Gegenwart zuwenden. Stellt euch vor, eure jüngeren Ichs stehen dort und ihr könnt ihnen durch ein Wurmloch wichtige Botschaften zukommen lassen. Worauf sollten sie achten? Auf welche Gefahren sollten sie aufpassen? Was sind wesentliche Meilensteine? Was ist der erste Schritt von der Gegenwart in Richtung Zukunft?

Methode 4: Der Zukunftssessel

Diese Methode empfiehlt sich für Paare, Familien und kleinere Teams. Stellt einen speziellen Stuhl oder Sessel an einem besonderen Platz zu Hause oder im Büro auf. Nutzt diesen Sessel nicht wie gewöhnlich, sondern nur wenn eine*r von euch in die Zukunft reisen möchte.

Stellt euch vor: Wann immer ihr auf diesem Sessel sitzt, fallen eure gegenwärtigen Begrenzungen von euch ab. Ihr werdet ihr zu eurem älteren und weiseren Ich. Ihr könnt hier Eingebungen empfangen und euch beraten lassen. Ihr werdet erstaunt sein, wie viel Kraft dieser Platz bekommt, wenn ihr ihn wirklich ehrt. Wenn ihr in eurer Company mehr Fläche habt, ist eurer Fantasie keine Grenze gesetzt.

Methode 5: Bereits in der Zukunft sein

Diese Methode macht enorm viel Spaß und wirkt mächtig. Doch ihr braucht die Bereitschaft, zu Beginn etwas zu schauspielern. Es gibt übrigens eine einfache psychologische Erklärung für die Wirkungskraft solcher Spiele, in denen ihr so tut, als ob: Unser Gehirn kann nur erschaffen, was es sich auch vorstellen kann. Außerdem kann es nicht zwischen real erfahrenen und vorgestellten Ereignissen unterscheiden. Diesen Mechanismus nutzen wir. Sobald du dich intensiv, mit all deinen Sinnen, in die von dir gewünschte Zukunft hineinversetzt, verfügt dein Gehirn nämlich fortan über eine eindrückliche Referenzerfahrung und wird nun – wenn du ihm das Go gibst – nach Wegen suchen, um dieses Ziel zu erreichen. Verabredet euch also für diese Methode zu einem Meeting oder einer Party oder trefft euch für einen ganzen Tag, an dem ihr alle so tut, als wärt ihr bereits in eurer Zukunft.

Als Paar könnt ihr das zum Beispiel bei einem Love Dinner machen. Hierfür verabredet ihr euch in einem ganz besonderen Restaurant. Jede*r von euch nutzt den Tag für sich allein, um sich einzustimmen. Denn ihr begegnet euch nicht in eurer gegenwärtigen Version, sondern seid 20 Jahre älter. In dieser Zeit seid ihr gereift. Eure Liebe hat sich vertieft. Ihr lebt an eurem Traumort. Ihr kommt zusammen, um die »vergangenen« 20 Jahre zu feiern. Wenn ihr euch dann trefft, wird sich dieses Spiel in den ersten Minuten seltsam anfühlen, denn eure Gehirne werden dagegen rebellieren. Zieht es durch. Irgendwann rutscht ihr in diese Möglichkeit hinein und werdet sie fühlen. Das ist fast ein wenig unheimlich, weil es sich wirklich echt und sehr inspirierend anfühlen kann. Sprecht spielerisch und dankbar darüber, was sich alles in diesen 20 Jahren zum Guten gewendet hat. Feiert eure Beziehung. Erträumt euch besondere Situationen, die in der Zeit stattgefunden haben könnten. Berichtet einander, wie ihr das Erblühen der oder des anderen erfahren habt. Zählt auf, wofür ihr alles dankbar seid. Vergesst nicht, euren 20 Jahre jüngeren Ichs noch eine Botschaft zu senden. Vielleicht schreibt ihr sie sogar auf.

Als Unternehmen oder Gruppe von Freund*innen könnt ihr euch zu einer Zukunftsparty treffen. Das Motto könnte zum Beispiel lauten: »Wir kommen als unsere drei Jahre älteren Ichs zusammen und feiern die fulminanten Erfolge unserer Company.« Oder: »Wir alle kommen als die beste, erfolgreichste Version unserer selbst in ... Jahren.« Ermutige die Menschen, wirklich in die Vollen zu gehen. Lade die anderen dazu ein, als ihr zukünftiges Ich zu kommen. Lade sie ein, kreativ zu sein. Wie würden sie sich kleiden? Was haben sie bis dahin erreicht und wie könnten sie dies auf der Party signalisieren? Hier einige Anregungen von unseren Zukunftspartys:

o Als zukünftige*r Autor*in kannst du eine Buchattrappe basteln.
o Du kannst Visitenkarten vorbereiten mit deiner zukünftigen Spitzenposition oder deiner Selbstständigkeit.
o Du kannst Kontoauszüge basteln mit deinem Wunschbetrag auf deinem Konto.
o Du kannst ein Cover für namhafte Zeitungen dieser Welt basteln, auf dem über dich berichtet wird.
o Als Sportler*in kannst du dir einen Pokal kaufen und damit zeigen, welche Wettkämpfe du schon alles gewonnen hast.
o Wenn du dir wünschst, reich zu sein, kannst du Luxusreiseziele und Statussymbole aus Zeitschriften in ein »Fotoalbum« kleben und zeigen, wie gut es dir geht und was du schon alles erlebt hast.

Das sind nur einige Vorschläge, um dir eine Idee zu vermitteln. Wie gesagt, tobt euch richtig aus! Kommt zusammen, um all die individuellen und gemeinsamen Erfolge in der Zukunft zu feiern. Verhaltet euch so, als wärt ihr bereits dort angekommen. Sprecht auch so darüber. Also nicht »Ich werde …«, sondern »Ich bin …«. Berichtet euch gegenseitig, wie ihr euch fühlt, was ihr seht, sei es für euch, für die Beziehung, eure Freundschaft oder für die Company. Feiert ausgelassen die Zukunft!

Schritt 6: Empfange

Wenn ihr, auf welchem Weg auch immer, in der Zukunft angekommen seid, nehmt euch auf jeden Fall ausreichend Zeit für den Empfang. Schaut euch in Ruhe (mit geschlossenen Augen) in der Zukunft um und stellt nun die eigentliche Frage, wegen der ihr ja hergekommen seid: *Was können wir sehen? Welche Details fallen uns auf? Welche Bilder oder Ideen offenbaren sich uns? Wie fühlen wir uns? Was verrät uns die Zukunft darüber, wie wir unser Ziel erreichen können?* Jede*r von euch kann sich diese Fragen still für sich stellen oder eine Person liest sie laut und mit genügend Pausen zum Empfangen vor.

Jede*r empfängt erst einmal für sich.

 **Es ist wichtig, deinen Empfang nicht durch fixe Erwartungen zu blockieren. Vielleicht siehst du keine Visionen, aber du fühlst starke Emotionen. Auch das sind energetische Botschaften.**

Oft bringen Gefühle im Nachklang Einsichten mit sich. Manchmal meldet sich die Zukunft mit traumartigen Bildern, die wir nicht sofort verstehen. Manche Ideen erscheinen dir eventuell verrückt oder albern. Denk daran: Es ist die Zukunft, das heißt, du kannst Dinge sehen, die für dein gegenwärtiges Ich noch keinen Sinn ergeben. Vielleicht möchtest du die stärksten Eingebungen aufschreiben. Ich möchte dazu ein persönliches Beispiel teilen.

Vor mehr als 25 Jahren waren Andrea und ich einmal mit einer guten Freundin aus Panama auf Reisen. Prajna ist eine bemerkenswerte, wilde und zugleich weise Frau. Obwohl wir vom Background und Charakter grundverschieden waren und wir auch manchmal mit unseren Dickschädeln aneinanderrasselten, mochten und schätzten wir uns sehr. Sie empfing manchmal unkontrolliert Visionen aus der Zukunft. Ich stand und stehe dem sehr skeptisch und zugleich neugierig gegenüber. Da ich mich damals gerade an einem beruflichen Scheideweg befand und nicht weiterwusste, bat ich sie mehr oder weniger aus Spaß, auch meine Zukunft »anzuzapfen«. Lange geschah gar nichts, doch eines Tages berichtete sie morgens aufgewühlt beim Frühstück von einer Vision, die sie für mich empfangen hatte. Sie hatte mich vor einem dunklen Kasten mit einem kleinen Bildschirm gesehen. Er war mit einer großen Antenne auf dem Dach verbunden. Ich sprach in den Kasten hinein und währenddessen saßen überall auf der Welt viele Menschen vor einem Bildschirm und hörten mir zu. Du musst wissen: Zum damaligen Zeitpunkt war ich zu 100 Prozent live in Seminaren und Coachings tätig. Das Internet befand sich in seinen Kinderschuhen und so etwas wie Onlineübertragungen gab es noch nicht. Dementsprechend enttäuscht war ich. Was für ein Nonsens! Viele Jahre später erinnerte ich mich an diesen Morgen. Ich stand in unserem Videostudio in Baden-Baden. Ich sprach in einen kleinen schwarzen Kasten, die Kamera, und am anderen Ende schauten Tausende von Menschen zu.

Ich habe solche Brücken durch Raum und Zeit nicht nur einmal erlebt. Sie lassen mich mit einigen existenziellen Fragen zurück, wie du dir sicher denken kannst. Doch vor allem lerne ich aus diesen Erlebnissen, offen und empfänglich zu bleiben. Auch wenn du also die Bilder noch nicht verstehst, die dir geschenkt werden, lass sie wirken.

Schritt 7: Fasst alle eure Ergebnisse noch einmal gemeinsam zusammen

Bleibt in dieser Phase weiter in dem Gefühl, dass ihr bereits in der Zukunft seid und euch darüber austauscht, was ihr seht und fühlt. Fangt an, darüber zu sprechen, auch wenn es ungewöhnlich ist. Entspanne dein kleines, begrenztes Ich und sprich aus deiner Seele. Tu so, als wenn du aus der Zukunft heraus sprechen könntest. Du kannst deine Wortmeldungen beginnen mit:

- »In unserer bestmöglichen Zukunft sehe ich …«
- »Wenn alles möglich wäre, dann …«
- »Wenn ich mir voll vertrauen würde, dann …«
- »Wenn ich mir erlaube, richtig groß zu denken, dann …«
- »Bei mir ist folgendes Bild angekommen …«
- »Ich weiß nicht, wie, aber in der Zukunft haben wir folgendes Problem gelöst …«

Bleibt in dieser Phase locker. Stellt euch hin. Bewegt euch. Schüttelt eure Körper. Legt vielleicht immer mal wieder einen Song auf. Seid wie Kinder, die träumen. Lacht. Seid unverschämt. Lasst euch von der Leine. In dieser Phase ist es bedeutsam, dass wirklich alles willkommen ist. Unser Unterbewusstsein und unser intuitiver Kanal zum kollektiven Bewusstsein funktionieren nicht logisch oder linear. Manche Einsichten werden konkret und praktisch sein, andere vielleicht erst einmal verrückt klingen. Einige Ideen werden aufgrund ihrer Größe oder ihres disruptiven Charakters sofort alte Glaubenssätze provozieren wie: »Das geht nicht! Das ist unmöglich. Das schaffen wir nicht!« Es ist okay, diese zu denken. Achtet zu diesem Zeitpunkt einfach darauf, sie nicht auszusprechen. Für die Integration von Zweifeln ist später noch Zeit. Jetzt geht es darum, miteinander groß und frech zu träumen. Es gibt kein »Ja, aber …!« Alle Ideen sind willkommen. Notiert sie auf einem großen Flipchart oder legt sie in eurem Kreis auf den Boden.

Bleibt in einem verspielten Denkraum, dann werden sich eure Gedanken gegenseitig noch weiter befruchten. Es kann gut sein, dass euch die besten Einfälle erst jetzt kommen, wenn ihr gemeinsam groß denkt. Folgende Affirmationen helfen, den Geist offen zu halten. Ihr könnt sie immer wieder einwerfen oder schreibt sie sogar groß an eine Wand:

- Nichts ist zu gut, um wahr zu sein.
- Es ist immer noch so viel mehr möglich, als wir heute glauben.
- Jede Revolution der Menschheit begann mit einer einzigen, verrückten Idee.

- Wir müssen den Weg dahin heute noch nicht kennen.
- Wir wissen niemals genug, um uns den Luxus von Pessimismus leisten zu können.
- Die Lösung für jede offene Frage existiert bereits.
- Es existiert immer eine Variante der Zukunft, die uns alle glücklich macht.
- Heute ist niemals unser Ende, sondern immer der Anfang.

Akzeptiert kein »Das geht nicht.« Verzichtet auf Urteile wie: »Das ist eine doofe Idee.« Verzichtet auf Machtkämpfe wie: »Meine Idee ist besser als deine.« Achtet darauf, dass nicht nur die lauten Extrovertierten zu Wort kommen. Oft haben gerade die Leisen überraschende Einfälle. Stellt sicher, dass alle Ideen festgehalten werden. Entweder schreibt jemand mit oder ihr nehmt alles auf.

Schritt 8: Siebt die Ideen aus und integriert sie

Nach der träumerischen Empfangsphase geht es nun ums Aussieben und Konkretisieren. Entweder ihr macht nun eine kurze Pause oder ihr kommt an einem der nächsten Tage erneut zusammen. In dieser Phase schaut ihr etwas nüchterner auf eure Ernte. Ihr fragt euch gemeinsam: *Was davon berührt uns jetzt immer noch stark? Was davon erscheint uns wesentlich? Was fühlt sich wie eine heiße Spur an?* Wenn ihr euch auf dieses Extrakt geeinigt habt, formuliert ihr es noch einmal als eine Vision: »In zwei Jahren werden wir …«

Nun ist es an der Zeit, eine weitere Phase des schöpferischen Kreislaufes zu aktivieren: die Umsetzung. Doch vergesst dabei nicht, zu feiern und dankbar zu sein. Wir sind so sehr auf Tun und Leistung konditioniert, dass wir oft nicht sehen, wie kostbar Träume und die damit verbundenen Eingebungen sind. Es ist nicht selbstverständlich, wenn sich Menschen geistig miteinander in ihre mögliche Zukunft emporschwingen. Ihr macht euch damit ein wertvolles Geschenk. Wenn ihr dann auch noch mit einer reichen Ernte an Visionen zurückkommt, ist dies ein Grund zum Feiern! Nehmt euch Zeit, eure

Dankbarkeit auszusprechen. Würdigt diese besondere Etappe. Auch wenn ihr noch vor vielen offenen Fragen steht – der erste Schritt ist getan. Und eines Tages werdet ihr auf diesen Tag zurückschauen und sagen: »Damals fing alles an!«

CO-CREATION-CIRCLE DER TAT

These: Co-Creation ist eine Geburtskammer für neue Möglichkeiten. Damit diese Geburt stattfinden kann, braucht es einen vollständigen Schöpfungskreislauf. Wir müssen bereit sein, unsere Vision durch tägliche Handlungen auf die Welt zu bringen. Willkommen in der Schöpfungsphase *Tat*.

Oft wird in Meetings oder Gesprächen geträumt, gestritten und diskutiert. Am Ende raucht allen Beteiligten der Kopf und nichts verändert sich. Auf Dauer ist das frustrierend, denn alle Beteiligten fühlen, wie ihre kostbare Lebenszeit sinnlos verschwendet wird. Damit Co-Creation zu einer rundum erfüllenden Erfahrung wird, müsst ihr eure Träume auch auf die Erde bringen. Dafür braucht es die bewusst durchlaufene Schöpfungsphase *Tat*. Diese besteht nicht nur aus Handlungen. Sie beginnt bereits vorher, mit dem Herunterbrechen eurer Visionen in wesentliche Eckpfeiler, klare Meilensteine, konkrete Strategien und Next Steps.

Es kann berauschend sein, mithilfe der Elevation in die Zukunft zu reisen und euch darüber auszutauschen, wie alles sein wird. Erinnere dich: Visionen setzen Dopamin frei. Darauf fährt unser Gehirn ab. Was es nicht so mag, ist die Frage: »Wie legen wir nun konkret los?« Es ist also immens wichtig, am Ende eines inspirierenden Meetings nicht begeistert aufzuspringen, ohne evaluierbare nächste Schritte vereinbart zu haben. Die Wahrscheinlichkeit ist dann nämlich groß, dass die heiße Spur eurer tollen Ideen nach 72 Stunden Nichtstun erkaltet ist. Beugt dem vor. Was ihr jetzt braucht, ist Momentum!

Etabliert eine feste Manifestationsroutine. Die könnte beispielsweise so aussehen:

- Ihr kommt ein- oder zweimal im Jahr für einen ausführlichen Elevationsprozess zusammen. Am besten beginnt ihr ihn, indem ihr den letzten Zyklus Revue passieren lasst. Dann reist ihr in eure Zukunft und empfangt Bilder und Einsichten. Fasst eure Einblicke zusammen.
- Danach verfeinert oder aktualisiert ihr eure große Vision.
- Ihr legt ein oder zwei starke Powerziele fest.
- Ihr legt zusätzlich kleinere Etappenziele fest.
- Ihr formuliert noch kleinere Meilensteine, das heißt, ihr trefft euch nun wöchentlich oder zweiwöchentlich im Sprintrhythmus. Nach jedem Sprint gibt es eine Korrekturrunde.
- Als Letztes besprecht ihr die unmittelbar nächsten Schritte.
- Nach sechs Monaten oder einem Jahr beginnt alles von vorn.

Schauen wir uns das einmal etwas konkreter an.

Die Vision

In einem ersten Schritt fasst ihr die wesentlichen Ergebnisse eures Meetings noch einmal zusammen: *Was sind die wichtigsten Erkenntnisse? Was sind die besten Ideen? Was sind die stärksten Wünsche?* Wenn ihr in eurem Meeting Zukunftsarbeit geleistet habt, ist es bedeutsam, alle empfangenen Eindrücke zu sieben und daraus eine in sich schlüssige Vision zu formulieren. Das kann direkt im Anschluss stattfinden, oder, wenn ihr eine Pause benötigt, in einem nächsten Meeting geschehen. Hier ein paar Tipps zur Formulierung einer Vision:

- Sie ist in der Gegenwart formuliert, also zum Beispiel: »Wir sind …« und nicht: »Wir werden …«
- Sie ist positiv formuliert, etwa: »Wir sind glücklich« und nicht: »Wir leiden nicht mehr.«
- Sie enthält einen ungefähren oder genauen Zeithorizont: »In drei Jahren sind wir …« oder: »Am 12.12.2030 haben wir …«

- Sie enthält Elemente des Habens: »Wir haben ein Haus« oder: »Unsere Umsatzzahlen betragen …«
- Sie enthält Elemente des Tuns: »Wir stellen … her.«
- Sie enthält Elemente des Seins: »Wir sind glücklich. Wir sind die erfolgreichste Company im Bereich …«
- Sie sollte alle wesentlichen Informationen eurer Zukunftsreisen enthalten.
- Sie sollte auch euer »Wofür« ansprechen. Warum ist euch das wichtig? Was ist eure Mission? Wofür brennt ihr?
- Ebenso sollte sie Worte enthalten, die euch emotional berühren und eure Werte ansprechen.

Das Powerziel

Um euch nun aus der Gegenwart kraftvoll in Richtung Ziel in Bewegung zu setzen, empfiehlt sich die Arbeit mit einem großen Powerziel. Es sollte folgende Eigenschaften erfüllen:

- Das Ziel begeistert euch alle.
- Es ist in der Gegenwart, positiv und emotional erfüllt.
- Wenn ihr von hier in Richtung eurer großen Vision schaut, dann liegt das Powerziel folgerichtig auf diesem Weg. Es ist ein guter Meilenstein, der euch weit voranbringt.
- Es sollte in seiner Größendimension weit außerhalb eurer Komfortzone liegen. Um es zu erreichen, müsstet ihr also alle über euch hinauswachsen. Gleichzeitig würde euch seine Erfüllung beweisen, dass ihr ein starkes Team seid und dass für euch viel mehr möglich ist, als ihr bisher dachtet.
- Andererseits darf das Powerziel nicht so weit weg von euren bisherigen Möglichkeiten liegen, dass euch seine Größe erschreckt und ihr nicht daran glaubt, dass es möglich ist.
- Es ist in drei bis zwölf Monaten manifestierbar.
- Ihr legt die genauen Kriterien fest, an denen ihr messen könnt, wann es erfüllt ist.
- Ihr legt ein genaues Datum für seine Erfüllung fest.

Ihr braucht für dieses Powerziel einen 100-prozentigen eindeutigen Konsens. Ihr müsst alle mit Herz und Geist dahinterstehen. Dieses Ziel ist der praktische Test für die schöpferische Macht eurer Co-Creation.

- Es wird euch in Bewegung bringen.
- Es wird eure Kräfte bündeln.
- Es wird euch über euch hinauswachsen lassen.
- Es wird euch, wenn ihr es erreicht, einen enormen Kraftschub für jedes weitere Ziel verleihen.

Manchmal reicht bereits ein Powerziel auf dem Weg zur Vision aus, um alles in Bewegung zu bringen. Doch wenn es sich um eine sehr große Vision handelt, werden es vielleicht drei Powerziele oder auch mal fünf sein.

Die Etappenziele

Im nächsten Schritt ist es wichtig, das Powerziel herunterzubrechen. Wir haben schon über die drei Grundkräfte unseres Verstandes gesprochen: den träumenden Part, den realistischen Part und den umsetzenden Part. Wir haben für den Prozess der Elevation unseren Realisten und den Umsetzer freundlich gebeten, sich zurückzuhalten. Nun sind die beiden dran. Sie brauchen eine realistische Strategie, damit sie loslegen können. Damit der Realist dem Umsetzer sein finales Go geben kann, muss er klar umrissene, vernünftige Abschnitte erkennen. Deshalb ist es nun bedeutsam, Etappenziele festzulegen, die drei Kriterien erfüllen: Sie sind in einem überschaubaren Zeithorizont zu verwirklichen, sie sind von den Ressourcen, die ihr zur Verfügung habt, her machbar und sie sind sinnvoll, das heißt, sie bringen euch eurem Powerziel und der großen Vision signifikant näher.

Etappenziele sind allerdings immer noch nicht granular genug.

Die Sprintziele

Wenn ihr zügig und wirksam umsetzen wollt, empfehle ich euch, die größeren Etappen in Sprintziele herunterzubrechen. Hier eine

Beschreibung aus meinem Manifestationsplaner *Zukunftswerk*: »Im agilen Projektmanagement finden wir den Sprint als wichtigen Bestandteil der sogenannten Scrum-Methode. Trotz seiner Ursprünge in der Softwareentwicklung erfreut sich Scrum zunehmend auch in anderen Bereichen großer Beliebtheit. Ein Sprint beschreibt eine kurze Zeiteinheit, in der du ein zuvor festgelegtes Zwischenziel konzentriert umsetzt.

Langfristige Pläne erweisen sich häufig als zu starr. Innerhalb nur eines Monats kann sich heutzutage weltweit und persönlich so viel verändern. Wir müssen lernen, mit dem sich schnell verändernden Strom zu schwimmen und unseren Kurs immer wieder frisch auszurichten. Sprints ermöglichen uns genau das und bewirken außerdem, nicht ständig an alles denken zu müssen. Wir können uns auf eine überschaubare Etappe konzentrieren und so den Weg mehr genießen. Ein Sprint dauert entweder eine Woche oder zwei. Er besteht aus drei Abschnitten: Planung, täglicher Check und Review.

Zu Beginn eines Sprints erinnert ihr euch an eure große Vision und euer aktuelles Powerziel. Ihr legt die Sprintziele fest, die im Zeitraum der kommenden zwei Wochen realistisch umsetzbar sind. Während des Sprints nehmt ihr möglichst keine Veränderungen an eurem Plan vor, damit ihr ihn in Ruhe realisieren könnt. Am Ende eines Sprints feiert ihr eure Erfolge, korrigiert eventuell den Kurs (Korrekturphase!) und legt die nächsten Ziele fest. Ihr werdet verblüfft sein, was ihr mit dieser Methode innerhalb eines Jahres schafft.«[31]

Zudem ist es natürlich wichtig, dass die Aufgaben klar verteilt sind. Bestimmt also, wer hauptverantwortlich für welches Sprintziel ist.

Die nächsten Schritte

Bevor ihr auseinandergeht, überlegt euch: Was sind die ganz konkreten nächsten Schritte? Formuliert sie so kleinteilig wie möglich. Legt ein Umsetzungsdatum und mindestens eine verantwortliche Person fest. Überlegt zudem: Was ist das logische Anliegen für euer nächstes Treffen? Wer bereitet es vor? Wann findet es statt?

CO-CREATION-CIRCLE DER KORREKTUR

These: Sobald ihr in die Tat geht, werdet ihr Resultate erschaffen. Um sicherzustellen, dass diese euch und eurem Anliegen dienen, ist die Phase der Korrektur notwendig. Sie ist der am stärksten unterschätzte Abschnitt des schöpferischen Kreislaufes.

Die zentralen Korrekturfragen sind in Abwandlungen immer dieselben:
- *Was haben wir erreicht?*
- *Was haben wir erkannt?*
- *Welche Erfolge gibt es zu feiern?*
- *Welche Fehler haben wir gemacht?*
- *Was können wir aus ihnen lernen?*
- *Wie stellen wir sicher, dass sie nicht wieder vorkommen?*
- *Was sollten wir genauso beibehalten, weil es gut funktioniert?*
- *Was wollen wir besser machen?*

Sinnvolle Korrekturmomente sind zum Beispiel nach einem Gespräch, am Ende eines Tages, am Ende eines Sprints oder zum Abschluss eines Projektes.

Wenn du in der Businesswelt unterwegs bist, ist dir sicher die gute alte SWOT-Analyse vertraut. Ich habe festgestellt, dass sie sich auch gut in Co-Creation-Circles für die Korrekturphase innerhalb größerer Kreisläufe einsetzen lässt. Die SWOT-Analyse ist ein Werkzeug zur Bewertung von Stärken (Strengths), Schwächen (Weaknesses), Chancen (Opportunities) und Bedrohungen (Threats) eines Unternehmens, einer Beziehung oder einer Situation. Ihr Sinn besteht darin, dir eine ganzheitliche Bewertung der internen und externen Faktoren zu ermöglichen, um fundierte strategische Entscheidungen zu treffen.

Nehmt euch ein Blatt. Zeichnet darauf so groß wie möglich vier leere Kästen.

Eure Stärken

In das linke obere Feld schreibt ihr nun alle Stärken eures Unternehmens, eurer Beziehung oder eures Projekts, aber auch günstige Umstände (Wissen, Kontakte, Geld …), die bereits vorhanden sind und die euer Anliegen unterstützen. Hier findet ihr nun einige hilfreiche Fragen:

- *Welche Fähigkeiten, Stärken und Erfahrungen bringen wir mit?*
- *Welche Vorteile sehen wir für uns?*
- *Welche einzigartigen und günstigen Ressourcen haben wir, innen und außen?*
- *Worin sehen andere unsere Stärken?*
- *Welche bestehenden Faktoren werden zum Erfolg unseres Anliegens führen?*

Eure Schwächen

In das rechte obere Feld schreibt ihr nun alle eure Schwächen, aber auch widrige Umstände, die bereits vorhanden sind und die euer Anliegen sabotieren könnten. Hier einige hilfreiche Fragen:

- *Wo seht ihr die Schwächen eures Unterfangens?*
- *Welche Charaktereigenschaften könnten euch im Weg stehen?*
- *Woran fehlt es euch (Wissen, Mut, Klarheit, Geld …)?*
- *Worin, glaubt ihr, sehen andere Menschen eure Schwächen?*
- *Welche Faktoren oder Schwächen könnten zum Misserfolg führen?*

Eure Chancen

In das linke untere Feld schreibt ihr nun alle Möglichkeiten und Chancen, die ihr für euer Anliegen seht. Hier einige hilfreiche Fragen:

- *Welche guten Chancen seht ihr für die Erfüllung eurer Vision?*
- *Welche weiteren Chancen und positiven Entwicklungen tun sich auf, wenn die Vision in Erfüllung geht?*
- *Welche derzeitigen Entwicklungen in der Welt unterstützen eure Vision?*
- *Welche Entwicklungen in euren Netzwerken und Freundschaften unterstützen eure Vision?*

Eure Risiken

In das rechte untere Feld schreibt ihr nun alle Risiken, die ihr für euer Powerziel seht. Hier einige hilfreiche Fragen:

○ *Was könnte euer Anliegen verhindern?*
○ *Welche Hindernisse oder Risiken stehen im Weg (innen und außen)?*
○ *Was ist das schlimmste Szenario, das eintreten könnte?*

Euer Fazit

Schaut euch anschließend die Ergebnisse an. Welche Schlüsse zieht ihr daraus? Auf was gilt es besonders zu achten? Was wollt oder müsst ihr verändern? Was fehlt euch noch? Erstellt eine Wunschliste, zum Beispiel: »Im Bereich der inneren Ressourcen wünschen wir uns Mut, Zuversicht, Wissen … Im Bereich der äußeren Ressourcen wünschen wir uns Partner, Geld, Technik …« Nicht alles muss sofort verfügbar sein. Notiert Ideen, wie ihr eure Wünsche erfüllen könnt.

Die Durchführung einer SWOT-Analyse erfordert Offenheit, Ehrlichkeit und Reflexion. Es ist wichtig, dass du das Feedback und die Einsichten aller Beteiligten einholst, um ein umfassendes Bild zu erhalten. Eine SWOT-Analyse sollte regelmäßig aktualisiert werden, um mit den sich ändernden Rahmenbedingungen Schritt zu halten. Eine dynamische Herangehensweise ermöglicht es dir, neue Chancen zu erkennen und auf Herausforderungen rechtzeitig zu reagieren.

Nutze die Ergebnisse der SWOT-Analyse als Ausgangspunkt für die Entwicklung konkreter Ziele, Strategien und Handlungspläne. Setze Prioritäten und vergiss nicht, dass die Umsetzung genauso wichtig ist wie die Analyse selbst.

CO-CREATION-QUICKIE

These: Je mehr du die zentralen Prinzipien der Co-Creation-Circles verinnerlichst und sie praktizierst, desto schneller kannst du überall in den Zustand der Co-Creation eintreten.

Nicht immer braucht es einen offiziellen Rahmen und eine ganze Stunde. Hier findest du das Schema eines Co-Creation-Quickies, wie ihn Andrea und ich gern benutzen, wenn wir schnell nach der besten Antwort auf eine Frage suchen.

1. Wir legen alles aus der Hand, schließen die Augen und atmen ein paarmal tief durch, um in der Gegenwart anzukommen.

2. Wir definieren die Frage (oder den Wunsch) und schreiben sie auf ein Blatt Papier.

3. Wir gestatten uns, für den Zeitraum X (etwa die kommenden 30 Minuten) nichts wissen zu müssen. Auch das schreiben wir als eine Art Gebet oft auf ein Blatt Papier. Das klingt dann so: »Ich entspanne mein Rechthaben. Ich muss die Antwort auf die Frage nicht wissen. Leben (oder Seele, Heiliger Geist, Gott, höheres Selbst …), ich vertraue dir. Bitte sprich klar mit mir und führe mich.«

4. Dann untersuchen wir kurz, ob unsere schöpferische Pipeline durch irgendwelche Zweifel oder Ängste blockiert ist. Wenn ja, sprechen wir sie kurz aus und übergeben sie damit symbolisch dem Leben. Das kann zum Beispiel so klingen: »Ich habe Angst, etwas zu verpassen, wenn wir nicht sofort die beste Lösung finden.« Oder auch so: »Was, wenn ich die Botschaft des Lebens nicht verstehe?«

5. Wenn alle Ängste und möglichen Hindernisse geäußert sind, lesen wir uns noch einmal unser Gebet durch und entspannen uns ins Nichtwissen.

6. Dann gehen wir auf Empfang, indem wir einen der folgenden Sätze laut denken und vervollständigen: »Wenn ich der Stimme des Lebens in mir voll vertraue, dann empfange ich, dass …«, »Wenn ich genau wüsste, was zu tun ist, dann würde ich …«, »In mir kommt folgendes Bild an …«.

7. Wir machen uns bewusst, dass es wichtig ist, dies spielerisch und locker zu tun. Nicht immer ist die erste Information die letztendliche Antwort. Es geht darum, euren schöpferischen Kanal ins

Fließen zu bringen. Geratet nicht in Stress, wenn sich eure Impulse erst einmal scheinbar widersprechen. Lasst euch eher davon berühren. Was macht die Antwort eures Gegenübers mit euch? Was setzt sie in dir frei? Seht es wie ein Musikstück. Eine Note ergibt die nächste. Vertraut darauf, dass sich die richtige Antwort für euch beide stimmig anfühlen wird.

8. Anschließend suchen wir nach dem Gefühl der Freude und Erleichterung. Es ist, als ob es für unseren nächsten Move im Feld der Möglichkeiten immer eine Variante gibt, die sich für alle Beteiligten als richtig anfühlt.

Wir lieben diese Dialoge und wenden sie häufig in Projekten oder auf Reisen an. Es klappt nicht immer. Manchmal dürfen wir auch akzeptieren, dass wir jetzt noch keine Antwort erhalten. Doch meist channeln wir so zügig Lösungen, die häufig überraschend einfach sind und sich vor allem stimmig anfühlen.

CO-CREATION NEXT LEVEL

These: Co-Creation ist keine Schulklasse, die du irgendwann vollständig durchlaufen hast. Sie ist eine Kunst, die stetig verfeinert und vertieft werden kann.

Dieser Abschnitt richtet sich an alle, die die unbegrenzten Möglichkeiten der Co-Creation ahnen und den Drang verspüren, sie immer weiter zu erforschen. Als Erstes erfährst du, was Resonanz bedeutet und wie ihr sie zwischen euch verstärken könnt. Anschließend lernst du die zwölf Trigger kennen, mit denen ihr einen Gruppenflow initiieren könnt. Dann verstehst du, warum es tatsächlich wichtig ist, sich bewusst der Freude zu verpflichten. Zum Abschluss erforschen wir gemeinsam, wie es möglich ist, mit allem zu co-creieren, selbst mit denen, die nicht co-creieren wollen oder können.

DIE POWER DER RESONANZ

These: Resonanz verstärkt die Wirksamkeit einer Beziehung exponentiell – positiv oder negativ. Konstruktive Resonanz verwandelt starke Ichs in ein starkes Wir. Um Resonanz zu erreichen, suchen wir nach dem Switch.

Hast du schon einmal erlebt, dass ein wichtiges Gespräch nicht wirklich ins Fließen kommt, sondern sich stattdessen irgendwie sperrig oder schwerfällig anfühlt? Ihr spürt es alle, doch ihr wisst nicht, woran es liegt. Was in solchen Situationen fehlt, ist Resonanz zwischen den Beteiligten.

Resonanz (von lateinisch »widerhallen«) bezeichnet das Mitschwingen zwischen zwei schwingungsfähigen Systemen. Bekannte Beispiele sind die Vibration einer Stimmgabel oder die Wirkung der Bässe auf deinen Körper, wenn du zu lauter Musik tanzt. Resonanzen sind allgegenwärtig. Wir finden sie in Musikinstrumenten, Gebäuden und Brücken und auch in unserem Körper. Zwar ist der Effekt manchmal erwünscht; doch er kann sich trotzdem störend auf das Gesamtsystem auswirken. Wenn eine Armee im Gleichschritt über eine Brücke marschiert, kann es passieren, dass dieser Gleichschritt die Brücke in eine stärkere Schwingungsamplitude versetzt. So ist es tatsächlich möglich, Brücken zum Einsturz zu bringen. Mit Kids hast du vielleicht schon einmal erlebt, wie sie sich gegenseitig aufwiegeln. In sozialen Medien oder in Foren werden manchmal destruktive geistige Resonanzräume erschaffen, wenn sich Menschen miteinander in dunklen Verschwörungsgeschichten einspinnen.

Konstruktive Resonanzfelder entstehen, wenn sich Projektteams, Sportmannschaften oder ganze Bevölkerungsgruppen gemeinsam auf eine positive Vision einschwingen. Für mich ein immer wieder faszinierendes Beispiel sind unsere Trance-Tanz-Seminare, in denen oft über 100 Menschen mehrere Stunden in einem Raum tanzen. Alle tragen Augenbinden. Das heißt, auf der bewussten Ebene wissen sie nicht voneinander. Doch von außen kann ich als DJ klar beobachten, wann sich ein Resonanzfeld zwischen den Körpern herausgebildet hat. Sie tanzen miteinander in einer klar erkennbaren Harmonie, ohne sich sehen zu können. Sobald jemand aus dem Kopf heraus tanzt und aus dem Resonanzfeld fällt, kannst du darauf warten, dass diese Person gleich jemand anderen anrempeln wird. Wenn du tiefer in dieses Thema einsteigen möchtest, findest du im Onlinebereich (s. Anhang) das Video »Resonanz«.

Wie baut man nun ein Resonanzfeld auf? Erst mal vorweg: Ihr müsst euch dafür nicht wahnsinnig sympathisch sein. Ein gemeinsames Anliegen, Respekt der anderen Person gegenüber und der Wunsch, euch aufeinander einzuschwingen, reichen aus. Noch einmal: Resonanz bedeutet, mental, emotional und seelisch mit anderen Menschen zu schwingen. Was ihr dafür benötigt, ist …

- die innere Haltung: »Ja, ich möchte mit dir in Resonanz gehen.«
- die Bereitschaft, euch empathisch für den anderen zu öffnen.
- die Bereitschaft, selbst klare Signale auszusenden.
- der sogenannte Switch.

Wir haben auf Seite 44 bereits ausführlich über den Switch gesprochen und darüber, warum das Ego oft Schwierigkeiten damit hat. Schwach entwickelte Egos gehen meist leicht, aber unreflektiert in Resonanz. Sie verfallen dem Herdentrieb und folgen der lautesten Stimme. Starke Egos widersetzen sich gern der Resonanz. Sie legen Wert darauf, ihr eigenes Ding durchzuziehen. Beide Haltungen verhindern das bewusste Mitschwingen, welches wir für Co-Creation brauchen. Dafür müssen wir paradoxerweise genau wissen, wer wir sind, und zugleich fähig sein, unser Ego zu entspannen. Wir brauchen also einen guten Kontakt zu unserem Selbst, müssen in uns ruhen und zugleich so souverän sein, dass wir uns nicht ständig beweisen müssen. Aus dieser Haltung heraus können wir bewusst entscheiden, mit wem oder was wir in Resonanz gehen wollen. Da es schwer ist, den Switch zu beschreiben, ist es einfacher, sich ihm von der anderen

Seite zu nähern und anzuschauen, wie du ihn verhinderst. Schau mal, ob dir einige der folgenden Verhaltensmuster vertraut vorkommen, mit denen du (meist unbewusst) Resonanz verhinderst:

- Du bist nicht gegenwärtig, beschäftigst dich innerlich mit anderen Themen oder schielst auf dein Handy. Die Lösung: Damit sich eure gemeinsame Zeit wirklich lohnt, lass alle anderen Themen außen vor. Leg dein Handy außer Sichtweite.

- Du hörst nicht offen zu, sondern unterbrichst dein Gegenüber. Die Lösung: Legt begrenzte Redezeiten fest. Wenn du nicht dran bist, besteht dein Job darin, die Botschaft der anderen in dir abzubilden.

- Du beantwortest das Statement deines Gegenübers mit »Aber …«. Dieses kleine Wort hat eine mächtige Wirkung in unserem Unterbewusstsein. Es sendet das Signal: »Ich negiere, was du gesagt hast, und setze meine Botschaft *dagegen!*« Die Lösung: »Ja, und …« Noch besser: »Danke für deinen wertvollen Beitrag. Was ich gern ergänzen würde …«

- Du nimmst eine Antiresonanzkörperhaltung ein, indem du dich von dem anderen Menschen abwendest, die Arme verschließt oder die Augen verdrehst. Die Lösung: Wende dich den anderen körperlich zu. Sitze und stehe aufrecht. Halte deine Arme offen. Signalisiere auch mit deinem Gesicht Wohlwollen und Offenheit.

- Du kommst zu spät oder unvorbereitet. Die Lösung: Komm pünktlich. Nimm dir vor Terminen ausreichend Zeit, um anzukommen und dich einzustimmen.

- Du gaukelst äußerlich Offenheit vor, weigerst dich aber innerlich, die Realität der anderen in dir zu empfangen. Die Lösung: Erinnere dich daran, worum es bei der Co-Creation geht. Ihr wollt euch gegenseitig inspirieren und berühren.

- Du antwortest bewusst auf einem anderen Kanal. Dein Gegenüber spricht schnell und aufgeregt. Du antwortest ruhig und gedehnt. Dein Gegenüber drückt seine Emotionen aus. Du reagierst betont rational. Die Lösung: Es macht Spaß und erzeugt sensationelle Resultate, wenn du dich einlässt und auf demselben Kanal antwortest.

○ Du verzerrst oder verdrehst die Botschaften deines Gegenübers. Dein Gegenüber sagt: »Ich bin *traurig*.« Du antwortest: »Warum bist du denn *depressiv*?« Dein Gegenüber sagt: »Ich habe ein echtes Problem.« Du antwortest: »Warum hast du denn jetzt *schon wieder* ein Problem?« Die Lösung: Hör genau hin und verwende, wenn du dich auf die Botschaft deines Gegenübers beziehst, möglichst dieselben Formulierungen.

Mitzuschwingen bedeutet: Wir lassen uns wirklich aufeinander ein. Dafür ist es hilfreich, uns nicht nur mit dem Kopf, sondern auch mit dem Herzen zu begegnen. Das meine ich nicht nur als Metapher, sondern wörtlich. Ich stelle dir im Folgenden eine der besten wissenschaftlich fundierten Resonanzmethoden vor: die Herz-Kohärenz. Die damit verbundenen Erkenntnisse gehen auf das renommierte Heartmath-Institut in Kalifornien zurück und wurden durch viele Studien bestätigt. Um das Buch möglichst schlank zu halten, gibt es hier nur einen kurzen Überblick. Wenn du gern tiefer einsteigen möchtest, findest du im Onlinebereich das ausführliche Video »Power of the Heart«.

Unser Herz ist nicht nur eine muskuläre Pumpe für unser Blut. Forscher*innen haben festgestellt, dass es auch etwa 40 000 Nervenzellen besitzt und selbstständig Neurotransmitter wie Oxytocin produziert.[32] Man spricht deshalb mittlerweile vom zweiten Gehirn. Es hat einen Einfluss auf intuitive und schnelle Entscheidungen und beeinflusst das große Gehirn, alle anderen Organe und unser vegetatives Nervensystem. Der Volksmund spiegelt diese Zusammenhänge in Wortwendungen wie »Es liegt mir etwas auf dem Herzen«, »Mein Herz ist gebrochen« oder »Ich lass dich in mein Herz« wider.

Die für das Thema Resonanz relevanteste Erkenntnis ist, dass das Herz über ein eigenes Magnetfeld verfügt, das stärkste im ganzen Körper. Es kann meterweit gemessen werden und es beeinflusst fremde Magnetfelder und Hirnwellen. Wie können wir dieses Phänomen praktisch und fühlbar in der Co-Creation nutzen? Indem wir unsere Herzkohärenz trainieren. Diese steht im Zusammenhang mit der Herzfrequenzvariabilität (HRV). Mit der Herzfrequenzvariabilität wird die Fähigkeit deines Herzens dargestellt, die Frequenz des Herzschlags minimal zu verändern. Auch im Ruhezustand treten spontan Veränderungen im zeitlichen Abstand zwischen zwei Herzschlägen auf. Je höher die Herzfrequenzvariabilität, desto mehr sind wir in der sogenannten Herzkohärenz. Diese hat nachweislich folgende positive Aspekte:

o Es balanciert unser autonomes Nervensystem.
o Es baut Stress ab.
o Es synchronisiert Herz und Gehirn.
o Es sorgt für einen gesunden Blutdruck.
o Es veranlasst einen geringeren Energieverbrauch.
o Es lässt uns langsamer altern.
o Es stärkt unsere Immunabwehr.
o Es fördert emotionale Resilienz.
o Es bringt uns in Flow-Zustände.
o Es schafft kreative Gehirnwellen auf der Alpha- und Thetafrequenz.
o Es lässt uns positiver fühlen.
o Es etabliert unser Mitgefühl.

Für uns ist hier wichtig: Wenn wir im Zustand der Herzkohärenz sind, sind wir wesentlich resonanzfähiger. Und wie kommen wir dahin? Eine effektive Möglichkeit ist, für dich selbst am besten täglich in einer Art Meditation die Herzkohärenz zu stärken. Du kannst dafür die Meditation »Herzkohärenz« nutzen, die ich dir im Onlinebereich zur Verfügung stelle. Je öfter du die Herzkohärenz bewusst ansteuerst, desto vertrauter wird dir dieser Zustand. Dir wird es gelingen, ihn auch unter herausfordernden Umständen im Alltag zu halten. Du kannst diese Technik in Gesprächen benutzen, ohne dass du deinem Gegenüber davon erzählst. Du wirst dich wacher und friedvoller fühlen und deinem Gegenüber empathischer begegnen. Und nun kommt der Clou: Du wirst nach einer Weile bemerken, dass sich die anderen in deiner Umgebung mehr entspannen. Das Magnetfeld ihres Herzens synchronisiert sich mit deinem. Ihr geht miteinander in Resonanz.

Wenn ihr die Resonanz eurer Herzen in euren Co-Creation-Circles stimulieren möchtet, könnt ihr eure Begegnung damit beginnen, euch gemeinsam in den Zustand der Herzkohärenz zu begeben. Es dauert am Anfang vielleicht zehn Minuten. Wenn ihr eingespielt seid, höchstens noch fünf. Das mag euch in einem eher konservativen Businessmilieu seltsam erscheinen, doch es lohnt sich. Ihr werdet aufeinander abgestimmt und entspannt ins Gespräch gehen. Du findest dazu im Onlinebereich eine geführte Anleitung von mir. Auch die folgende Übung kann ein guter Start sein.

Übung: Gehe in Resonanz

Versuche in den kommenden Tagen – am besten ohne groß darüber nachzudenken –, in Resonanz mit anderen sowohl bekannten als auch fremden Menschen, Tieren, Bäumen oder sogar Gegenständen zu gehen. Stell dir einfach vor: Alles schwingt auf seiner ureigenen Frequenz und du kannst diese in dir empfangen. Öffne dein Herz und deinen Körper für das andere Wesen und schau, was passiert. Was spürst du? Was fühlst du? Welche Bilder und Gedanken kommen dir? Und verändern eventuell die anderen auch ihr Verhalten?

DER FLOW DER CO-CREATION

These: Das menschliche Gehirn wurde für Flow-Erfahrungen designt. Im Zustand des Flows schaltet es seinen kreativen Turbogang ein. Auf der Ebene der Co-Creation können Gruppen-Flow-Erfahrungen gezielt induziert werden.

Vergisst du manchmal bei einer kreativen oder künstlerischen Tätigkeit oder im Sport komplett die Zeit und schwingst dich mühelos zu Höchstleistungen auf? Dann hast du dich sehr wahrscheinlich im Zustand des Flows befunden. Tänzer*innen kennen ihn. Langstreckenläufer*innen nennen es das Jogger-High. Doch auch bei unserer Arbeit tauchen wir hin und wieder tief in den Flow ein. Was genau passiert hier? Und warum ist diese Erfahrung so angenehm für uns? Der große Pate der Flow-Forschung ist der Psychologe Mihály Csíkszentmihályi. Er fand heraus, dass unser Gehirn unter speziellen Umständen eine Art kreativen Turbogang einschaltet. Im Flow sind wir hochkonzentriert und gehen völlig in einer Tätigkeit auf; unsere Handlungen erfolgen wie vorherbestimmt und gehen nahtlos ineinander über. Es zählt nichts anderes außer unserer Tätigkeit. Wir erleben ein hohes Level an Energie und Glück, das sich aus einer starken, intrinsischen Motivation ergibt. Die Tätigkeit ist so angenehm, dass wir sie als selbstbelohnend empfinden. Du weißt, dass du dich im Flow befindest, wenn ...

- du dein Bewusstsein vollkommen auf die aktuelle Tätigkeit ausrichtest,
- du fühlst, wie sich dein Ego auflöst (Switch!),
- du die volle Kontrolle über deine eigenen Handlungen hast und gleichzeitig trotzdem erlebst, dass die Handlung einfach »durch dich« passiert,
- du dein Zeitgefühl verlierst, das heißt, die Zeit scheint stehen zu bleiben oder sehr schnell zu vergehen,
- du die Aktivitäten aus sich heraus als sehr belohnend empfindest,
- du weder über- noch unterfordert bist, sondern sich ein Gleichgewicht zwischen deinen Fähigkeiten und den Herausforderungen einstellt,
- du die Tätigkeit als mühelos empfindest und das Gefühl hast, dass alles im Fluss ist,
- du kreativer und leistungsfähiger bist als für gewöhnlich.

Flow ist ein bedeutsamer Zustand für unsere persönliche Entwicklung und unser Wohlbefinden. Unser Gehirn sucht instinktiv nach diesem Zustand. Deshalb empfindet es sportliche Extremleistungen, spirituelle und religiöse Räume, bestimmte Musiksettings, Drogen und schöpferische Tunnelphasen (in denen wir komplett in ein Projekt abtauchen) als so faszinierend.

 Für uns Pionier*innen der Co-Creation ist es spannend zu wissen, dass wir Flow nicht nur allein erfahren können.

Vielleicht hast du eine Situation wie die folgende schon einmal erlebt: Du triffst jemanden auf einer Party. Ihr setzt euch vor die Tür und fangt an, über Themen zu sprechen, die euch beide stark begeistern. Ihr vergesst die anderen, die Party, die Zeit. Im Morgengrauen taucht ihr glücklich aus eurer Zweier-Ekstase auf.

Die intensivsten Flow-Erlebnisse erleben wir zu zweit oder in einem kleinen Team. Doch es gibt auch Massen-Flow-Erfahrungen. Vielleicht hast du schon einmal auf einer Techno-Party Tag und Nacht durchgetanzt oder bist in der Fankurve deiner Fußballmannschaft mit den anderen zu einer Welle verschmolzen. Während der Fußballweltmeisterschaft 2006 erlebten viele von uns über Wochen eine Art Kollektivflow in Form eines Sommermärchens in Deutschland. Im Grunde genommen lassen sich Gruppen-Flow und Resonanz nicht voneinander trennen. Resonanz ist die Grundvoraussetzung für den außerordentlich produktiven und angenehmen Zustand des Flows innerhalb eines Teams.

Im Gruppen-Flow stellt sich der schon besprochene Switch leichter ein. Wir synchronisieren unser Denken, Fühlen und häufig auch den Körper. Wir kommen so auf smartere Lösungen und sind als Team wesentlich leistungsfähiger. Weil diese Phasen bei allen Beteiligten die angenehmen Neurotransmitter wie Dopamin, Serotonin oder Oxytocin ausschütten, fördert Flow auch die langfristige Verbindung. Unser Gehirn will einfach immer wieder mit den Menschen zusammen sein, mit denen wir so abgehen. Es liegt auf der Hand, dass sich kollektive Flow-Erfahrungen leichter und öfter auf der Ebene der Co-Creation einstellen.

Was viele Menschen noch nicht wissen: Wir müssen nicht darauf warten, dass sich der Flow per Zufall einstellt, wir können ihn durch die sogenannten Flow-Trigger bewusst fördern. Je mehr der nun folgenden zwölf Trigger in eurem Team aktiviert sind, desto wahrscheinlicher werdet ihr miteinander flowen, wobei die ersten beiden Trigger die Grundzutaten für Flow bilden.

Damit diese wertvollen Informationen nicht verpuffen, lade ich dich ein, alle zwölf Trigger mit deinen Co-Creation-Buddies ausführlich zu besprechen. Habt ihr ein gemeinsames Verständnis? Wo und wie lebt ihr die Trigger bereits? Wo fehlen sie? Wann immer euer Gruppenflow ins Stocken kommt, schaut euch die zwölf Trigger noch einmal an. Im Onlinebereich findest du einen Test, mit dessen Hilfe du schnell herausfinden kannst, wie es um dein Flow-Potenzial und das deines Teams bestellt ist. Dann wird euch schnell auffallen, woran es gerade mangelt.

Die Auseinandersetzung mit diesem Thema lohnt sich. Ihr wisst nicht, was zwischen euch als Paar oder Team noch alles möglich ist, bevor ihr nicht diese zwölf Elemente integriert habt. Ich habe bereits Paare und Teams erlebt, die sich mithilfe der Trigger aus einer frustrierenden Sackgasse befreit und sich gemeinsam in völlig neue Höhen emporgeschwungen haben – verbunden, kreativ und leistungsstark.

Trigger 1: Vollständige Konzentration

Optimal ist es, mit Menschen zusammen zu co-creieren, die achtsam und konzentriert leben. Dann kommt ihr bereits auf einem hohen Fokusniveau zusammen und müsst nicht erst Aufbauarbeit leisten. Zwar ist es unwahrscheinlich, dies in einer großen Company vorauszusetzen. Doch auch hier könnt ihr diesen Zustand bewusst herbeiführen. Stimmt euch dafür bereits zehn bis fünfzehn Minuten vor eurem Meeting ein und tut in dieser Zeit nichts anderes mehr. Verzichtet während der Begegnung auf jegliche Form der Ablenkung. Macht die Handys nicht nur aus, sondern legt sie weg, am besten in einen anderen Raum. Stellt sicher, dass ihr durch nichts gestört werden könnt. Konzentriert euch auf euer Anliegen.

Trigger 2: Gemeinsames Ziel

Über die Bedeutung einer gemeinsamen Absicht haben wir bereits ausführlich gesprochen. Flow braucht eine hohe intrinsische Motivation. Ihr müsst deshalb alle aufrichtig, von innen heraus, von eurem gemeinsamen Ziel begeistert sein.

Trigger 3: Gemeinsames Risiko

Dies ist ein bemerkenswerter Trigger. Denn häufig kristallisiert sich in Beziehungen und Teams eine ungleiche Verteilung von Verpflichtung und Risiko heraus. Es gibt Persönlichkeitstypen, die schnell und selbstverständlich nach Verantwortung greifen. Andere warten gern ab. Manche aus Unsicherheit, andere aus Bequemlichkeit. Im Business-Kontext ist es in Deutschland nicht leicht, co-creative Beziehungen zwischen Vorgesetzten und Angestellten aufzubauen. Denn bei gravierenden Fehlern steht das Arbeitsrecht eher auf der Seite der Arbeitnehmer*innen. Das ist gut gedacht, doch es steht dem Gruppenflow im Weg, wenn hauptsächlich das Unternehmen für misslungene Experimente aufkommen muss. Besprecht diesen Punkt offen und ehrlich. Welche Regeln könnt ihr aufstellen, die sicherstellen, dass alle vom erfolgreichen Ausgang eures Unterfangens profitieren und es auch allen weh tut, wenn es misslingt?

Trigger 4: Sweet Challenge Zone

Flow-Zustände boosten unsere Entwicklung. Dafür ist ein gewisses Maß an Stress gesund und sogar erforderlich. Die Herausforderung, die ihr euch gemeinsam stellt, sollte immer etwas außerhalb der Komfortzone eures Könnens und Wissens liegen. Ist sie zu klein, sehen eure

Gehirne keinen Grund, den Flow-Turbo einzuschalten: Sie langweilen sich, sind frustriert und haben Schwierigkeiten, sich zu fokussieren. Ist die Herausforderung jedoch zu groß, rutscht ihr aus der stimulierenden Wachstumszone in die blockierende Terrorzone. Die Folge: Angst, Erschöpfung, Unklarheit, Verwirrung, Lähmung.

Sucht für jede*n von euch nach der sogenannten Sweet Challenge Zone, in der ihr fokussiert, ausbalanciert und motiviert seid, klar denken könnt und eben in einen Flow kommt. Die Sweet Challenge Zone fällt individuell aus.

 Vergleicht euch nicht! Was für die eine ein Spaziergang ist, ist für den anderen ein Ritt auf einem feuerspeienden Drachen.

Tauscht euch achtsam und ehrlich über euer Erleben aus. Wenn du dich langweilst, übernimm größere Aufgaben. Es ist aber auch keine Schande, dir und den anderen eine Grenze einzugestehen.

Trigger 5: Vertrautheit

Darüber haben wir bereits ausführlich gesprochen. Je mehr wir voneinander wissen und je stärker unser Beziehungskonto aufgefüllt ist, desto leichter werden wir miteinander in den Flow kommen. Nutzt also jede mögliche Gelegenheit, euch miteinander vertraut zu machen. Seid offen und neugierig aufeinander.

Trigger 6: Entspannte Egos

Auch dies habe ich beim Thema Switch bereits erklärt. Flow stellt sich easy zwischen Menschen ein, die wissen, wer sie sind, und die entspannt in sich ruhen können. Wenn sich eine*r von euch aus Unsicherheit oder Stress verkrampft, zeigt nicht mit dem Finger auf diese Person. Das macht es meist noch schlimmer. Wir alle verkanten hin und wieder in unserem Ego. Gebt dieser Person liebevoll und wertschätzend Feedback. Optimal ist es, wenn das Feld eures Vertrauens so stark ist, dass ihr miteinander (nicht übereinander) über eure kleinen, süßen Macken lachen könnt. Nichts entspannt uns schneller als eine Prise Humor.

Trigger 7: Autonomie

Neben Sicherheit (s. Seite 209) ist Autonomie eines unserer elementaren Grundbedürfnisse. Wir fühlen uns autonom, wenn ...

- wir das Gefühl haben, uns authentisch zeigen zu können.
- wir die herrschenden Regeln mitbestimmt und gewählt haben.
- wir jenseits der gemeinsamen Regeln viel Freiheit zur Selbstgestaltung bekommen und auch nutzen. Das betrifft Punkte wie die Arbeitszeit, den Arbeitsplatz, aber auch selbst gewählte Themen.
- wir unsere Ideen einbringen können und sie auch auf fruchtbaren Boden fallen.
- wir in Bereichen, in denen wir kompetent sind, in Führung gehen können.

Achtung, Chef*innen! Deshalb funktioniert es nicht, eurem Team Co-Creation von oben herab zu verordnen. Ihr könnt eure Leute lediglich inspirieren, indem ihr ihnen begeistert davon erzählt. Ihr könnt sie einladen, sich mit den Themen zu beschäftigen. Ihr könnt sie ermutigen, sich dem Prozess zu öffnen. Doch letztendlich muss jede*r selbst autonom die eigene Wahl treffen.

Trigger 8: Gleichberechtigung

Gleichberechtigung ist ein heißes Eisen. Denn im Kern bedeutet sie: Jeder Mensch hat die gleichen Rechte und Freiheiten. Das steht so auch im Grundgesetz. Doch die Wahrheit ist: Die vollständige Gleichberechtigung existiert bis jetzt nur als eine Utopie. Unsere Gesellschaft ist durchzogen von unzähligen Privilegien. In *Genesis* habe ich ausführlich beleuchtet, wie viele Privilegien auch heute noch Männer gegenüber Frauen haben. Kinder haben in der Realität nicht dieselben

Rechte wie Erwachsene. Reiche haben völlig andere Freiheiten als arme Menschen. Unternehmer*innen haben andere Verantwortungen, aber auch andere Rechte als ihre Angestellten. Ich könnte ewig so fortfahren. Ihr werdet, je ehrlicher und bewusster ihr miteinander co-creiert, diesbezüglich eine Menge Gesprächsbedarf haben. Ich empfehle euch, nicht sofort mit dem Anspruch radikaler Gleichberechtigung zu starten. Es kann gut sein, dass ihr euer Projekt damit überfordert. Lass mich das Dilemma an zwei Beispielen verdeutlichen.

Stell dir vor, du hast als Unternehmer*in über Jahrzehnte eine erfolgreiche Company als dein Lebenswerk aufgebaut. Nun möchtest du co-creative Prozesse in deiner Firma einziehen lassen. Deine Angestellten sind begeistert und fordern als Allererstes gleiches Recht bei Mitbestimmung der Unternehmensziele und gleiches Geld für alle ein. Wie würdest du reagieren? Ich vermute, die meisten Arbeitgeber*innen würden abwinken und die Idee begraben. Ich sage damit nicht, dass es nicht funktionieren kann. Es gibt tatsächlich zahlreiche revolutionär neue Ansätze, Unternehmen mehr und mehr in die Hände der Mitarbeiter*innen zu legen.[33] Doch jede Company hat ihre Geschichte. Die verschiedenen Beteiligten brauchen Zeit, sich anzunähern. Nicht jedes Modell passt für jedes System. Brecht es nicht übers Knie. Geht Schritt für Schritt vor.

 Die äußeren Strukturen können sich nur in dem Maß verändern, wie sich alle Beteiligten im Innen wandeln.

Eine zweite Frage, bei der Zwistigkeit entstehen könnte, lautet: Wer bestimmt was? Co-Creation ist nicht mit pauschal verordneter Basisdemokratie zu verwechseln. Es geht nicht darum, dass alle automatisch immer dasselbe Stimmrecht haben, sondern dass die beste Lösung zum Wohle aller gefunden wird. Ist es also sinnvoll, dass die Manager*innen ab jetzt die Rezepte für die Kantine vorschreiben und die Köch*innen die Unternehmensstrategie für das kommende Jahr? Wahrscheinlich nicht. Das Schlüsselwort in dieser kniffeligen

Thematik lautet kompetenzbasierte Hierarchie.[34] Wer ist im jeweiligen Bereich die kompetenteste Person? Diese sollte in Führung gehen. Das bedeutet nicht, dass die Stimmen der anderen nicht zählen. Alle sollten gehört werden. Die Manager*innen sollten sich Lieblingsgerichte von den Köch*innen wünschen dürfen und eventuell hat der Hausmeister oder die Auszubildende eine geniale Idee für die kommende Produktpallette.

Ich kann dir das Prinzip der kompetenzbasierten Hierarchie auch für private Beziehungen ans Herz legen. Es spart Zeit, Energie und oft auch viel Geld, nicht aus falschem Stolz alles mitbestimmen zu müssen, sondern weise zu akzeptieren, dass die Partnerin oder der Partner in manchen Bereichen einfach talentierter oder erfahrener ist als man selbst. Meine Stärken liegen zum Beispiel im visionären Bereich oder auf großen Bühnen. Andrea ist mir hingegen meilenweit in Organisation und sozialen Interaktionen überlegen. Wir geben einander wertvolles Feedback, doch meist lassen wir dem anderen den Lead in seiner Domäne.

Trigger 9: Ehrlichkeit und Authentizität

Dies habe ich bereits ausgiebig erläutert. Es liegt auf der Hand, dass Unehrlichkeit und Falschheit den Flow in einem Team verhindern.

Trigger 10: Aufmerksames Lauschen

Gerade wenn ihr euch bei Trigger 8 für eine kompetenzbasierte Hierarchie entscheidet, ist es bedeutsam, dass ihr euch gegenseitig aufmerksam lauscht. Wir können einer anderen Person in einem bestimmten Bereich leichter die Führung überlassen, wenn wir die Erfahrung machen, dass unser Feedback offen gehört wird.

Trigger 11: Offene Kommunikation

Offene Kommunikation bedeutet *wertschätzend* und *lösungsorientiert* miteinander zu sprechen. Natürlich ist auch manchmal kritisches Feedback wichtig, doch es hat seine Grenzen. Es ist erstens auf vergangenes Handeln ausgerichtet und kommt oft zu spät. Zweitens betont es den Fehler und kann – bei exzessivem Einsatz – die Empfangenden zusätzlich verunsichern und zu noch stärkerem Versagen führen.

Der Management-Experte Marshall Goldsmith hat in seinem Artikel »Try Feedforward Instead of Feedback« als Wortspiel den Begriff »Feedforward« geprägt.[35] Wie der Name schon sagt, ist Feedforward auf die Zukunft ausgerichtet. Es konzentriert sich auf die Lösung: *Wie kann ich oder wie können wir mein oder unser Verhalten ändern, um die Aufgabe besser, schneller, leichter oder einfacher zu erledigen?*

Hier ein paar Tipps für die Einführung von Feedforward:

1. **Wünsche statt Kritik.** Anstatt darüber zu sprechen, was uns am Verhalten unseres Gegenübers gefehlt oder nicht gefallen hat, fokussieren wir uns darauf, was wir uns in der Zukunft von ihm wünschen. Wir tragen diesen Wunsch in einer Haltung der Zuversicht vor, etwa mit den Worten: »Ich glaube, dass du das hinbekommst.«

2. **Proaktivität.** Anstatt darauf zu warten, dass uns die anderen Feedback zu unserem Handeln geben, können wir souverän um Feedforward bitten: »Ich habe erkannt, dass … nicht gut lief. Ich möchte folgende Aufgabe … noch besser erledigen. Wie könnte mir das gelingen?«

3. **Perspektivwechsel.** Wer Feedforward gibt, versetzt sich in die Rolle der Person, die es empfängt, und sucht gemeinsam mit ihr nach Lösungen: »Du könntest … anders machen. Wir könnten … anders machen.«

4. **Zukunftsorientierung.** Alle Beteiligten konzentrieren sich auf die Zukunft und die gewünschte Lösung. Sie fragen sich also nicht: »Was lief falsch?«, sondern: »Wie können wir ab jetzt dafür sorgen, dass es in Zukunft besser läuft?«

Allein dieser Shift von Feedback zu Feedforward wird euch einen gewaltigen Entwicklungsschub ermöglichen.

Trigger 12: »Ja, und ...«

Vier Buchstaben – so viel Macht: *aber*. Was fühlst du, wenn du einen dir wichtigen Standpunkt vertreten hast und dein Gegenüber seine Antwort mit »Ja, aber ...« eröffnet? Worte sind eben nicht nur Worte. Sie sind der Programmiercode unserer Realität. Das Wörtchen *aber* lässt keine andere Perspektive durch und wischt alles vom Tisch, was das Gegenüber gerade vermitteln wollte. *Aber* sagt:

»Ich widerspreche dem, was du kommuniziert hast. Ich habe das, was du mir angeboten hast, nicht wirklich in meine innere Realität gelassen. Entweder dein Standpunkt oder meiner. Ich habe recht.«

Wenn wir das, was die anderen sagen, mit einem *aber* abwürgen, entsteht niemals ein Gruppenflow. Entweder die anderen resignieren und schweigen oder sie beginnen zu kämpfen. Die Alternative lautet: *Ja, und*.

Ja bestätigt und wertschätzt den geäußerten Standpunkt. *Und* baut eine Brücke. Nicht nur für dein Gegenüber, sondern auch in dir. Selbst wenn dein Ego erst einmal gegen die andere Idee rebelliert, öffnest du ihr mit dem kleinen Wörtchen *und* eine Tür in deinen Geist und so die Chance, dich zu berühren. »Danke für deine ungewöhnliche Idee. Sehr wertvoll. *Ja, und* ich würde gern folgende Perspektive einfließen lassen ...« Das signalisiert: »Ich erkenne an, was du kommuniziert hast. Ich lasse mich davon berühren. Unsere co-creative Wahrheit wird sich aus der Synthese deiner Meinung *und* meiner ergeben.«

DIE OBERE GRENZE EURER FREUDE

These: Wenn ihr im Team konsequent die Prinzipien der Co-Creation anwendet und durch die Flow-Trigger noch verstärkt, werdet ihr sehr wahrscheinlich eure unbewusste obere Grenze der Freude überschreiten. Das ist toll, denn wer von uns kann nicht noch mehr Ekstase vertragen?! Doch Achtung ist geboten, damit die hier eventuell einsetzenden Sabotagemuster nicht alles wieder einreißen.

Du wirst dich auf dem co-creativen Level manchmal regelrecht high fühlen. Dein Gehirn schüttet in vermehrten Maße Neurotransmitter wie Dopamin, Serotonin oder Oxytocin aus, die Gefühle von Leichtigkeit, Begeisterung und Ekstase produzieren können. Warum ich dich davor warnen muss? Nun, die Wahrscheinlichkeit ist hoch, dass auch dein Unterbewusstsein eine *obere Grenze der Freude* angelegt hat. Beobachte einmal Kleinkinder, deren Grundbedürfnisse wie Wärme, Sicherheit und Nahrung gestillt sind. Sie vibrieren förmlich in einer stillen, leuchtenden Ekstase. Später, solange sie noch nicht nach gesellschaftlichen Kriterien erzogen wurden, initiieren kleine Kinder laut Professor Gerald Hüther pro Tag Dutzende Begeisterungsstürme in ihrem Gehirn.[36] Dies tun sie intrinsisch motiviert. Sie brauchen dafür keine äußere Belohnung oder einen anderen triftigen Grund. Sie folgen der Spur der Freude und lernen so mühelos und schnell.

Noch notwendiger als der freie, freudige Selbstausdruck ist ihr Bedürfnis nach Verbundenheit. Sie wollen dazugehören. Deshalb passen sich Kids instinktiv ihrer Umgebung an. Doch was, wenn ihre wichtigsten Bezugspersonen (Mama und Papa) auf einem wesentlich geringeren Level an Lebendigkeit existieren? Wenn sie oft müde, ängstlich, frustriert oder depressiv sind? Dann werden die meisten Kids ihre Freude herunterdimmen. Denn sie fühlen, wenn sie die in ihrer Familie verankerte obere Grenze der Freude überschreiten. Sie nehmen sehr wohl die genervten Blicke oder bremsenden Kommentare wahr. Also schrauben sie sich herunter. Zuerst tun sie es bewusst, doch irgendwann haben sie genau wie die Erwachsenen vergessen, wie sich die natürliche Ekstase des Seins anfühlt.

Was unser Elternhaus nicht schafft, erledigt die Schule. Es ist physiologisch schier unmöglich, den hohen Ausstoß an Glückshormonen beizubehalten, während wir sechs bis acht Stunden täglich gezwungen werden, nicht nur körperlich, sondern auch geistig still zu sitzen. Es ist traurig, denn spätestens am Ende der Schulzeit haben viele Menschen vergessen, wie es sich anfühlt, das Leben wie Peter Pan zu genießen. Unser Unterbewusstsein hat in dieser Zeit das uns zustehende Limit an Freude immer weiter herabgesetzt. Besonders tragisch ist, dass wir diese Grenze nun selbst verteidigen, wenn uns Menschen oder Situationen auf einer höheren Frequenz der Freude begegnen: »Komm mal wieder runter. Das Leben ist kein Ponyhof. Es ist Zeit, erwachsen zu werden.«

Hast du zusammen mit deinen Weggefährt*innen mithilfe der Prinzipien dieses Buches erst einmal ein Feld des Vertrauens erschaffen und habt ihr eure Kräfte in einem gemeinsamen Anliegen gebündelt, wird Co-Creation diese tief in euch angestauten Glücksgefühle wieder freisetzen. Das ist wundervoll. Doch ihr solltet ein Gefühl dafür bekommen, wann ihr dabei eure vertraute obere Grenze der Freude überschreitet. Es muss nicht sein, aber es kann passieren, dass dann nämlich Selbstsabotagemuster einsetzen. Jedes lebendige System strebt nach Homöostase, also einem Gleichgewicht. Egal, wie neurotisch, mittelmäßig oder öde unser Leben gerade verläuft, für unser Unterbewusstsein ist es die vertraute Komfortzone. Damit kann es umgehen. Zu viel Ekstase wird als fremd und sogar bedrohlich wahrgenommen. Also setzt es ein paar Tricks ein, um uns wieder in die alten Schranken zu weisen. Andrea und ich haben eine Weile gebraucht, bis uns auffiel, dass wir immer dann sinnlose Streits vom Zaun brachen, wenn es uns überdurchschnittlich gut ging. Wir zerstörten damit das Feld der Freude, fielen auf Punkt null oder sogar darunter zurück und mussten nun wieder alles aufbauen. Ich habe viele Tausend Menschen bei der Erweiterung ihrer Komfortzone begleitet und bin dennoch immer wieder erstaunt, wie abwechslungsreich unsere Selbstsabotagetricks sein können und wie echt sie sich anfühlen. Um sich wieder schlechter zu fühlen, kreieren Menschen …

- o Migräneanfälle oder andere Krankheiten,
- o Sport- oder Autounfälle,
- o Affären,
- o Kaufräusche,
- o Süchte jeder Art,
- o Fressattacken,

- Schlafmangel,
- Überheblichkeit bis maßlose Arroganz,
- Geldverlust durch Verspielen oder unachtsames Ausgeben oder Verleihen,
- sinnlosen und massiven Medienkonsum.

Ich will dir damit keine Furcht einflößen, sondern für Respekt für die obere Grenze werben. Der Schauspieler Denzel Washington sagte einmal in einem Interview: »Wenn der Teufel dich ignoriert, hast du etwas falsch gemacht.«[37] Ich glaube nicht an den Teufel, doch an innere Widersacherkräfte.

 **Egal, wie vertraut sich dein bekanntes Level an Lebendigkeit für dich anfühlt, wisse, dass du sehr wahrscheinlich zu wesentlich mehr Leichtigkeit und Ekstase in der Lage bist.**

Co-Creation wird dir und deinen Weggefährt*innen fortwährend neue Dimensionen der Freude offenbaren. Diese kann sich in himmlischer Begeisterung, berauschendem Erfolg oder inniger Nähe zeigen. Damit ihr diesen Öffnungsprozess nicht unbewusst blockiert, verpflichtet euch immer wieder bewusst der Freude. Das klingt zuerst wie ein Widerspruch: Freude und Verpflichtung, wie passt das zusammen? Ihr werdet euch in manchen Phasen ausdrücklich euren inneren Sabotagemustern widersetzen müssen. Ihr müsst ein Gefühl für jene Zeiten bekommen, in denen euer System gedehnt wird, und dann besonders gut aufpassen. Gebt eurem Gehirn und eurem Nervensystem Zeit, sich zu adaptieren. Folgendes hilft:

- Vermeide Streit und andere destruktive Verhaltensmuster.
- Halte lieber mal die Klappe und bewege dich eine Weile vorsichtiger durchs Leben.
- Sprich bewusst und laut aus, dass du dich für mehr Freude öffnest.

- Sorge für frische Luft, atme tief und sanft in den Bauch hinein.
- Gehe spazieren, treibe mäßig Sport, mache Yoga.
- Tanze, meditiere aktiv.
- Vollziehe Dankbarkeitsrituale und Anerkennungsrunden.
- Schlafe ausreichend.
- Gönne dir Massagen, nimm ein heißes Bad, gehe in die Sauna.
- Iss gesund und lecker.

Nach einer besonders flowigen Begegnung, in der ihr gemeinsam ekstasetrunken abgehoben seid, kann es zu einer Art Kater kommen. Das Gehirn hat überdurchschnittlich viele Glücksneurotransmitter ausgeschüttet. Es muss sich wieder ausbalancieren. Normalerweise dürfte dies nicht länger als einen halben bis einen ganzen Tag dauern. In dieser Zeit fühlst du dich eventuell etwas leer. Du hast keine große Lust zu reden, und besonders schlaue Ideen ploppen auch nicht in dir hoch. Ich hatte schon mit Paaren und Teams zu tun, die deshalb fürchteten, irgendetwas würde nicht stimmen. Keine Sorge. Das geht wieder vorbei. Gebt euch Zeit. Gestattet es euch zu schweigen. Erholt euch aktiv.

CO-CREATION MIT ALLEM

These: Wenn du bereit bist, dein Rechthaben komplett loszulassen, befindest du dich automatisch in der Co-Creation mit allem.

Zu Beginn dieses Buches habe ich dir die Grundvoraussetzungen mitgeteilt, die es braucht, damit zwei Menschen überhaupt miteinander co-creieren können. Jetzt sage ich:

 Du kannst tatsächlich mit allen und allem co-creieren: mit einem Stein, einem Regenwurm, einem Baum oder deiner (in deinen Augen) verbohrten Stiefmutter.

Das mag erst einmal wie ein Widerspruch wirken. Doch das ist es nicht. Es ist ein Paradox. Unser dual operierender Verstand kann nicht anders, als in Entweder-oder-Kategorien zu denken. Doch unser Gehirn ist ein begrenztes Werkzeug und deshalb nicht in der Lage, tiefere Dimensionen des Lebens zu erfassen, in denen es von Paradoxa nur so wimmelt: Alles, was oben ist, ist gleichzeitig auch unten. Etwas kann richtig *und* falsch zur selben Zeit sein. Etwas kann getrennt *und* eins sein. Wir sind die Ursache *und* das Ergebnis. Wir haben die Wahl *und* wir haben sie nicht. Wir können erleuchtet *und* kleine Arschlöcher sein.

Ich könnte noch viele weitere dieser wunderbaren Paradoxa aufzählen, an denen unser enger, urteilender Verstand schier verrückt gehen kann. Einer meiner Lehrer sagte immer: Köpfe haben keinen Zutritt zum eigentlichen Mysterium. Die Lösung liegt darin, dich zu entspannen und deinem Bewusstsein zu erlauben, sich auszudehnen. Das passiert zum Beispiel in der Meditation oder beim Lachen. In solchen befreienden Momenten erfassen wir jenseits unseres logischen Denkens eine größere Ordnung, in der das alles Sinn macht – bis wir später versuchen, es jemand anderem zu erklären. Weißt du, was ich meine?

Ich möchte unsere gemeinsame Reise in das Abenteuer der Co-Creation damit abschließen, dass ich dich einlade, noch einmal alle hier gelesenen Prinzipien und Methoden aus der Hand zu legen und mit mir gemeinsam zu staunen. Ausbeutung, Konkurrenz und Kooperation entspringen alle einem dual operierenden Verstand. Es gibt ein klar umrissenes Ich und ein Du. Es gibt Regeln, nach denen wir uns aufeinander beziehen und uns gegenseitig ausbeuten, ausnutzen oder eben freundschaftlich kooperieren. Doch diese Beziehungsformen haben uns in eine evolutionäre Sackgasse geführt, weil sie auf Illusionen basieren. Sie gründen zum Beispiel auf der Idee von Trennung oder der scheinbaren Gegebenheit von Rollen, Strukturen und Privilegien. Doch in Wahrheit waren wir nie getrennt und werden immer auf vielen Ebenen verbunden und auf der tiefsten Ebene sogar eins sein. In Wahrheit sind wir keine festen Formen, sondern lebendige Bewusstseinsströme voller noch nicht entdeckter Seelenfarben und Gaben.

Co-Creation ist mit reiner dualer Logik nicht zu erfassen. Sie führt uns aus der kleinen Schublade des Egos in den freien Raum der Seele.

Sie fördert zum einen unsere Individualität, denn die brauchen wir für ein starkes Ich. Gleichzeitig stimuliert Co-Creation die Hingabe in ein größeres Wir. Wir wissen intuitiv von dieser Möglichkeit. Wir spüren, dass ihre Zeit reif ist. Deshalb erblühen gerade rund um den Globus so viele Aufsehen erregende Experimente im wirtschaftlichen und sozialen Bereich. Doch ebenfalls deshalb erleben wir auch so manch mühsame Geburtswehen und Rückschläge. Uns fehlen die Erfahrung und die Sprache für diesen paradoxen Bereich. Wir sind alle aufgefordert, vieles ernsthaft und verspielt auszuprobieren, und dann das, was funktioniert, mit den anderen zu teilen.

Nutze alle Impulse und Methoden, die ich dir mit auf den Weg gegeben habe. Doch sieh das Ganze bitte nicht wie ein standardisiertes Rezept, das am Ende immer denselben Kuchen hervorbringt. Probiere aus. Beobachte, was dich und deine Weggefährt*innen stärkt, erhebt und vereint. Mach damit weiter. Kombiniere und variiere. Doch vor allem bleib dran. Folge deiner Sehnsucht. Gib dich in deinen Beziehungen nicht mit schalen Kompromissen zufrieden. Dafür ist dein Leben viel zu kostbar und dein Lernweg zu wichtig für uns alle.

Schauen wir uns zum krönenden Abschluss drei zauberhafte Paradoxa der Co-Creation an.

Wir haben zu Beginn des Buches fünf Grundbedingungen für eine erfolgreiche Co-Creation formuliert: die nötige Bewusstseinsreife, ein starker Leidensdruck und eine intensive Sehnsucht, eine gemeinsame Vision, ein langer Atem sowie Vergebung als Grundhaltung (s. Seite 59). Diese fünf Voraussetzungen braucht es bei allen Beteiligten, damit sie gemeinsam und bewusst co-creieren können. Und was ist mit dem großen Rest der Welt, mit denen, die noch nicht die nötige Bewusstseinsreife haben? Was ist mit Kindern und Tieren? Was ist mit jenen, die im Augenblick noch ganz zufrieden mit Ausbeutungsverhältnissen sind, weil sie am reichen Ende des Tisches sitzen? Was ist mit deinem Partner, der nicht einmal Bock auf eine gemeinsame Vision hat? Und was ist mit all den Aspekten dieser Welt, die du nicht magst – mit dem Dreck, dem Schmerz, der Dunkelheit? Mit denen du gar nicht co-creieren willst? Musst du das alles ausklammern und ist deine Co-Creation nur in einem exklusiven, elitären Kreis möglich?

Nein! Du verfügst tatsächlich über die Fähigkeit, mit allen und allem zu co-creieren. Das zu erlernen, ist auch absolut erstrebenswert. Denn du wirst so all deine Herzensziele wesentlich müheloser manifestieren und dich öfter frei und friedvoll fühlen. Es gibt für diese universelle Co-Creation nur eine klitzekleine Bedingung. Du musst dein Rechthaben loslassen. Und hier wartet das zweite Paradox darauf, von dir umarmt und genossen zu werden:

 Lerne, intelligent recht zu haben und weise das Rechthaben loszulassen.

Für deine Entwicklung ist es wichtig, dass du lernst, präzise und gründlich nachzudenken und dir eine eigene Meinung zu bilden. Es ist wichtig, dass du deine Werte und Bedürfnisse kennst und für ihre Erfüllung einstehst. Das heißt, es ist in einer gewissen Weise wichtig, dass du auf deinem Rechthaben bestehst. Denn wenn du das nicht tust, bleibt die Reifung deines Egos in einem diffusen Nebel stecken. Außerdem übernehmen dann andere mit einer klareren Absicht die Führung und du landest sehr wahrscheinlich immer wieder in Situationen, die dir nicht guttun. Doch gleichzeitig hindern dich deine Urteile daran, mit dem gesamten Universum zu co-creieren. Denn solange du glaubst, ein anderer Mensch oder ein Ereignis wären so, wie sie sind, ein Fehler, wirst du dich weigern, mit ihnen in Resonanz zu treten. Und ohne Resonanz kann keine Co-Creation entstehen. Du wirst die anderen Menschen oder Ereignisse in deinem Verstand als störende oder zumindest unwichtige Elemente abkapseln. Da Karma, was unsere Lernhausaufgaben betrifft, sehr konsequent ist, wirst du immer wieder über diese Störfaktoren stolpern, bis du auch ihnen dein Herz und deinen Verstand öffnest. Endlich können sie dich berühren. Sie werden etwas in dir weiten. Sie werden dich verändern. Willkommen in der Co-Creation mit allem!

Reflexion

o *Was hast du bis jetzt draußen gehalten?*
o *Und was macht das mit dir?*

Deine Entscheidung, etwas von dir fern zu halten, ist völlig legitim – bis du selbst bemerkst, wie viel Energie es dich kostet, gegen das zu kämpfen, was bereits da ist. Es sind menschliche und deshalb immer begrenzte Urteile, die uns davon abhalten, die Ordnung im Chaos zu erkennen.

Doch wie können wir uns für diese universelle Dimension der Co-Creation öffnen? Indem wir zuallererst verstehen, dass ohnehin alles vollkommen miteinander co-creiert. Indem wir realisieren, wie viel Leid in Form von Anstrengung und Angst uns unsere Abkapselung gebracht hat. Indem wir bewusst wählen, mit allem co-creieren zu wollen. Indem wir unser Rechthaben loslassen und sagen: »Ich lege meine begrenzten Urteile nieder. Ich weiß nicht, was das bedeutet. Leben, zeige mir den tieferen Sinn.« Indem wir (auch wenn wir nicht mit unserem Gegenüber darüber sprechen können) nach der gemeinsamen Absicht suchen. In Bezug auf Menschen bedeutet das: Egal, wie verschieden wir sind, wir wollen alle glücklich sein. In Bezug auf Steine, Tiere oder Bäume unterstelle ich, dass alles in diesem Kosmos nach Ordnung, Entwicklung und mehr Bewusstheit strebt. Die Absicht, die wahrscheinlich immer passt, lautet also: »Lass mich mit dir zum Wohle aller Wesen co-creieren.«

Und nicht zuletzt können wir uns für Co-Creation öffnen, indem wir nun bereit sind, mit unserem Gegenüber in Resonanz zu treten.

Das bedeutet, wir öffnen unser Herz. Wir nehmen die Schwingung unseres Gegenübers auf. Wir lernen mehr über unser Gegenüber. Wir betrachten es nicht als Gegner*in oder als ein Hindernis, sondern als einen wertvollen Bestandteil unserer Wirklichkeit. So öffnen wir uns für das dritte Paradox:

 Meister*innen der Co-Creation sind sich bewusst darüber, dass sie immer alles beeinflussen und immer auch von allem beeinflusst werden.

Was macht dieser Gedanke mit dir? Stresst er dich, weil du gern alles kontrollieren würdest und nicht manipuliert werden möchtest? Oder kannst du dich ihm sanft hingeben? Die kapitalistische Leistungsgesellschaft hat den Mythos des Übermenschen erschaffen, der alles im Griff hat: seinen Geist, seine Karriere, sein Geld und am besten auch sein Altern. Die New-Age-Spiritualität hat diesen Optimierungswahn noch auf die Spitze getrieben, indem sie Millionen Menschen eingeredet hat, sie könnten mit ihren Gedanken alles erschaffen, was sie wollen. Das Ergebnis sind überhitzte, erschöpfte Kontrollfreaks, die panisch vermeiden, auch einmal stehen zu bleiben und nüchtern zu überprüfen, ob der Mythos denn wahr ist. Natürlich haben wir alle mal Zeiten, in denen es flutscht und wir glauben, alles im Griff zu haben. Doch wenn du genauer hinschaust, offenbart der Traum viele Risse. Wir können nicht einmal kontrollieren, wann wir aufs Klo müssen, geschweige denn, ob und wie schnell wir uns entwickeln. Radikal betrachtet, wissen wir nicht einmal, ob wir nicht virtuelle Geschöpfe in einem gigantischen Simulationsspiel einer uns weit überlegenen Spezies sind.

Solche Gedanken zuzulassen, kann uns mit unangenehmen Gefühlen konfrontieren. Doch letztendlich entspannt es unseren Kontrollzwang, der der Co-Creation mit allem im Weg steht. Wirkliches Vertrauen ins Leben gewinnst du nicht, indem du versuchst, all deine Pläne zwanghaft durchzuboxen.

Bring dich ein, so gut du kannst, und gib dich hin. Geh in Führung und lass dich führen. Verändere und lass dich verändern.

Vielleicht wirst du dann feststellen, dass dieser evolutionäre Strom, mit dem du mitfließt, niemals gegen dich ist. Er fließt nicht immer easy und bequem. Er konfrontiert dich mit überraschenden Stromschnellen und schmerzhaften Dehnungsprozessen. Doch er ist auf deiner Seite. Er folgt einer Richtung, die gut für deine Seele ist.

Co-Creation mit allem bedeutet: Entspanne dich in dein authentisches Selbst. Bring dich wach ein – mit all deinen Ambitionen, Gedanken, Gefühlen und Handlungen. Verändere die Welt. Und bleib gleichzeitig berührbar. Habe den Mut, dich all jenen Aspekten und Menschen zu öffnen, die du bis eben noch draußen gehalten hast. Lass dich inspirieren. Lass dich lehren. Wenn du dem Leben mit der Haltung einer demütigen Schülerin oder eines demütigen Schülers begegnest, wird alles zu deinem Lehrer. Lass dich verändern.

Ob wir beide wollen oder nicht: Wir haben uns in den letzten Stunden, Tagen oder vielleicht Wochen, in denen du dieses Buch gelesen hast, gegenseitig beeinflusst. Allein das Lesen dieser Zeilen jetzt gerade verändert alles in deinem Leben. Und die Tatsache, dass und wie du sie liest, verändert alles für mich. Das heißt, wir beide co-creieren bereits miteinander. Die Frage ist also nicht, ob, sondern *wie* bewusst dies geschieht.

Ich hoffe sehr, dass der Funke dieses Kapitels überspringt und dich für eine spektakuläre Option deines Lebensentwurfes öffnet. Anstatt dich auf der einen Seite zu sehen und auf der anderen Seite das Universum mit all den anderen, kannst du verstehen und fühlen, dass wir wirklich alle eins sind. *Eine* Quelle schöpferischer Intelligenz, die aus purer, unbändiger Freude am Erschaffen in Billiarden verschiedenster Formen inkarniert. Wahrscheinlich hast du dieses Buch aus persönlichen Gründen angefangen zu lesen. Jetzt lade ich dich ein, dich mit mir zu entspannen und das größere Bild zu sehen: Es ist der Kosmos selbst, der durch diese Zeilen mit sich selbst spricht. Sein Zwiegespräch heißt Co-Creation. Sein Ziel: sich selbst zu feiern, sich noch tiefer zu erkennen und dafür immer neue Möglichkeiten zu kreieren.

Enjoy the Ride!

DIE PRINZIPIEN ERFOLGREICHER CO-CREATION

Hier kommen noch einmal die Prinzipien erfolgreicher Co-Creation auf einen Blick. Wende sie an und hebe so deine Beziehungen auf ein neues Level an Freude und Kreativität.

1. Co-Creation ist das Grundprinzip des Lebens. Findet sie nicht statt, liegt ein Irrtum vor.

2. Co-Creation ist die Fähigkeit zweier oder mehr Systeme, sich in *einem* Anliegen zum Wohle aller zu verbinden, dabei ihre Verschiedenartigkeit zu nutzen und so Wunder möglich zu machen.

3. Co-Creation zwischen Menschen basiert auf Respekt, Resonanz und einem gemeinsamen Anliegen.

4. Ein starkes, bewusstes Wir braucht starke, bewusste Ichs. Fördere die Selbstliebe und ermutige dich und deine Weggefährt*innen, sichtbar zu sein.

5. Damit Co-Creation ins Fließen kommt, braucht es Authentizität und Wahrheit. Wenn du deinem Gegenüber authentisch begegnest und ihr eure individuellen Wahrheiten achtsam teilt, wird eine größere Wahrheit sichtbar. Deine Wahrheit hast du dann wahrhaftig und genau geäußert, wenn sie von einem anderen Menschen nicht infrage gestellt werden kann. Wir nennen das die *präzise Wahrheit*. Es gibt Schichten von Wahrheit. Solange weder Frieden noch Flow erfahrbar ist, ist die Wahrheit noch nicht auf tiefster Ebene kommuniziert.

6. Damit sich Co-Creation frei entfalten kann, braucht es ein Feld des Vertrauens. Vertrauen entsteht durch klare Regeln, Verbindlichkeit, Transparenz und Wertschätzung.

7. Co-creative Kommunikation basiert paradoxerweise auf absoluter Freiwilligkeit und Verbindlichkeit. Lerne, auf Forderungen und Vorwürfe zu verzichten. Sprich in Wünschen. Und halte dich *freiwillig verbindlich* an die mit dir ausgemachten Vereinbarungen.

8. Wertschätzende Kommunikation öffnet Menschen und füllt das Beziehungskonto. Angreifende, herabsetzende Kommunikation verschließt Menschen und leert das Beziehungskonto. Deshalb: Beginne wertschätzend. Ende wertschätzend.

9. Du *hast* ein Ego. Du *bist* eine Seele. Übe dich darin, das Wollen deines Egos zu entspannen und aus dem Herzen zu sprechen und offen zu lauschen.

10. Co-creative Kommunikation braucht die Bereitschaft von allen Beteiligten, sich auch von den Wahrheiten der anderen berühren zu lassen.

11. Co-creation erzeugt Nähe. Nähe erfreut und heilt. Doch sie bringt auch unseren Schatten ans Licht. Deshalb erfordert Co-Creation die Bereitschaft zur Schattenarbeit. Lerne zwischen einer ruhigen, klaren Wahrnehmung und einer Projektion zu unterscheiden.

12. Co-creative Kommunikation lebt von bewussten Antworten, nicht von unbewussten Reaktionen. Lerne zu erkennen, wann du getriggert bist und ins Reagieren kommst. Durchbrich das Muster. Halte inne. Übernimm die Verantwortung für deine Gefühle und wähle, langsam und bewusst zu antworten.

13. Co-Creation ist das Gegenteil von Co-Abhängigkeit. Jede Form der Opferitis humana schafft Abhängigkeiten und schwächt deine Schöpferkraft. Co-creation erblüht auf dem Boden der Selbstverantwortung.

14. Manchmal hilft es, die Klappe zu halten und einfach still zu sein. Co-creative Kommunikation findet nicht nur mit Worten statt, sondern auch auf einer energetischen Ebene. Unterscheide zwischen Wichtigtuerei und wesentlicher Äußerung.

15. Geh mit einer klaren, positiven Absicht in ein Gespräch. Finde ge-

meinsam mit deinem Gegenüber eine gemeinsame positive Absicht für das Gespräch. Wenn ihr sie zwischendrin verliert, sammelt euch wieder. Kehrt zu eurer wahren Absicht zurück.

16. Geh zusammen mit deinem Gegenüber immer nur ein Problem, eine Herausforderung an.

17. Konflikte sind die schöpferische Spannung zwischen These und Antithese. Irgendwo im Möglichkeitenraum existiert eine innovative Synthese, die beides vereint. »Aber ...« blockiert Co-Creation. »Und« bringt sie ins Fließen.

18. Wenn du bereit bist, dein Rechthaben komplett loszulassen, befindest du dich automatisch in der Co-Creation mit allem und erkennst die innere Ordnung im Chaos.

19. Der Kontext der linearen Zeit erschafft heute horizontale Replikationen der Vergangenheit. Vertikales Erschaffen bedeutet, in der Gegenwart Lösungen aus der Zukunft zu empfangen.

20. Wir sind viel mehr als unsere Körper. Wir sind viel mehr als unser Verhalten. Beginne, dich und andere als Bewusstseinsfelder wahrzunehmen.

21. Wenn ihr eure Co-Creation-Circles dem Wohle aller Wesen widmet, wird euch das Leben wesentlich stärker unterstützen.

22. Auch wenn Co-Creation Wunder erschafft, brauchst du nicht vor Ernsthaftigkeit zu erstarren. Mach dich locker. Tritt immer wieder neu an. Spiele.

23. Fehler sind die Hefe unserer Evolution. Begehe sie lustvoll, aber möglichst jeden nur einmal. Korrigiere nüchtern. Vergib schnell. Lache häufig. Vor allem über dich selbst.

24. Dies ist nicht das Ende, sondern immer nur der Anfang.

25. Du und ich, wir sind anders und wir sind eins.

VOLLENDUNG

Für den Abschluss habe ich ein kleines Gedankenexperiment für dich: Stell dir eine Zukunft vor, in der die Menschheit kollektiv realisiert hat, was für eine kostbare Gabe Bewusstsein ist. Wenn kleine Menschen auf die Welt kommen, pressen wir ihr Bewusstsein nicht voreilig in normierte Paradigmen und Regeln. Wir betrachten sie als das, was sie sind: Prophet*innen unserer Zukunft, Seelen auf einer Zwischenstation, Genies mit einem schier unbegrenzten Potenzial. Wir stellen unseren Kindern sichere Räume zur Verfügung, in denen wir sie ermutigen, durch Spiel schnell und offen alles zu lernen, wonach sich ihr Geist sehnt. Wir sehen uns nicht als Erzieher*innen, sondern als achtsame Wegbegleiter*innen. Wir fördern die einzigartige Individualisierung unserer Kinder durch Wertschätzung und gute Fragen.

Stell dir eine Welt vor, in der alle von uns begriffen haben, dass das Ego nicht unser Feind, aber auch nicht unsere Identität ist. Wir betrachten es als einen kleinen Part unseres unbegrenzten Bewusstseins. Wir achten es für seine Funktionen, und in diesem Kontext entwickeln wir es auch bis zu einem gewissen Grad ständig weiter. Doch der primäre Fokus unserer persönlichen Evolution und all unserer Beziehungen liegt auf dem Erkunden und Erblühen unserer Seele. Mit ihr feiern wir unsere Einzigartigkeit und leben zugleich unsere Verbundenheit mit allem. Wir vertrauen der Quelle des Lebens, weil wir Tausende Male erfahren haben, dass sie uns führt und beschützt, wenn wir uns ihr anvertrauen. Wir betrachten jeden Menschen als einen Künstler. Unsere individuelle Realität ist unser Kunstwerk. Alles beginnt auf der inneren Leinwand unseres Geistes. Mit den Farben unserer Imagination und dem Pinsel unserer Worte erweitern wir täglich die Grenzen des Möglichen.

Wir sehen uns nicht als Einzelkämpfer*innen, sondern als Zellen eines größeren, kollektiven Bewusstseins. Gemeinsam erträumen und erschaffen wir den Mythos der Menschheit. Co-Creation ist für uns die selbstverständliche Beziehungsform mit allem, denn wir haben die Illusion der Trennung vollständig überwunden. Wir genießen die Wechselwirkung aus unserer Wahlfreiheit und der Hingabe an etwas noch Größeres, dessen Kunstwerk wir wiederum sind. Große Probleme sehen wir als Wehenbeschleuniger einer neuen Version unseres Selbst. Wir begrüßen sie neugierig, denn wir wissen, dass sie ein Geschenk für uns enthalten und dass sie in der Zukunft bereits gelöst sind. Wir genießen die Kapazität unseres rationalen, linear-logischen Denkens. Gleichzeitig haben wir unser Bewusstsein so weit entwickelt, dass wir nonlineare Zeitzusammenhänge erfassen und Paradoxa genießen können. Wir haben die Angst vor dem Tod transzendiert und können uns nun voll auf unsere eigentlichen Lernaufgaben, die Freude am sinnvollen Erschaffen und den Genuss der Gegenwart konzentrieren. Wir sind vor allem durch Freude motiviert und setzen Leid nur noch ausgewählt und sehr bewusst als Entwicklungskatalysator ein. Streit und Krieg sind absurd geworden, denn wir haben verstanden, dass wir immer gegen uns selbst kämpfen. Die Welt sehen wir als ein Spiegelkabinett unseres Geistes an. Wir haben völlig neue, wesentlich flexiblere Beziehungs- und Wirtschafsformen entwickelt, basierend auf Vertrauen und Fülle. Unsere Umgebung und viele andere Spezies reagieren wohlwollend und unterstützend auf uns, denn wir widmen all unsere co-creativen Projekte dem Wohle aller Wesen.

Wir schauen manchmal auf die Zeit zurück, als die ersten verrückten Bücher über Co-Creation auftauchten und ein Teil von uns, geprägt durch viele negative Erfahrungen, skeptisch bis zynisch auf diese neue Vision sah. Und wir erinnern uns, wie wir uns damals erlaubten, nicht alles wissen zu müssen und unserer Sehnsucht in das unbekannte Land zu folgen. Wir erzählen manchmal unseren ungläubig lauschenden Urenkel*innen von Ausbeutung und Konkurrenz. Und wir lächeln. Denn wir wissen nun, dass unsere damalige Ahnung eine Nachricht aus unserer Zukunft war.

QUELLEN UND ERLÄUTERUNGEN

1. James Lovelock: *Das Gaia-Prinzip: Die Biographie unseres Planeten.* oekom Verlag 2021
2. Veit Lindau: »Seelengevögelt – Für die Rebellen des Lebens«. Podcast, Folge 159: »Du entscheidest über unsere Zukunft – Tristan Horx im Gespräch mit Veit Lindau«
3. C. Otto Scharmer: *Theorie U – Von der Zukunft her führen. Presencing als soziale Technik.* Carl-Auer Verlag GmbH, 2020
4. Den Kurs dazu, »Victory & Peace«, findest du auf www.homodea.com
5. Veit Lindau: *Genesis: Die Befreiung der Geschlechter.* GRÄFE UND UNZER Edition, 2021
6. Bill Bryson: *Eine kurze Geschichte des menschlichen Körpers.* Goldmann, 2022
7. Yuval Noah Harari: *Eine kurze Geschichte der Menschheit.* Pantheon, 2015
8. Gerald Hüther: *Was wir sind und was wir sein könnten. Ein neurobiologischer Mutmacher.* FISCHER Taschenbuch, 2013
9. Carol Dweck: *Selbstbild: Wie unser Denken Erfolge oder Niederlagen bewirkt.* Piper, 2017
10. In Genesis erläutere ich, warum ich mich bewusst dazu entschieden habe, die Existenz einer Seele vorauszusetzen und auch anzusprechen – auch auf die Gefahr hin, darin falsch verstanden und in die »Eso-Ecke« abgeschoben zu werden. Ich beziehe mich damit auf den inneren, unverletzbaren, freien Kern unseres Wesens. Wenn du mit *Seele* nichts anfangen kannst, setze dafür gern größeres Ich, freiere Version, höheres Selbst oder Essenz ein.
11. Steven Kotler und Jamie Wheal: *Stealing Fire – Spitzenleistungen aus dem Labor. Das Geheimnis von Silicon Valley, Navy Seals und vielen mehr.* Plassen Verlag, 2018
12. Ich habe diesen Begriff von unseren guten Freund*innen im Zentrum für Friedensforschung und -ausbildung übernommen, online verfügbar unter: https://www.tamera.org/de/ (zuletzt aufgerufen am 5.6.2023)
13. Es versteht sich hoffentlich von selbst, dass diese Erläuterungen nicht für Kinder und Kranke gelten. Kinder brauchen unseren

Schutz und unsere Fürsorge, bis sie reif genug sind, ihr Leben allein zu verantworten. Natürlich ist es sinnvoll, sie beizeiten (am besten durch Vorbild) Selbstverantwortung zu lehren. Doch bis dahin befinden sie sich in einer Form von Co-Abhängigkeit von uns und es liegt an uns, diese nicht auszunutzen. Ähnliches gilt für kranke Menschen. Wir sollten für sie da sein und dafür sorgen, dass wir die Unterstützung anderer für sie und/oder für uns organisieren, sodass wir die Last nicht allein tragen.

14. Wenn dich dieses Thema interessiert, empfehle ich dir mein Buch *Schattenwerk* (unum – ein Imprint von GRÄFE UND UNZER Verlag GmbH, 2021)

15. C. G. Jung: *Die Beziehungen zwischen dem Ich und dem Unbewussten.* Patmos Verlag, 2022

16. Falls du denkst, das trifft auf dich nicht zu, hat es dir wahrscheinlich nur noch nie jemand ehrlich gesagt.

17. Falls du dich ausführlicher mit Schattenarbeit beschäftigen möchtest, empfehle ich dir mein Buch *Schattenwerk* (unum – ein Imprint von GRÄFE UND UNZER Verlag GmbH, 2021)

18. Dr. Helen Schucman: *Ein Kurs in Wundern.* 15. Auflage, Greuthof 2021

19. Byron Katie: *Lieben was ist: Wie vier Fragen Ihr Leben verändern können.* Goldmann, 2002. Siehe auch: Ralf Heske: *Vier Fragen, die alles verändern: Das große Praxisbuch für The Work nach Byron Katie.* GRÄFE UND UNZER Verlag GmbH, 2020

20. Mit freundlicher Genehmigung leicht abgewandelt entnommen aus Gay und Kathlyn Hendricks: *Liebe macht stark. Von der Abhängigkeit zur engagierten Partnerschaft.* Goldmann Verlag, 2004

21. Stephen R. Covey: *Die 7 Wege zur Effektivität: Prinzipien für persönlichen und beruflichen Erfolg.* GABAL Verlag, 2018

22. Rosenthal, R., Jacobson, L.: »Pygmalion in the classroom.« *Urban Rev* 3, 16–20 (1968). https://doi.org/10.1007/BF02322211

23. Richard Barrett: *Alles, was ich über Werte gelernt habe.* Westarp BookOnDemand, 2019

24. Mit freundlicher Genehmigung leicht abgewandelt entnommen aus Gay und Kathlyn Hendricks: *Liebe macht stark. Von der Abhängigkeit zur engagierten Partnerschaft.* Goldmann Verlag, 2004

25. Siehe auch Helen Schucman: *Ein Kurs in Wundern. Texbuch, Übungsbuch, Handbuch für Lehrer.* Greuthof Verlag, 2019

26. Gerhard Roth: *Das Gehirn und seine Wirklichkeit. Kognitive Neurobiologie und ihre philosophischen Konsequenzen.* Suhrkamp, 1996
27. Stephen Hawking: *Kurze Antworten auf große Fragen.* Klett-Cotta, 2020
28. Da dies rational kaum zu verstehen ist, empfehle ich im Anhang einige Filme dazu, die wie eine Meditation über das Thema wirken.
29. Michael Talbot: *Das holographische Universum. Die Welt in neuer Dimension.* Droemer Knaur, 1994
30. Napoleon Hill: *Think and Grow Rich – Deutsche Ausgabe. Die ungekürzte und unveränderte Originalausgabe von Denke nach und werde reich von 1937.* FinanzBuch Verlag, 2018
31. Ich kann dir diesen Planer sehr ans Herz legen. Er hilft dabei, auch sehr kühne Visionen konsequent auf die Straße zu bringen. Er ist eine passende Ergänzung zu den Prinzipien der Co-Creation.
32. Alexandra Grass: » Das Gehirn – ein Herzerl «; wienerzeitung. at, 10.10.2018; https://www.wienerzeitung.at/h/das-gehirn-ein-herzerl; zuletzt aufgerufen am 3.7.2023
33. Ich finde folgendes Buch diesbezüglich sehr inspirierend: Frederic Laloux: *Reinventing Organizations visuell. Ein illustrierter Leitfaden sinnstiftender Formen der Zusammenarbeit.* Franz Vahlen, 2016
34. Joana Breidenbach und Bettina Rollow: *Die entfaltete Organisation. Mit Inner Work die Zukunft gestalten.* Franz Vahlen, 2022
35. Marshall Goldsmith: »Try Feedforward Instead of Feedback«; https://marshallgoldsmith.com/articles/try-feedforward-instead-feedback/; *auf Deutsch verfügbar unter:* https://www.marshallgoldsmith.com/wp-content/uploads/2016/04/Try-Feedforward-Instead-of-Feedback-German-ver-3.0.pdf; (zuletzt aufgerufen am 14.6.2023)
36. Gerald Hüther: »Nur mit Begeisterung lernen wir wirklich gut«; 30.4.2011; https://www.welt.de/debatte/article13309602/Nur-mit-Begeisterung-lernen-wir-wirklich-gut.html; (zuletzt aufgerufen am 14.6.2023)
37. https://www.youtube.com/watch?v=y9YECbSFcjw; (zuletzt aufgerufen am 14.6.2023)

ANHANG

DEIN ONLINEBEREICH

Du findest als Geschenk den zehnteiligen Onlinekurs »Co-Creation« (s. Seite 20) und alle im Text erwähnten vertiefenden Inhalte wie Videos und Meditationen unter go.homodea.com/cocreation-buch oder unter dem folgenden QR-Code:

Bitte gib auf der Seite das Passwort »ichbindabei« ein.

Im Onlinebereich bekommst du auch einen Zugang zu unserer homodea-Community.

DEINE MEDITATIONS-APP

In der wunderschönen App »homodea Meditation« erwarten dich im Gratisbereich über 60 geführte Meditationen für deine Potenzialentfaltung und das Erblühen deiner Beziehungen. Du kannst sie dir sowohl im App-Store als auch im Google Play Store downloaden.

BUCHEMPFEHLUNGEN

Beziehungsskills

- Gay und Kathlyn Hendricks: *Liebe macht stark. Von der Abhängigkeit zur engagierten Partnerschaft.* Goldmann, 2004
- Daniel Goleman: *EQ. Emotionale Intelligenz.* dtv, 1997

- Veit Lindau: *Liebe radikal. Wie du deine Beziehungen zum Erblühen bringst.* Kailash, 2014
- Veit Lindau: *Heirate dich selbst. Wie radikale Selbstliebe unser Leben revolutioniert.* Kailash, 2013
- Veit Lindau: *Schattenwerk. Befreie dein verborgenes Potenzial – durch radikale Schattenarbeit.* unum – ein Imprint von GRÄFE UND UNZER, 2021

Co-Creation

- Joana Breidenbach und Bettina Rollow: *New Work needs Inner Work. Ein Handbuch für Unternehmen auf dem Weg zur Selbstorganisation.* Franz Vahlen, 2019
- Joana Breidenbach und Bettina Rollow: *Die entfaltete Organisation: Mit Inner Work die Zukunft gestalten.* Franz Vahlen, 2022
- Frederic Laloux: *Reinventing Organizations visuell. Ein illustrierter Leitfaden sinnstiftender Formen der Zusammenarbeit.* Franz Vahlen, 2016
- C. Otto Scharmer: *Essentials der Theorie U. Grundprinzipien und Anwendungen.* Auer, 2022

Flow

- Mihaly Csikszentmihalyi: *Flow. Das Geheimnis des Glücks,* Klett-Cotta, 2017
- Steven Kotler und Jamie Wheal: *Stealing Fire – Spitzenleistungen aus dem Labor. Das Geheimnis von Silicon Valley, Navy Seals und vielen mehr.* Plassen Verlag, 2018
- Tobias Esch: *Die Neurobiologie des Glücks, Wie die Positive Psychologie die Medizin verändert.* Thieme, 2017
- Gerald Hüther: *Was wir sind und was wir sein könnten. Ein neurobiologischer Mutmacher.* FISCHER Taschenbuch, 2013

Quantenphysik für Dummies

- Gage Dotson: *Einfache Quantenphysik für Anfänger.* Eigenveröffentlichung, 2023

- Michael Talbot: *Das holographische Universum. Die Welt in neuer Dimension.* Droemer Knaur, 1994
- Dr. Lukas Neumeier und Dr. James Douglas: *Quantenphysik für Hippies.* Eigenveröffentlichung, 2019

Visionen aufstellen und manifestieren
- Veit Lindau: Werde verrückt. Wie du bekommst, was du wirklich-wirklich willst. Goldmann, 2019
- Veit Lindau: Zukunftswerk. GRÄFE UND UNZER, 2022

FILMTIPPS
- Daniel Kwan und Daniel Scheinert (Regie): *Everything Everywhere All at Once,* 2022
- Christopher Nolan (Regie): *Interstellar,* 2014
- Harold Ramis (Regie): *Und täglich grüßt das Murmeltier,* 1993
- Denis Villeneuve (Regie): *Arrival,* 2016
- Robert Redford (Regie): *Die Legende von Bagger Vance,* 2000

ÜBER VEIT LINDAU

© Paul Königer

»Nutze die kostbare Chance deines Lebens. Geh von der Bremse. Feiere und lebe dein Licht.« So lautet das Motto von Veit Lindau. Er gilt im deutschsprachigen Raum als führender Experte für eine integrale Potenzialentfaltung und erreicht mit seinen wachrüttelnden Vorträgen, Seminaren und Videos ein großes, sehr gemischtes Publikum. Gemeinsam mit seiner Frau hat er eine große Life Coaching Community aufgebaut (homodea.com), mit derzeit über 120 000 Mitgliedern. Für sein Buchwerk wurde er mit dem Coaching Award ausgezeichnet.

Weitere Infos:
  www.veitlindau.com
  Instagram: @veit.lindau
  Facebook: @veitlindau

DANKE

Weißt du, was das ultimative Geheimnis ist, wie du ganz schnell in die Co-Creation mit allem eintreten kannst? Es ist unsere Dankbarkeit. Dankbarkeit nicht nur für das Schöne, sondern auch für das Unangenehme. Sobald wir uns aufrichtig für die Mäzen*innen und die Nervtöter*innen, die Engel und die Teufel, den Sonnenschein und den Regen in unserem Leben bedanken, gehen wir mit diesen Menschen und Ereignissen in Resonanz und können so endlich den ganzen Wert der Begegnung schöpfen.

Deshalb möchte ich mich heute explizit bei jedem Menschen bedanken, der mein Leben bereichert hat. Sei es durch Liebe oder Verrat, Förderung oder Enttäuschung. Ich danke euch von ganzem Herzen. Denn ohne euch wäre ich nicht hier, und ohne euch wäre ich nicht so, wie ich jetzt bin.

Ich möchte explizit und ganz besonders meiner Frau und meiner Tochter danken. Euer Vertrauen in mich und meine Liebe zu euch hat mich magisch in die Spielarena der Co-Creation gezogen, wo ich nun spiele und forsche, immer wieder auch an meinen Grenzen scheitere, aber gar nicht anders kann, als aufzustehen und mich noch mehr einzulassen.

Ich danke all meinen Lehrer*innen, die mit ihrer Weisheit und Erfahrung meine Sicht auf Beziehung und Kommunikation geprägt haben.

Ich danke all den vielen, vielen Menschen, die meiner Arbeit so viel Offenheit entgegenbringen. Dass es euch gibt, kann ich immer noch manchmal nicht glauben, denn ich weiß ja, wo ich herkomme. Euer Vertrauen ist meine Verpflichtung, den Weg so integer wie möglich weiterzugehen. Wenn es auch dich betrifft, fühle dich bitte angesprochen. Du bedeutest mir sehr viel.

Ich danke allen Mitarbeiter*innen meines Verlags. Für eure Bereitschaft, euch auf so ein Thema einzulassen. Für eure Geduld, wenn ich mal wieder die Timeline sprenge. Für eure Kompetenz, das Buch in viele Läden zu bringen. Liebe Silke, ich danke dir für dein super-gründliches Lektorat. Deine Arbeit macht das Buch geschmeidig. Und ein ganz besonderer Dank geht an dich, lieber Ulrich Ehrlenspiel. Wir haben mittlerweile so viele Bücher in die Welt gebracht und es geschafft, dabei vor allem nicht Businesspartner, sondern sehr gute Freunde zu sein.

Danke, Leben!

MEHR VON
VEIT LINDAU

ISBN 978-3-8338-7717-9

 Auch als eBook erhältlich.

EDITION

Mehr von GU auf **gu.de** | 🅞 **gu.verlag** | 🅕 **gu.verlag**

Verliebe dich neu – in dich!

Unser Geschenk für dich:
eine Woche Selbstliebe to go

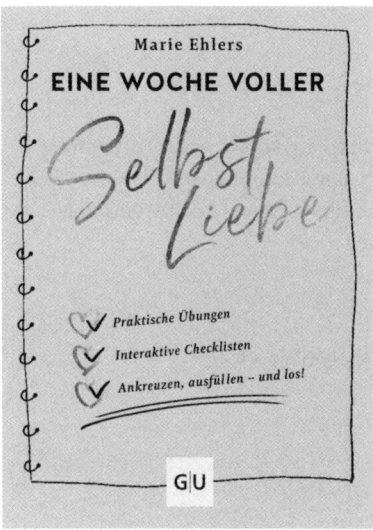

~ *Du wünschst dir eine grooоße Ladung Selbstliebe?*
~ *Du willst negativen Glaubenssätzen adieu sagen?*
~ *Deine inneren Weichen auf Selbstfreundschaft umstellen?*

Dann haben wir ein tolles Angebot für einen Crashkurs in Sachen Selbstliebe für dich. Eine Woche lang Impulse zum Lesen, Ankreuzen und Selbstausfüllen.

Einfach unter **www.gu.de/selbstliebe** gratis downloaden und schon kannst du mit deinem individuellen Selbstliebe-Check starten!

Übrigens:

Unser GU-Newsletter informiert nicht nur über Neuerscheinungen. Als Teil der GU Community erhältst du auch Videos, Rezepte, praktische Downloads – es lohnt sich!

IMPRESSUM

© 2023 GRÄFE UND UNZER VERLAG GmbH,
Postfach 860366, 81630 München

EDITION

Gräfe und Unzer ist eine eingetragene Marke der GRÄFE UND UNZER
VERLAG GmbH, www.gu.de

ISBN 978-3-8338-9156-4

1. Auflage 2023

Projektleitung: Ariane Hug
Lektorat: Silke Panten
Covergestaltung: ki 36 Editorial Design, Katja Wonrath
Coverillustration: Creative Market
Autorenfoto: Paul Königer
Herstellung: Markus Plötz
Satz und Innenlayout: Björn Fremgen, KONTRASTE
Grafik Innenteil: iStockphoto
Reproduktion: Ludwig Media, Zell am See
Druck und Bindung: Livonia, Riga

Die GU-Homepage finden Sie unter www.gu.de

f www.facebook.com/gu.verlag

Ein Unternehmen der
GANSKE VERLAGSGRUPPE